붓다와
아들러의
대화

KB192726

BUKKYO TO ADLER SHINRIGAKU - Jiga kara Satorie by Moriya Okano
Copyright © 2010 Moriya Okano
All rights reserved.
Originally published in Japan by KOSEI PUBLISHING COMPANY
Korea translation rights arranged with KOSEI PUBLISHING COMPANY
through BESTUN KOREA AGENCY
Korean translation rights © 2022 CIR Co., Ltd.

이 책의 한국어판 저작권은 베스툰 코리아 에이전시를 통해
일본 저작권자와 독점 계약한 도서출판 씨아이알에 있습니다.
저작권법에 의해 한국 내에서 보호를 받은 저작물이므로
무단전재나 복제, 광전자 매체 수록 등을 금합니다.

붓다와 아들러의 대화

상처받은 마음과 치유를 말하다

"아픈 마음을 극복하는 데
'불교'와 '심리학'을
구분 지을 필요는 없다"

오카노 모리야
(岡野守也)
지음

윤희조
옮김

씨아이알

저자의 말

'에고'에서 벗어나 진정한 '나'로 서기 위해
우리는 불교와 심리학을 어떻게 이해해야 할까?

이 책은 불교와 심리학, 심리치료 특히 아들러 심리학을 통합적으로 활용하기 위한 힌트를 얻는 것을 목표로 합니다. 전문가뿐만 아니라 마음의 문제에 관심이 있는 일반인에게도 도움이 되기를 바라는 마음에서 가능한 이해하기 쉽게 쓰려고 노력했습니다. 그렇다고 해서 내용의 수준을 낮춘 것은 아니기 때문에 불교와 심리학 어느 분야의 전문가에게든 참고가 될 것입니다.

현대사회에서는 우울증, 신경증, 심신증, 등교 거부, 은둔형 외톨이, 자해, 자살, 왕따, 비행, 약물 의존 등 매우 다양하고 심각한 마음과 행동의 문제가 산처럼 쌓여 있습니다. 왜 이런 문제가 발생하는지, 어떻게 해야 하는지 불교와 심리학 특히 아들러 심리학을 통합해 접근하면 적절하고 유효한 이해와 대처, 특히 예방적 대처가 가능할 것이라고 생각합니다.

하지만 현대사회에서 불교와 심리학을 통합적으로 이해하고 활용하는 것에 대해 불자와 심리학자 모두 아직 충분히 받아들이지 못하고 있습니다. 우선 서론에서 통합을 방해하는 요소가 무엇인지, 왜 통합이 가능하고 필요한지에 대한 이론적 문제를 서술하고자 합니다.

먼저 양자의 통합을 서술하고, 마음의 발달단계에 따라 제1부는 아들러 심리학 제2부는 불교로 구성했습니다. 제1부, 제2부의 내용들은 아들러 심리학과 불교의 간략한 입문서로도 사용할 수 있을 것입니다. 그러면서도 '불교와 심리학, 심리치료의 통합' 같은 일반 독자에게는 다소 생소하게 느껴질 만한 주제도 다루고 있습니다.

상세한 내용은 본문에서 서술하겠지만 서론에서는 통합의 포인트가 되는 마음의 발달단계에 대해서 언급하고자 합니다. 마음의 발달이 영유아기 자아 이전 단계부터 성인기 자아확립에 이른다는 것은 불자도 심리학자도 인정하는 부분이고, 일반인들도 체험적으로 잘 알고 있을 것입니다. 하지만 자아 발달의 과정이 반드시 순서대로 진행된다고 할 수 없고, 상당히 빈번하게 자아확립에 실패하는 경우도 있다는 것이 문제입니다. 앞서 예를 든 것처럼 마음의 문제는 확실히 다양한 양상을 띠지만 무엇보다 사회에 적응할 수 있는 정상적인 자아확립의 실패에서 생겨난다고 해도 틀림없을 것입니다.

심리치료의 목적은 우선 자아확립에 실패하고, 곤란에 빠진 자아를 재확립해 정상적인 사회생활이 가능한 수준으로 회복시키는 것입니다. 아들러도 "개인심리학의 목표는 사회적 적응"이라고 말했습니다. 그래서 마음의 발달은 사회에 적응 가능한 자아확립 및 재확립 단계에 머물지 않고, '자아실현'이라는 보다 고차원적인 발달단계에 이르는 것에 있다는 것도 인본주의 심리학에서는 공통된 인식입니다. 심지어 자아초월심리학은 자아실현을 넘어 '자아초월'이라고 부를 만한 발달단계가 존재한다고 주장합니다.[1]

만약 이러한 자아 이전-자아확립-자아실현-자아초월이라는 마음의 발달단계를 상정할 수 있다면, 아들러 심리학은 주로 자아확립, 재확립의 단계 그리고 약간은 자아실현의 단계에 초점을 둔 마음의 이론과 기법이고, 불교는 자아초월의 단계에 초점을 둔 마음의 이론과 기법이라고 평가할 수 있습니다. 그래서 초점을 둔 단계는 다르지만 아들러의 '공동체감각'이라는 개념과 불교의 '연기의 이법理法' 개념에 양자의 본질적인 접점 또는 결합점이 있다고 저는 파악합니다.

대학시절 지도교수였던 다카오 도시카즈高尾利数 선생도 아들러의 『인간지의 심리학』의 역자 후기에서 다음과 같이 말씀하셨습니다.

> 이러한 아들러에 대한 근본적인 이해는, 다르게 표현하면 자기중심적인 '에고'라는 차원의 자아를 넘어서, 즉 에고이즘에 사로잡힌 자아를 벗어버리고, 타인과 함께 타인을 위해서 살아가는 새롭고 바른 자기 자신에 대한 자각일 것이다. 그것은 '자신의 목숨을 얻고자 하는 자는 잃을 것이요, 자신의 목숨을 버리는 자는 오히려 얻을 것이다.'라고 한 예수의 말씀을 떠올리게 한다. 나아가 불교에서 말하는 무아無我와도 통하고, 새로운 참 자아의 확립은 선禪에서 말하는 '무위진인無位眞人', '무상자기無相自己'와도 통한다. 타인을 배제하고 타인에게서 빼앗는 '사적인private' 자아를 버리고, 타인과 함께 있음에도 불구하고 고유한 개성을 갖춘 '개인individual'이 확립되는 것으로도 이해할 수 있다.[2]

이렇게 파악할 수 있다면 아들러 심리학과 불교는 사람의 마음이라는 복잡한 현상을 이해하고, 나아가 그 문제점과 병증에 잘 대처하며, 더 높은 차원의 발달을 촉진하고 보완하는 것으로서 필연적으로 통합될 것입니다.

저는 그런 관점에서 이 책에서 더욱 구체적으로 파고들어 양자를 어떻게 상호보완적, 통합적으로 유효하게 활용할 수 있는지 통찰적으로 기술했습니다.

마지막으로 저의 불교, 유식 관련 저서를 이미 읽으신 분을 위해 덧붙이자면, 이 책은 독립된 저작이지만 전작 『유식과 논리요법―불교와 심리요법, 그 통합과 실천』[3]의 자매편의 성격을 가지고 있어 불교에 대한 같은 내용을 상당히 반복할 수밖에 없었습니다.

다만 이 책에서는 연기의 이해, 유식의 수번뇌 각각에 대한 해석과 해설, 수번뇌와 근본번뇌가 악순환하는 기제 등 지금까지 언급하지 않은 중요한 포인트에 대해서도 상당히 깊이 있게 다루었으므로 새롭게 참고할 만한 점이 많다고 생각합니다. 이 책이 불자, 심리학자 또는 양쪽 분야에 관심이 있는 일반 독자, 그중에서도 내담자들에게 참고가 되기를 기원합니다.

오카노 모리야(岡野守也)

미 주

1 岡野守也,(1990), 『トランスパーソナル心理学』, 靑土社.

2 A. アドラー (著), 高尾 利数 (翻訳)(1987), 『人間知の心理学』, 春秋社.

3 岡野守也(2004), 『唯識と論理療法―仏教と心理療法・その統合と実践』, 佼成出版社.

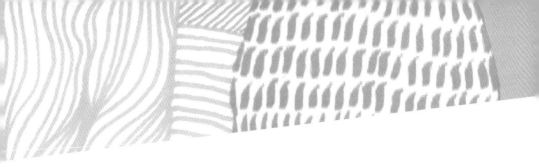

목 차

저자의 말 _ '에고'에서 벗어나 진정한 '나'로 서기 위해   v
      우리는 불교와 심리학을 어떻게 이해해야 할까?

서론 _ 불교와 심리학의 만남   3
      살아 있는 모든 것이 행복하기를, 지혜와 깨달음과 자비   3
      행복과 평온으로 나아가는 수단으로써 붓다의 가르침   4
      번뇌와 깨달음의 심리학, 불교_   6
      불교와 심리학의 통합을 방해하는 장벽들

제1부 아들러 심리학과 건전한 자아의 확립

제1장 _ 아들러의 개인심리학   17
   1. 자아실현으로 나아가기 위한 자아의 확립   17
      건전한 자기로 서기 위한 마음의 시스템   17
      심리학의 삼대 거장, 알프레드 아들러   20
      자신의 상처로 타인을 치유한다   21
   2. 아들러 심리학의 시작, 열등감의 극복   23
      자신의 약함을 어떻게 극복할 것인가, 허약한 아이 아들러의 첫 번째 과제   23
      열등감에서 벗어나려는 바람, 힘을 향한 의지   26

3. 우리는 모두 타인과 이어져 있다, 아들러 심리학의 키포인트 '공동체감각'
28

'타인과 잘 어울릴 수 있는가' 어린 시절 아들러가 체험한 공동체감각   28
타인과 협력함으로써 약함을 극복한다   30
개인은 타인과 분리할 수 없는 존재, 아들러의 개인심리학   32
모든 것은 이어져 있다, 불교의 '연기'와 아들러의 '공동체감각'   35

4. 변화하고자 하면 변화할 수 있다   36
출생순위에 따른 성격의 형성   36
자기와 마주할 수 있는 용기 심어주기   40
'열등성'이 반드시 마이너스는 아니다, 열등성과 보상, 과보상   42
'인간은 사회적 존재다', 아들러의 사회주의에 대한 관심   44
인생의 과제, 라이프 태스크   45

5. 아들러와 프로이트   47
의사와 환자는 인간으로서 대등하게 신뢰할 수 있어야 한다   47
두 심층심리학자의 대립, 프로이트와 아들러   48
개인심리학의 확립   51

제2장 _ 아들러 심리학의 핵심이론   57

1. 인생에 대한 믿음   57
의식할 수 있다면 자신의 라이프스타일은 바꿀 수 있다   57
아들러의 사적논리와 공통감각, 불교의 무명과 깨달음   59
열등감과 우월감이 아닌 공동체감각으로 행복해질 수 있다,   61
     열등감과 열등콤플렉스

2. 협력하는 능력   62
타자와 협력하면서 자신을 강하게 만든다, 공동체감각과 좋은 성격   62
부적절한 성격도 "깨달으면 낫습니다!" 희망이 있는 낙관적인 심리학   65
협력받는 것으로 협력하는 것을 배운다, 공통체감각의 재학습   66
우연한 기억은 없다, 초기회상으로 유추하는 라이프스타일   69

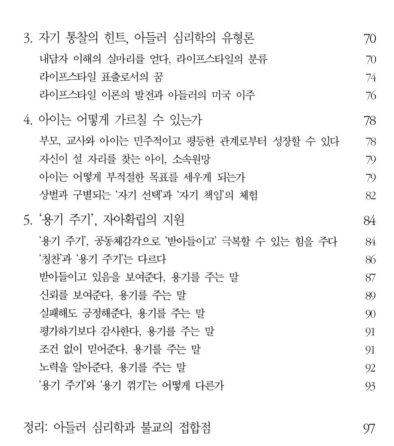

3. 자기 통찰의 힌트, 아들러 심리학의 유형론　70
　　내담자 이해의 실마리를 얻다, 라이프스타일의 분류　70
　　라이프스타일 표출로서의 꿈　74
　　라이프스타일 이론의 발전과 아들러의 미국 이주　76

4. 아이는 어떻게 가르칠 수 있는가　78
　　부모, 교사와 아이는 민주적이고 평등한 관계로부터 성장할 수 있다　78
　　자신이 설 자리를 찾는 아이, 소속원망　79
　　아이는 어떻게 부적절한 목표를 세우게 되는가　79
　　상벌과 구별되는 '자기 선택'과 '자기 책임'의 체험　82

5. '용기 주기', 자아확립의 지원　84
　　'용기 주기', 공동체감각으로 '받아들이고' 극복할 수 있는 힘을 주다　84
　　'칭찬'과 '용기 주기'는 다르다　86
　　받아들이고 있음을 보여준다, 용기를 주는 말　87
　　신뢰를 보여준다, 용기를 주는 말　89
　　실패해도 긍정해준다, 용기를 주는 말　90
　　평가하기보다 감사한다, 용기를 주는 말　91
　　조건 없이 믿어준다, 용기를 주는 말　91
　　노력을 알아준다, 용기를 주는 말　92
　　'용기 주기'와 '용기 꺾기'는 어떻게 다른가　93

정리: 아들러 심리학과 불교의 접합점　97

제2부 불교와 아들러 심리학

제3장 _ 붓다가 설한 진리   103

1. 공동체감각과 연기의 이법, '깨달음'을 배워 통합하다   103
모든 것이 이어짐에 의해 일어난다, 연기의 이법   103
붓다의 사상은 '이어짐의 코스몰로지'   107
괴로움을 끊는 여덟 가지 방법, 팔정도를 어떻게 이해할 것인가?   110
자기 생각에 얽매어 세상을 보다, 고제苦諦   111
괴로움의 원인은 어디에 있는가, 집제集諦   112
집착에서 멀어지면 부조리감에서 해방될 수 있는가, 멸제滅諦   113
괴로움의 소멸은 어떻게 가능한가, 도제道諦   114
팔정도와 아들러의 공동체감각   114
심리치료와 불교 통합의 힌트, 사제四諦   116

2. 위로와 도움이 되는 방식을 선택하다, 삼법인三法印   117
모든 존재는 변화한다, 제행무상諸行無常   117
실체가 아닌 것에 눈뜨라, 제법무아諸法無我   119
'모든 것이 괴로움'은 아니다, 일체개고一切皆苦   122
번뇌는 사라진다, 치료하면 낫는다, 열반적정涅槃寂靜   122

3. 합리적·과학적 심리학과 이성적·영성적 불교   124
불교는 어떻게 발전해왔을까? 붓다 이후의 분열과 부파불교   124
출가한 엘리트밖에 깨닫지 못한다? 대승불교의 융성   126

4. '실체'라 말할 수 있는 것은 아무것도 없다, 공의 사상   128
'아무것도 없다'의 오해, '공空'이란 무엇인가   128
연에 의해 존재하므로 공이다, 연기와 공   129
변하지 않는 본성은 없다, 무자성과 공   130
모든 것은 다양하게 변화하는 '현상'이다, 무상과 공   131
'무명'과 '집착'을 부정할 때 긍정도 가능해진다, 무아와 공   132
자기 생각대로 되는 것은 아무것도 없다, 고苦와 공   133
있는 그대로 바라보라, 여如와 공   134
철저히 깊어진 '공동체감각', 자비와 공   135

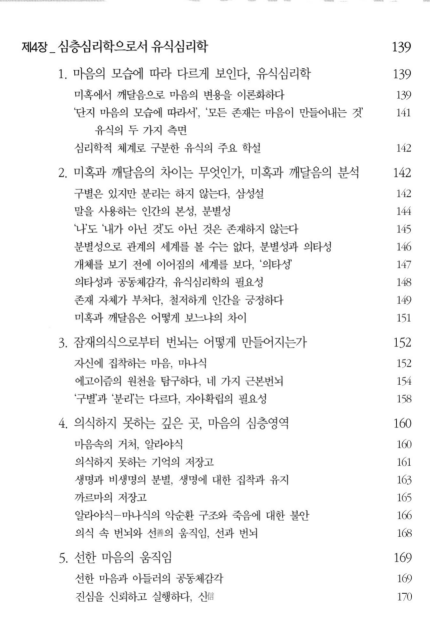

제4장 _ 심층심리학으로서 유식심리학   139

1. 마음의 모습에 따라 다르게 보인다, 유식심리학   139
    미혹에서 깨달음으로 마음의 변용을 이론화하다   139
    '단지 마음의 모습에 따라서', '모든 존재는 마음이 만들어내는 것'   141
       유식의 두 가지 측면
    심리학적 체계로 구분한 유식의 주요 학설   142

2. 미혹과 깨달음의 차이는 무엇인가, 미혹과 깨달음의 분석   142
    구별은 있지만 분리는 하지 않는다, 삼성설   142
    말을 사용하는 인간의 본성, 분별성   144
    '나'도 '내가 아닌 것'도 아닌 것은 존재하지 않는다   145
    분별성으로 관계의 세계를 볼 수는 없다, 분별성과 의타성   146
    개체를 보기 전에 이어짐의 세계를 보다, '의타성'   147
    의타성과 공동체감각, 유식심리학의 필요성   148
    존재 자체가 부처다, 철저하게 인간을 긍정하다   149
    미혹과 깨달음은 어떻게 보느냐의 차이   151

3. 잠재의식으로부터 번뇌는 어떻게 만들어지는가   152
    자신에 집착하는 마음, 마나식   152
    에고이즘의 원천을 탐구하다, 네 가지 근본번뇌   154
    '구별'과 '분리'는 다르다, 자아확립의 필요성   158

4. 의식하지 못하는 깊은 곳, 마음의 심층영역   160
    마음속의 거처, 알라야식   160
    의식하지 못하는 기억의 저장고   161
    생명과 비생명의 분별, 생명에 대한 집착과 유지   163
    까르마의 저장고   165
    알라야식-마나식의 악순환 구조와 죽음에 대한 불안   166
    의식 속 번뇌와 선善의 움직임, 선과 번뇌   168

5. 선한 마음의 움직임   169
    선한 마음과 아들러의 공동체감각   169
    진심을 신뢰하고 실행하다, 신信   170

내적 반성과 대타적 반성, 참慚과 괴愧 171

무탐無貪, 무진無瞋, 무치無癡와 삼독三毒 173

탐내지 않는 것, 무탐無貪 173

성내지 않는 것, 무진無瞋 175

어리석지 않은 것, 무치無癡 177

자신과 타인의 행복을 위한 노력, 정진精進 178

정진하여 마음의 평안을 구하다, 경안輕安 179

게으르지 않는 것, 불방일不放逸 179

평정한 것, 행사行捨 180

상처 주지 않는 것, 불해不害 181

제5장 _ 의식상의 근본번뇌와 수번뇌 185

1. 의식상의 근본번뇌 185

여섯 가지 근본번뇌 185

과도한 성냄, 진瞋 187

우주의 이치에 대한 무지와 몰이해, 치癡 188

과도한 우월감, 만慢 189

자기 믿음에 의한 자기방어, 의疑 190

아我의 실체시에 대한 집착, 악견惡見 192

2. 타고난 인간의 성질, 범부의 성性 198

근본번뇌에서 비롯되는 고민들, 수번뇌隨煩惱 198

자신과 타자가 분리되어 있다는 믿음에서 일어나는 성냄, 분忿 199

'성냄'을 종자로 싹을 틔워 원망을 쌓는다, 한恨 201

집착에서 비롯된 속임, 부覆 202

괴롭힘에서 비롯되는 괴로움, 뇌惱 204

분리의식, 분별지가 키우는 시샘, 질嫉 206

자신의 것에 얽매이는 마음, 간慳 210

자신의 이득을 위한 속임, 광誑 212

아첨하는 마음, 첨諂 213

타인을 부정함으로써 상처를 주다, 해害   214

자신이 우월하다는 믿음, 교憍   216

자신을 바꾸고 싶지 않다, 무참無慚과 무괴無愧   218

들뜸과 의기소침, 도거掉擧, 혼침惛沈   220

진심이 없음, 불신不信   221

자신만 편하고자 하는 마음에서 비롯된 게으름, 해태懈怠   222

자기 좋을 대로 하는 마음, 방일放逸   222

완전히 사라져버린 마음, 실념失念   223

마음이 흐트러짐, 산란散亂   224

바름을 모름, 부정지不正知   225

제6장 _ 치료법으로서 유식심리학의 시스템   229

1. 네 가지 지혜로의 전환   229

번뇌의 악순환을 선善과 깨달음의 선순환으로 변화시키다   229

팔식이 바뀌어 사지四智의 지혜를 얻는다, 전식득지轉識得智   230

마음 깊은 곳까지 우주와 하나가 되다, 대원경지大圓鏡智   232

자리와 이타가 조화하도록 행동할 수 있다, 평등성지平等性智   234

우주가 이어져 있음을 통찰하고 관찰하다, 묘관찰지妙觀察智   236

이루어야 할 것을 이루다, 성소작지性所作智   238

사지四智의 통찰로 이어지는 공동체감각   240

2. 마음의 발달단계   241

마음의 다섯 가지 발달단계, 오위설五位說   241

첫 번째 단계_배우고, 잘 이해하다, 자량위資糧位   243

두 번째 단계_수행을 실천하다, 가행위加行位   244

세 번째와 네 번째 단계_목적지의 입구에서 목적지로, 통달위通達位와
   수습위修習位   245

다섯 번째 단계_부처의 마음에 다다르다, 구경위究竟位   247

3. 마음의 치료방법   248

육바라밀六波羅密로 공동체감각을 키우다   248

첫 번째 바라밀_'우주의 것을 우주에게 주다', 보시布施   249

세 가지 보시, 가르침法施과 물질財施, 평온함無畏施의 보시 252

보시는 자선도 자원봉사도 아니다 256

두 번째 바라밀_자신을 위해 스스로 계율을 부여하다, 지계持戒 259

마음 치유에서의 오계五戒와 팔계八戒, 십선계十善戒 261

세 번째 바라밀_끊이지 않는 증오를 끊다, 인욕忍辱 264

포기하고 참기보다 능동적으로 수용한다 266

네 번째 바라밀_한눈 팔지 않고 노력하다, 정진精進 268

다섯 번째 바라밀_분별지의 악순환을 끊다, 선정禪定 270

여섯 번째 바라밀_말에 의한 지혜, 지혜智慧 274

4. 궁극의 평온함 277

치료와 수행의 목적론, 무주처열반無住處涅槃 277

살아 있는 것 자체가 미혹의 생존, 유여의열반有餘依涅槃 278

몸이 있는 그대로 본래청정이다, 본래청정열반本來淸淨涅槃 279

바다의 파도 또한 물이다, 무주처열반無住處涅槃 280

정리: 아들러 심리학과 불교, 유식의 통합적 학습에 대해서 284

저자 후기_'공동체감각'으로부터 '연기와 일여'의 자각까지 288

황폐해진 마음의 치유를 위해

역자 후기_자기와 마주할 수 있는 용기 291

찾아보기 295

붓다와 아들러의 대화

서 론

불교와 심리학의

만남

서론 불교와 심리학의 만남

살아 있는 모든 것이 행복하기를, 지혜와 깨달음과 자비

불교의 출발점인 고타마 붓다의 가르침에 관한 나의 이해는 차차 자세하게 서술하겠지만 이 책의 주제와 관련해서는 가장 먼저 다음 경전 구절을 인용하고자 한다.

> 살아 있는 것 모두가 안락하고 평온하고 행복하기를. 어떠한 생명, 생물이라도, 동물이라도, 식물이라도, 길쭉한 것도, 커다란 것도, 중간 정도인 것도, 짧은 것도, 미세한 것도, 약간 큰 것도, 또한 지금 여기에서 눈에 보이는 것도, 보이지 않는 것도, 멀리 있는 것도, 가까이 있는 것도, 이미 태어난 것도, 앞으로 태어날 것도, 일체 살아 있는 모든 것이 행복하기를.[1]

결론부터 말하면, 붓다 나아가 불교 전체 가르침의 핵심은 지혜와 깨달음과 자비에 있다. 지혜와 깨달음은 자비를 낳는 것이고, 자비는 지혜와 깨달음을 바탕으로 하고 있어 끊으려야 끊을 수 없는 관계이다.

"살아 있는 것 모두가 안락하고 평온하고 행복하기를"과 같은 자비의 마음이 자연스럽게 생기지 않는다면 진정한 깨달음이라고 말할 수 없을 것이다. 자비도 얽매이거나 강제하는 나쁜 의미의 인간적인 애정, 애착이 되어서는 오히려 문제를 일으킬 뿐 깨달음을 바탕으로 하지 않는다면 참된 것이 아니다.

행복과 평온으로 나아가는 수단으로써 붓다의 가르침

지혜와 자비를 핵심으로 하는 불교는 본래부터 자신의 교조, 교리, 교단만이 유일하고 절대적이라고 주장하는 원리주의 종교가 아니다. 뿐만 아니라 창시자 고타마 붓다의 모든 가르침과 말씀은 자비를 위한 방편일 뿐이다. 이는 초기경전에 나타난 붓다의 가르침 자세에서 명확하게 읽어 낼 수 있다. 붓다의 설법 특징을 드러내는 '응병여약應病與藥', '대기설법對機說法', '인견설법人見說法'이라는 말대로 붓다는 설법하는 상대의 근기, 즉 성질이나 상태에 맞춰 그 사람에게 이득이나 도움이 되는 가르침을 여러 형태로 설하고, 모순되는 것도 주저 없이 설했다.

그중에서도 중요한 하나는 사후생, 즉 윤회가 있는지의 여부이다. 붓다는 설법이 사람에게 안심을 주거나 윤리적으로 바르게 살도록 이끈다고 판단하면 확실히 윤회를 설했다. 또한 필요하다고 판단하면 수단으로서 고대 인도의 신화적 세계관에 기반한 윤회라는 설법 수단도 채용했다.

붓다와 아들러의 대화

하지만 붓다는 모든 사람이 믿어야 하고, 모든 사람에게 말해야 한다는 자세를 취하지는 않았다. 뿐만 아니라 종교적, 사상적으로 고도의 수준에 있는 수행자에게는 "있다고도 할 수 없고 없다고도 할 수 없다. 있는 것도 아니고 없는 것도 아니라고 할 수 없다."라고 말한 경우가 있다. 언어적 유희가 아니라 궁극적 깨달음의 경지는 언어를 초월한 것이라서 표현할 수 없으며, 실체적인 윤회가 있다고 생각하는 것과는 관련 없음을 보여준다.

만약 이 두 가지 가르침을 단순히 비교해 같은 수준의 논리라고 생각하면 명백하게 서로 모순된다고 말할 수 있다. 언어와 논리로는 모순되는 것을 설한 것이다. 즉, 붓다는 여러 상황에서 여러 가르침을 설했고, 상황과 상대에 맞춘 설명과 대처를 했다. 붓다는 가르침, 이끄는 방법에 극히 임상적이고 실천적인 자세를 취했다고 보면 틀림없을 것이다.

물론 상대의 자질이나 상황이 허락한다면 높은 깨달음으로 이끄는 것이 가장 바람직하다는 것은 말할 것도 없다. 하지만 붓다는 그것이 어려운 경우에도 단념하지 않고, 할 수 있는 만큼 상대의 마음이 평온해지고 행복해지기를 바라며 주저 없이 다양한 방법으로 설하고 이끌었다.

만약 불교 관계자가 붓다의 자세를 본받아 모든 가르침과 방법을 '수단'으로 파악한다면 불교와 심리학의 대화에서 통합이라는 방향은 현대적인 수단을 창조하는 데 효과적인 시도로 더없이 용이할 뿐만 아니라 어떤 의미에서 보면 필연으로 보일 것이다.

번뇌와 깨달음의 심리학, 불교_
불교와 심리학의 통합을 방해하는 장벽들

불교는 마음의 번뇌를 극복해 궁극의 평온, 즉 해탈, 보리, 깨달음, 열반에 도달하는 것을 기본 목표로 삼고 있다. 그런 의미에서 불교는 본래 '번뇌와 깨달음의 심리학'이라는 일면을 가지고 있다. 그래서 붓다 이후 마음에 대한 통찰과 이론을 탐구하고 정비했다. 특히 대승불교의 대표적인 학파 가운데 하나인 유식학파는 '번뇌와 깨달음의 심층심리학'이라고 칭할 수 있을 만큼 치밀하고 보편타당한 이론을 확립했다.

그와는 대조적으로 유럽에서 시작된 심리학은 우선 근대과학의 방법을 사용해 인간의 마음을 연구해 왔다. 하지만 '주객분리'를 전제로 한 실험이나 관찰은 지각과 행동 등을 연구할 수는 있어도 마음과 내면을 이해하는 데는 처음부터 방법적인 한계가 있고, 마음의 번뇌와 병을 치료하는 데도 한계가 있었다.

그 후 과학적이고 객관주의적인 심리학과 대조가 되는 마음의 병을 내면적으로 이해하고 치료하는 것을 목표로 하는 프로이트의 정신분석, 아들러의 개인심리학, 융의 분석심리학 같은 심층심리학 그리고 로저스의 내담자중심치료 같은 인본주의 심리학의 흐름을 이어받아 다양한 심리치료psychotherapy, therapy가 등장했다. 나아가 1969년 이후 미국에서 동양 종교와 심리학의 만남을 통해 인간의 개인성을 초월한 수준의 의식을 다루는 자아초월심리학이 발전했다.

'마음'에 관한 이론과 방법이라는 점에서 불교와 심리학을 비교 연구하는 것은 반드시 필요하다. 걱정과 마음의 병을 극복하고 치료하는 데

붓다와 아들러의 대화

유효하다는 점에서 치우침 없이 비교·검토하고 소통해 통합으로 나아가기를 기대한다.

하지만 지금까지 양자의 통합에는 다양한 장벽이 있었다. 그런 문제에 대해서는 이미 이전의 저서에서[2] 다룬 바 있어 이 책에서는 아들러 심리학과 불교의 통합적 이해를 위해 서론 범위에서 필요한 만큼만 간략하게 서술하겠다.

불교와 심리학의 통합에 있어 가장 큰 걸림돌은 당파적인 사고방식이다. 이를 파악하려면 먼저 각각의 당파적 사고방식을 알아차려야 한다. 그다음으로 불교 교단을 위한 불교, 심리학자를 위한 심리학이 아니라 내담자의 치유와 성장을 위한 실용적이고 임상적인 관점, 불교적으로 말하면 자비의 입장을 취하는 것이 필요하다. 대화와 통합을 방해하는 주된 당파적 사고를 넘어서기 위한 포인트를 이제부터 들어보겠다.

1) 불교 측의 당파적 사고

첫째, 불교에 있는 커다란 장벽 중 하나는 '불교'라고 총칭되는 문화현상에 포함되어 있는 주술적·신화적 측면이 철학적·합리적 측면, 영성적 측면과 구별되지 않고 전체를 하나로 보아 절대적으로 옳다고 여기기 쉽기 때문에 서양의 과학적이고 합리적인 사고와 교류하기 곤란하다는 점이다.

전통불교는 고대 인도로부터 전근대에 이르는 주술적이고 신화적인 세계관을 포함하고 있기 때문에 근현대의 과학적이고 합리적인 사고와 양립할 수 없다. 예를 들면 지옥과 극락, 육도, 윤회, 십계, 수미산세계,

삼천대천세계 등 불교의 신화적 세계관은 현대과학의 세계관, 우주관과는 어떻게 해도 부합할 수 없다. 다만 의미 있는 상징적 해석은 가능하다. 불교도가 주술적·신화적 요소를 포함한 것만이 옳다고 고집하는 한 과학으로서의 심리학과의 대화와 통합은 성립할 수 없을 것이다.

하지만 다행히도 붓다 이래 불교 교리의 핵심은 인간론에 있어 극히 합리적이고 보편적이며, 인간 심리에 대한 깊은 통찰을 보여주고 있다. 더구나 불교 교리는 철학적인 이론에 그치지 않고, 어떻게 깨닫는지 극히 높은 차원의 영성에 도달하는 것이 가능한지에 대한 임상실천적인 방법을 가지고 있다. 이런 측면에서야말로 불교와 심리학 간의 대화와 통합의 가능성과 필연성이 있다고 생각한다.

둘째, 기존의 불교계는 물론 넓게는 사회 전반에서 무아를 자아에 대립하는 개념이라고 오해해 불교에서는 자아를 부정한다고 여기는 면이 있다. 그래서 자아확립을 목표로 하는 서양심리학과는 양립할 수 없다고 생각하기 쉽다.

셋째, 욕망과 욕구를 혼동해 무욕 또는 소욕지족을 목표로 하는 불교에서 '욕구'를 부정한다고 여기기 때문에 인간의 자연스러운 욕구 충족을 긍정하는 서양심리학과는 양립할 수 없다고 생각한다.

2) 심리학 측의 당파적 사고

첫째, 심리학의 장벽은 불교의 첫 번째 장벽과 같다. 불교의 다양한 측면 중에서도 통속적인 신화적 측면만을 보고, 철학적·합리적 측면을 인식하지 못한 채 '불교는 종교로서 과학인 심리학과는 대립한다.'는 몰

이해로 인한 오해이다.

둘째, 심리학 내부에도 있고, 각각 특정 학파에서도 자신의 이론과 방법을 절대적 또는 최고라고 믿는 경향이다. 심지어 학파 내에서 업적으로 평가되지 않는 경우도 있고, 다른 학파 나아가서는 불교와의 통합이라는 주제에 관심을 보이지 않는 경향이 있다.

셋째, 학문적 심리학의 주류에서는 자아확립 이후 더 나아간 발달단계가 있다는 것, 마음 깊은 곳에 영성의 차원이 있다는 것을 충분히 인정하지 않은 채 깨달음을 말하는 불교는 '형이상학일 뿐 과학이 아니다.'라고 보아 연구 대상으로 생각하지 않는 경향이 있다. 다만 그럼에도 일부 선진적이고 뛰어난 심리학자가 좌선의 심리학적 연구 등을 이룬 점은 다행스러운 일이다.

3) 당파적 사고를 넘어선 대화와 통합으로

하지만 영미권에서는 이미 인간주의 심리학계와 자아초월 심리학계가 임상심리학의 세계를 중심으로 그런 당파적 사고를 매우 생산적인 형태로 극복하고 있다.

첫째, '1)의 불교적 사고의 첫째 장벽'에 있어서는 현대에도 통용되는 불교의 보편적인 측면이 철학적·합리적인 측면과 영성적인 측면이라는 것에 합의가 형성되고 있다. 예를 들면 상좌부불교의 위빠사나 명상법이 심리치료의 기법으로 도입되어 임상효과에 대한 실증적 연구가 진행되고 선치료와 관련된 책이 출판되는 등 다양한 시도가 이루어지고 있다.

둘째, '1)의 불교적 사고의 둘째 장벽'은 인간의 발달이 자아확립 이전부터 자아확립, 나아가 자아실현, 자아초월에 도달한다는 발달심리학적 관점을 참조함으로써 갓난아이의 자아 이전과 깨달은 자의 자아 이후를 혼동하는 것이 해소된다. 자아확립과 무아를 대립하는 것으로 탐구하는 것이 아니라 각각의 인간에게 불가결한 단계로 파악할 수 있게 되었다. 여기서 무아는 무아라기보다 자아를 넘어서는 자기초월을 말한다.

셋째, '1)의 불교적 사고의 셋째 장벽'은 '자연스럽고 기본적인 욕구'와 '신경증적 욕구'를 구별하는 매슬로우의 욕구이론을 참조하면 불교가 '탐욕'으로서 부정해온 것은 '신경증적 욕구'일 뿐이지 '자연스럽고 기본적인 욕구'는 오히려 긍정하고 충족함으로써 마음의 발달을 촉진할 수 있다는 통합적 실천을 위한 이론이란 설명이 가능할 것이다. 영미권의 인본주의 심리학과 자아초월 심리학의 흐름에서는 이미 광범위한 합의가 형성되고 있다.

넷째, '2)의 심리학파적 사고의 첫째 장벽'은 심리학자가 불교 특히 고타마 붓다의 가르침과 공, 유식의 가르침이 극히 철학적이고 합리적이라는 점을 이해한다면 쉽게 극복할 수 있을 것이다.

다섯째, '2)의 심리학파적 사고의 둘째 장벽'은 윌버가 『의식의 스펙트럼』이나 『통합심리학』 등에서 전개한 심리학과 동양종교를 통합하려는 시도를 참조하면서 검토하고 조사한다면 생산적인 대화와 통합의 전망이 열릴 것이다. 또한 심리임상의 이론과 방법은 심리학과 동양종교의 통합을 이미 선구적으로 상당한 차원에서 이루고 있는 로베르토 아사지올리의 정신통합을 참조하면 큰 도움이 된다.

여섯째, '2)의 심리학파적 사고의 셋째 장벽'도 윌버가 『아트만 프로젝트』와 『진화의 구조』에서 전개하고 있는 인간 의식의 발달론을 참조해 그 타당성을 검증한다면 동서양의 의식 발달론이 대화하고 통합하는 길이 보일 것이다.

4) 임상적·실용적 관점에서

여기서 다시 강조하고 싶은 포인트는 혼란한 시대 상황에서 내담자에게는 마음의 치료, 심신의 치유, 위로, 평온, 도움, 심리적 성장과 성숙, 자아실현, 영성과 깨달음 등 다양한 요구가 있지만 그 모두를 만족시킬 수 있는 만능 이론과 방법은 불교는 물론 심리학에도 없다는 것이다.

불교와 심리학 모두 만능이 아니라는 것을 자각한다면 자연스럽게 다양한 고민과 과제를 안고 온 사람들과 내담자를 위해 자신에게 없는 이론과 방법을 배우고, 가능하면 통합을 통해 보다 넓고, 깊이 있는 임상이론과 기법을 취득하는 것을 목표로 정하게 될 것이다. 무엇보다 양자의 통합은 불교와 심리학 전문가보다 양측 내담자에게 큰 도움이 될 것이다.

잘 알려져 있는 '피그말리온 효과pygmalion effect'라는 교육심리학 용어가 있다. 고대 로마의 그리스 신화집인 오비디우스의 『변신이야기』에 피그말리온이라는 왕이 이상적인 여성 조각을 만들게 하고 그 아름다움에 빠져 인간을 사랑할 수 없게 되었고, 오로지 조각 여성에 대한 사랑으로 애를 태우자 이를 불쌍하게 여긴 사랑의 여신 아프로디테가 여성 조각을 인간으로 바꿔 주었다는 전설에서 유래한 용어이다. 즉 교사가 어린이에게 많은 기대를 걸고 다가가면 어린이는 그 기대대로 성장하는 경향이 높다는 것을 가리키는 용어이다. 1964년 미국의 교육심리학자 로버트 로젠탈Robert Rosenthal이 실험에 기반해 보고한 현상으로 '로젠탈 효과' 또는 '교사 기대효과'라고도 부른다.

본인도 엄밀한 추가실험을 하지 않았고, 로젠탈의 실험에 대한 엄밀성, 재현성에 대한 비판도 있다. 하지만 대학교수로서의 현장 경험에 미루어 보면 상당히 납득 가능한 개념이라 할 수 있다. 교육뿐만 아니라 치유과정에서도 거의 같은 현상이 있는 것은 아닌지, 예를 들면 치료자가 어떤 기대를 가지고 내담자에게 접근하는가에 따라 치유효과나 성장효과가 결정될 수 있다.

이것은 치유의 스킬과 메타스킬의 관계로서 논해지는 것과도 관련 있다. 스킬이나 기법 정도에 상관없이 치료자가 근거로 하는 이론과 인간관(메타스킬)이 자아를 재확립하고, 사회적으로 적응하는 것까지 상정하면 내담자는 거기까지 도달하고, 자아실현까지 상정하면 자아초월의 단계까지 도달하는 경향이 있다.

치료자가 자아의 재확립과 사회적 적응만 상정하는 경우, 내담자가 인격적으로 성장할 가능성이 있음에도 인격적 성장 가능성은 제한되고 자아의 재확립에만 머무르는 문제가 있는 것이다. 또 한편 불교도가 깨달음과 자아초월만 상정하는 경우, 자아의 재확립이나 사회적 적응이 되어 있지 않은 내담자에게 발달단계로서 부적절한 과제를 강요하는 사태에 이르게 될 위험도 있다.

자아의 재확립이나 자기성장과 자아실현을 주제로 하는 치료자라도 인간에게는 그 다음의 자아초월에 이를 가능성이 있다는 메타스킬 내지

붓다와 아들러의 대화

맥락을 염두하고 내담자를 상대한다면 '피그말리온 효과', 더 나아가서는 인간성장의 가능성을 열 수 있을 것이다.

깨달음을 최종 목적으로 하는 불교도도 심리학적인 자아의 재확립이나 자기성장의 이론과 기법을 배움으로써 내담자의 현재 상태와 발달단계를 적절하게 이끌어가는 것이 가능해질 것이다.

이렇듯 내담자를 우선시하는 관점에서 본다면 불교와 심리학의 통합은 양자 모두에게 이익이 크고 현대에 반드시 필요하다. 나는 이런 문제의식을 공유하는 분들과 함께, 관심을 폭넓게 공유할 수 있는 분들의 지지를 얻어 2008년 12월 일본 불교심리학회를 창설할 수 있었다.

이 책은 아들러 심리학과 불교라는 주제를 다루고 있지만, 실용적인 목적도 갖고 있다. 많은 연구자와 임상가가 참여해 보다 광범위하고 깊이 있는 탐구를 해나가야 한다고 생각한다. 독자 여러분과 학회 관계자 여러분으로부터 생산적인 의견과 비판을 받기를 진심으로 바란다.

미 주 ─────────────────────────────────

1 『숫타니파타』「자비경」.

2 岡野守也(2000), 『自我と無我 <個と集団> の成熟した関係』, PHP研究所; 岡野守也(2004), 『唯識と論理療法－仏教と心理療法・その統合と実践』, 佼成出版社.

제1부

아들러 심리학과
건전한 자아의 확립

제1장 아들러의 개인심리학

1. 자아실현으로 나아가기 위한 자아의 확립

건전한 자기로 서기 위한 마음의 시스템

아들러 심리학으로 들어가기 전에 먼저 심리학과 불교가 통합되는 지점이 되는 '자아'와 '자아확립'에 대해 실천적이고 실용적으로 간략하게 서술하려고 한다. '자아와 무아'의 문제는 뒤에 자세히 서술하겠다.

실천적이고 실용적으로 보면 '자아'라고 불리는 마음의 부분이 어떤 활동을 하는지, 기능을 잘하고 있는지가 중요하다. 대략적으로 말하면 자아는 감각기관이 지각한 것을 정리해 인식하고, 사고하고, 의사결정을 하고, 자신(의 감정과 욕구)과 타자, 외부세계를 조정해 자신을 만족시키면서 사회에 적응하고, 사회에 적응하면서 자신을 만족시키는 기능을 담당하는 마음의 부분이다.

간략하게 말하면 '자아확립'은 자기만족과 사회적응의 균형을 잘 제어할 수 있는 의식적인 마음의 시스템을 형성하는 것이라고 말할 수 있다. 아들러는 다음과 같이 말한다.

> 인간 공동체에 대한 가치를 인정할 수 있는 방식으로 살아갈 때만, 인간은 인생의 여러 과제를 만족스럽게 해결할 수 있으며, 자기 자신에 대한 만족감을 얻을 수 있다.[1]

이 경우 중요한 것은 자아 또는 자아의식은 자신과 다른 사람 또는 사물을 구분해 대상으로 인식한다는 것이다. 자신과 다른 것이 구별, 구분이 되지 않으면 제대로 살아갈 수 없다. 애초에 자신과 다른 것을 구별할 수 없으면 제어도 할 수 없고, 불가능한 것이 되기 때문이다. 통상의 사회생활과 일상생활은 자타의 구별을 대전제로 영위하게 된다. 자타의 구별과 제어가 불가능하면 사회생활에 적응할 수 없다.

불교적으로 말하자면 확실한 구별이 지나쳐 자타가 분리되면 착시를 일으키는 부분, 즉 자아의 실체시가 문제가 되지만 그렇다고 해서 인간이 자아 없이, 즉 자타를 구별하지 않고 살아갈 수 있다고는 생각하지 않는다.

아무리 천진무구하게 보이고 무분별해서 거의 깨달은 것처럼 보여도 인간은 갓난아기의 마음으로 사회에 적응해 살아갈 수는 없다. 철이 들어야만 어른이 되고 사회적으로 적응할 수 있다.

만약 문제가 있다고 해도 '인간은 자아 없이는 살 수 없다'는 점을 분

붓다와 아들러의 대화

명히 하는 것이 심리학과 불교의 대화, 나아가 통합을 위해 불가결하다. 이 점이 확실해지면 우선 건전한 자아를 확립하는 것, 만약 실패해 자아가 비뚤어지거나 병이 든 경우, 건전한 자아를 재확립하는 것은 모든 인간에게 인생의 전반기, 즉 영유아기에서 성인 초기 시기의 가장 큰 과제라는 것도 확실하다. 그리고 '모든 인간'에 심리학자는 물론이고 불자도 포함되는 것은 말할 것도 없다.

아이는 성장 과정에서 자기 나름의 자기인식('나는 ~이다'), 타자인식('타인은 ~이다'), 사회인식('세상은 ~이다')에 근거한 성격을 만들어낸다. 아들러 심리학 용어로 말하면 '라이프스타일'이다. 아들러는 성격이 사회 적응적인지, 부적응적인지가 문제라고 생각했다. 그리고 부적응적인 경우, 그것을 수정해 적응적인 것으로 만들기 위한 극히 유효한 이론과 방법을 아들러가 개발했다고 말해도 좋을 것이다.

즉, 아들러 심리학은 대략적으로 말하면 건전한 자아와 불건전한 자아의 차이가 어디에 있는지 밝히고, 어떻게 하면 건전한 자아를 기를 수 있는지, 불건전한 자아를 건전한 자아로 재교육하고 치료할 수 있는지에 초점을 맞추고 있다. 아들러는 자신의 심리학에 '개인심리학Individual psychology'이라는 이름을 붙였다. 일단 '분할divide'할 수 없는 전체로서의 '개인'이라는 의미이지만 '건전한 개인, 자아를 육성하거나 재육성하는 심리학'이라는 의미도 포함하고 있다고 이해해도 좋을 것이다.

아들러 심리학은 자아실현의 차원도 어느 정도 담당하고 있지만 역시 자아확립과 재확립에 초점을 맞추고 있다. 그런 점에서 말하면 내가 아는 한 불교에는 자아 이전의 영유아기에서 자아확립에 이르는 단계에 대한 이론이 없기에 아들러에게서 보완해야 할 것이 있다고 생각한다.

그러면 아래에서 아들러 전기를 짚어가면서 아들러 심리학의 중요한 지점에 대해 서술해보겠다.

심리학의 삼대 거장, 알프레드 아들러

알프레드 아들러Alfred Adler는 오스트리아 빈 출신의 유대계 심리학자이다. 일반적으로 프로이트, 융과 나란히 근대 서양 심층심리학의 3대 창시자 중 한 사람이라고 평가된다.

최근까지 '아들러는 프로이트를 배반한 제자'라고 여겨졌던 것 같다. 하지만 아들러 자신의 주장과 역사적 사실을 보면 처음부터 협력자, 동료였다고 보는 게 옳은 것 같다. 생각이 비슷하다고 생각해 한때 함께 일했지만 점점 생각의 차이로 조화를 이룰 수 없어 결별했다는 것이 사실인 것 같다. 아들러 자신과 아들러학파 사람들도 "아들러가 프로이트의 제자였던 적은 한 번도 없다."고 주장한다. 또한 아들러는 나중에 이런 일이 일어날 것을 예감했는지 프로이트가 처음 그를 연구회에 제자가 아니라 연구 동료로서 초청하기 위해 보낸 엽서를 보관해두었고 현재에도 남아 있다.

아들러는 1870년 2월 7일에 태어났다. 프로이트보다는 젊지만 현대의 우리에게는 상당히 옛날 사람이다. 하지만 빠르게 근대화한 유럽에서 근대인 특유의 마음의 문제에 몰두해 해결 방법을 고안했다는 점에서 보면 결코 옛날 사람이 아니다.

붓다와 아들러의 대화

자신의 상처로 타인을 치유한다

심리치료의 세계에는 "자신의 상처로 타인을 치유한다."는 말이 있다. 아들러도 프로이트나 융과 마찬가지로 인생 초기에 경험한 심리적 상처들이 치료자로서의 출발점이 되었다. 상처 받은 상태 그대로라면 치료자는 될 수 없었겠지만 스스로 자신의 상처를 치유해냈다. 그 체험을 토대로 이론과 임상기법을 보편화해 치료자가 되었다고 볼 수 있다. 심리치료 전문가의 세계에 '상처 입은 치유자wounded healer'라는 말이 있을 정도이다.

그런 식으로 아들러와 그 외의 사람들이 인생 과제를 어떻게 해결할 것인지 고군분투해 발견한 해결책이 그들 학문과 학설의 기초가 되었다. 덧붙이자면 고타마 붓다도 늙음, 병듦, 죽음이라는 인생의 근본 문제를 깊이 고뇌해 그것을 넘어서는 체험을 기반으로 가르침을 설했다는 의미에서 '상처 입은 치유자'라고 파악할 수 있다. 다만 주로 어떤 문제를 고민했느냐가 붓다와 각 치료자들의 학설 차이라고 생각된다.

인생의 깊은 고민을 극복한 사람은 타인의 고민을 알아줄 수도 있고, 극복에 도움을 줄 수도 있다. 높은 차원의 보편성에 도달한 사람이 전문 치료자가 될 수 있다고 보면 되겠다.

아들러 자신도 이런 상황을 자각하고 다음과 같이 말했다.

인간이라는 존재는 누구나 자기의 생각대로 경험하고 문제도 일으킨다. 그런 생각은 스스로 자각하지 못한 채 몸에 배어 그 생각을 기반으로 추측하거나 결론을 내면서 살아가고 죽어가는 것이다. 과학자 특히 철학자나 사회학자, 심리학자라는 사람들조차 그러한 덫에 빠져버리고 마는 것은 재미있으면서도 슬픈 일이다. 자신의 독자적인 전제와 인생에 대한 생각, 삶의 스타일이 있다는 것은 개인심리학도 예외일 수 없다. 하지만 이런 사실을 자각하는 것과 그렇지 못한 것에는 대단한 차이가 있다.[2]

나중에 자세히 서술하겠지만 인간 좋든 나쁘든 주체적 또는 주관적인 존재라는 점을 확실히 자각하고 있다는 것은 불교, 그중에서도 유식의 '인인유식人人唯識', 즉 사람에게는 각자의 마음의 세계가 있다는 사고방식과 일치하고, 양자의 중요한 접점의 하나가 될 것으로 생각한다.

때문에 이 책은 평전에서 자주 보이는 것처럼 '생애와 사상'을 둘로 나누지 않고, 아들러의 삶을 따라가면서 어떤 체험이 아들러 '개인심리학'의 기본적인 사고방식에 영향을 끼쳤는지를 알아보는 형태를 취할 것이다. 그 흐름 안에서 아들러 심리학의 이론과 기법의 핵심을 소개하고자 한다.[3]

한 가지 유감스러운 점은 만약 천재라고 해도 아니면 천재이기 때문에 좀처럼 자기 주관의 한계를 넘어서는 것이 불가능한 것 같다. 자신의 체험이 너무나 절실했기 때문인지 그 심리 과정이 '모든 인간에게 해당된다. 인간의 모든 마음을 파악하고 있다.'라고 여겨지기 쉽다. 이런 경향은 세 명(심층심리학의 3대 창시자) 천재에게 많든 적든 나타나고 있다. 특히 아들러는 확실히 자각하고 있었지만 완전히 자유롭지는 못했던 것 같다.

특정 학파에 소속되지 않은 사람에게는 '딱 맞아떨어지기도 하지만 어긋나는 부분도 있기 때문에 솔직히 맞아떨어지는 부분만 서로 인정하고, 어긋나는 부분은 버리면 보다 넓고 깊은 심리학 이론을 만들어낼 수 있지 않을까?' 하는 생각도 들지만 이는 상당히 어려워 보인다.

융은 프로이트의 제자였던 시기도 있었지만 결국 결별했다. 아들러도 처음에는 동료였지만 생각이 맞지 않아 결별했다.

결별 이후 대화는 단절되었다. 프로이트의 정신분석학, 융의 분석심리학 그리고 아들러의 개인심리학으로 학파가 분리된 채로 서로의 좋은 점도 받아들이지 않았고, 상대에게 양해를 구하지도 않은 채 몰래 아이디어를 도용하는 등 외부에서 보면 좋지 않은 관계였던 것 같다. 또한 다른 학파들에서도 비슷한 사정이 있었던 것으로 보인다.

다행히 최근에는 상당히 개선되어 학파 간의 상호 용인이나 대화도 이루어지고 대학의 임상심리학과 등에서는 비교적 넓게 각 파의 이론을 가르치고 있다. 하지만 아직도 통합과는 상당히 거리가 멀어 보인다.

2. 아들러 심리학의 시작, 열등감의 극복

자신의 약함을 어떻게 극복할 것인가, 허약한 아이 아들러의 첫 번째 과제

아들러의 심리학 이론에 커다란 영향을 끼친 첫 번째 체험은 허약했던 어린 시절이다. 성문(좌우의 성대 사이에 있는 숨구멍)이 경련을 일으켜 가벼운 무호흡 병이 있었고, 성인이 된 후에는 사진으로는 알아차릴 수 없을 정도로 가벼운 구루병(척추질환)도 있었던 것 같다. 즉, 아들러는 전체적으로 신체 기관이 약했다. 신체가 약하고 마음도 약해 '자신의 약함을 어떻게 극복할 것인가.'가 인생의 첫 번째 과제였다고 볼 수 있다.

게다가 4세 때, 당시는 전염병에 대한 지식이 확립되지 않은 시절이라 디프테리아에 걸려 있던 동생 루돌프와 같은 침대를 썼고, 잠에서 깨어보니 동생이 옆에서 죽어 있었다. 아들러는 훗날 "커다란 쇼크였다"고 회고하고 있다.

5세 무렵 심한 폐렴에 걸려 의식이 몽롱해졌을 때에는 의사로부터 "이 아이는 살릴 수 없습니다."라는 말을 들었고, 의식을 잃을 정도로 심한 마차사고도 두 번이나 경험했다.

아들러는 이 영향으로 어릴 때부터 병과 죽음에 대한 공포심이 강했다. 그 공포심을 어떻게 극복해야 할지가 매우 큰 관심이면서 인생의 주제였다. 유아기 때부터 약했는데 학생 시절에는 시력까지 약해져 고민했다고 한다.

프로이트는 어머니에 대한 강한 심리적 애착으로 인해 아버지로부터 어머니의 애정을 쟁탈하는 것 같은 기분을 경험했다. 애착과 증오가 뒤섞인 이율배반적 감정이 있었던 것 같다. 이런 양가적인 마음을 가지고 자기 인격이 어떻게 해도 정리가 되지 않는다는 괴로움을 어떻게 분석하고 납득해 극복했는가가 프로이트의 주제였다고 봐도 좋다. 프로이트의 경우 단순히 생리적인 의미뿐만 아니라 심리적인 의미가 크다고 생각되지만 '성'과 '성충동'이 가장 문제였던 것이다.

하지만 아들러는 이와 같은 고민은 그리 하지 않았던 것 같다. 대신 자신의 약함을 고민했기 때문에 '어떻게 약함을 극복할 것인지가 인생에서 가장 중요하다.'고 생각했다. 아들러 자신도 "오랜 기간 '인간은 열등감을 가지는 것이다'라고 나는 강조해왔다."[4]고 말하고 있다.

그래서 아들러는 '성性은 프로이트가 말하는 정도의 문제가 아니다.'라고 보았다. 그와는 달리 프로이트는 건강하고 머리가 좋은 아이였기에 '약함 같은 것은 문제가 아니고, 성性이야말로 문제'라고 보았다. 제3자인 나로서는 양쪽 모두 커다란 문제인 것으로 보인다.

아들러는 어린 시절부터 자신의 약함 특히 죽음과 병을 극복하기 위해 의사가 되려고 결심했고, 처음에는 심리학자가 아닌 의사가 되었다. 반복하자면 자신의 약함에 대한 괴로운 체험이 아들러의 인생관과 학설의 출발점이 되었다. "무력하다고 하는 감각, 즉 '열등감'은 개인심리학의 근본적인 개념"[5]이라고도 한다. 자신의 약함에 대항해 보완하려는 힘을 얻는 것을 '보상'이라고 부르고, 아들러 자신은 의사, 그중 안과의사가 됨으로써 신체의 약함, 시력의 약함을 보상했다.

자세한 내용은 이후에 서술하겠지만 '열등감', '콤플렉스', '보상' 등 일반인에게도 잘 알려진 아들러 심리학의 개념은 이런 유아기의 절실한 체험으로부터 왔다.

하지만 인간은 자신이 약하고 무력하다는 마이너스 감각을 견디지 못하기 때문에 어떻게든 문제를 극복해 플러스 감각을 가지려는 절실한 마음을 가지고 있다. 아들러는 "사람은 누구나 우월성을 목표로 한다."[6]고 말하고, 초기에는 '힘을 향한 의지wille zur Macht, will to power(권력을 향한 의지라고도 번역됨)', '우월성을 향한 의지will to superiority' 또는 '우월성을 향한 노력striving for superiority'이라는 용어로 표현했다.

"우리의 노력은 모두 안심감, 즉 인생의 온갖 곤란을 극복하고 환경
전체와 연결되어 마침내 안전하고 의기양양하게 상승시켜 왔다는 느낌
이 달성된 상태로 향하고 있다."7라고 표현했다.

열등감에서 벗어나려는 바람, 힘을 향한 의지

아들러의 사고방식은 확실히 그의 개인적 체험에서 나왔다. 하지만
보편적으로 인간은 누구나 무력한 아기로 태어나 유아기에는 성인과 달
리 자신이 매우 작고 약하다고 느낀다는 의미에서 '열등감'을 가질 수밖
에 없다.

이에 대해 아이에게도 '그래도 나는 이렇게 제대로 살아간다.'라는 '힘
의 감각', 일반적으로 말하면 '자신감'을 갖고 싶다는 절실한 바람이 있고,
거기에서 시작하는 것이 인간이라는 통찰은 들어맞는다고 생각한다. 예
를 들면 남자아이들이 히어로를 동경해 흉내 내고 '자신은 강하다.'는 기
분에 몰입되어 미소 짓는 장면을 종종 보게 된다.

당시 사상계는 니체가 주목받던 시절이어서 앞에서 서술한 대로 열등
감을 극복하려는 마음을 '힘을 향한 의지'라고 불렀다. 니체가 말하는 바
와 아들러가 말하고자 한 바는 사실 상당히 다른 것임에도 같은 용어를
사용했기 때문에 훗날까지 오해받는 원인이 되었다.

인문주의적인 사람은 용어의 인상만으로 '아들러는 인간을 열등감으
로 고민하고 필사적으로 권력과 힘을 추구하며 남을 밀어내서라도 우월
감을 얻고자 하는 부정적인 존재라고 파악한다. 인간의 긍정적인 면은

붓다와 아들러의 대화

보지 않는다.'고 오해한다. 아들러의 생애와 업적을 잘 읽지 않고 초기 용어의 인상만으로 비판한 단순한 오해이지만 초기에 오해의 씨앗이 될 만한 용어를 사용한 것은 틀림없다. 특히 '권력'이라는 번역어가 한층 더 오해를 강하게 만든 것 같다.

반면 정신분석 등으로부터는 '사고방식이 무르다, 인간의 마음은 더 어둡고 질척질척한 성적 충동이나 죽음의 충동에 이끌려 움직이는 힘든 것이다.'라는 뉘앙스의 비판을 받는다.

어쨌든 '힘을 향한 의지'라는 초기 용어는 양측 모두로부터 오해받는 원인이 되어 아직도 심리학 관계자에게조차 어느 정도의 오해가 남아 있다. '아들러? 아, 열등감과 권력을 향한 의지의 심리학자'라는 선입견 때문에 아들러를 배우지 않는 사람이 많다. 현대에 아들러 심리학이 가지는 효과의 측면에서 보면 매우 안타까운 일이다.

나아가 프로이트는 갓 태어난 영아는 '열등감'으로 고민하기는커녕 '나르시시즘적인 전능감'을 갖고 있다고 비판했다. 이것은 프로이트의 제자로 훗날 정신분석적 아동심리학을 확립한 르네 스피츠 등이 영상기록을 채집하면서 실시한 매우 엄밀한 임상 관찰로도 말할 수 있을 것이다. 하지만 발달심리학적 관점에서는 갓난아기가 이런 전능감에 빠지는 것은 어느 연령까지의 일이고, 점점 자신이 '작고 힘이 없다.', '이런 것 저런 것을 어른처럼 할 수 없다.'고 느끼게 되는 것도 확인할 수 있는 사실이다.

여기서 프로이트와 아들러 주장의 차이를 어린이의 발달단계의 차이라고 이해하면 모순이나 대립이 아니라 생산적 통합이 가능하다.

3. 우리는 모두 타인과 이어져 있다
아들러 심리학의 키포인트 '공동체감각'

'타인과 잘 어울릴 수 있는가'
어린 시절 아들러가 체험한 공동체감각

앞서 서술했듯이 '열등감'은 아들러의 출발점이면서 개인심리학의 기본 개념임이 틀림없다. 하지만 어떤 의미에서 더욱 중요한 것은 '공동체감각' 개념이다.

아들러는 빈 교외 루돌프스하임Rudolfsheim에서 태어나 유년기를 보냈다. 전원적이면서 배타적이지 않은 곳이었다. 아들러는 유대계이면서 몸이 약했음에도 불구하고 그곳 아이들에게서 괴롭힘을 당하는 일도 없었고, 매우 사이좋게 지낼 수 있었다고 한다. 이 경험이 개인심리학의 또 하나의 이론에 커다란 영향을 끼친다.

전기 후반부에서 아들러는 수차 자신의 심리학의 시작을 유년시절로 되돌리곤 했다. "기억 속에서 나는 언제나 친구와 동료에게 둘러싸여 있었다. 대체로 나는 친구들에게 굉장히 사랑받았다. 이런 친구들은 끊임없이 생겼다. 내가 타인과의 협력이 필요하다는 것을 이해하게 된 것은 아마도 다른 사람들과 이어져 있다는 이 감각 덕분일 것이다. 이것이 후에 개인심리학의 열쇠가 된 주제이다."[8]라고 서술되어 있다.

즉, '인간이 사회적 관계 속에서 동료와 사이좋게 협력하면서 지낼 수 있는가가 인생을 제대로 살아갈 수 있는가, 행복해질 수 있는가의 가장 큰 포인트이다.'라고 바꿔 말해도 좋을 것이다.

이런 유아기 경험이 훗날 '공동체감각'이라는 용어를 만드는 원체험이

붓다와 아들러의 대화

되었다. 독일어로는 '게마인샤프츠게퓔Gemeinschaftsgefuhl', 영어로는 '소셜 인터레스트social interest'라고 번역된다.

다만 독일어의 '게마인샤프트'는 번역하면 '공동체', 소셜은 '사회적'이라는 의미로 '공동체'라는 어감이 없으며, '게퓔'도 단순히 '감각'이라기보다 '감정'과 '감각'을 합친 것 같은 의미로 영어로도 딱 맞는 말을 찾을 수 없다. 또 '소셜 필링social feeling(사회적 감정)'이라는 번역도 있고, '커뮤니티 필링community feeling(공동체감정)'이라는 번역도 있는데－나는 후자가 독일어의 뉘앙스에 가깝다고 생각하지만－ 보통 영어권에서는 '소셜 인터레스트'가 사용되고 있다.

대개 타인와 함께 협력하는 것, 공동체를 형성하는 것에 기쁨을 느끼고 바라는 심정이라고 이해하면 될 것이다. 특히 후기에9 더욱 의미가 확대되고 심화되어 한층 강조한 아들러의 중요한 용어이다. 자신의 원체험으로부터 건강하고 행복하게 살아갈 수 있는 중요한 포인트는 동료와 잘 어울릴 수 있는가라고 느끼고, 그것을 위해 필요한 기본적인 감각, 감정을 이런 말로 표현했던 것이다.

참고로 자세한 것은 일본 아들러 심리학의 대표적 전문가인 이와이 도시노리岩井俊憲 선생이 주재한 휴먼 길드의 '아들러 심리학 베이직 코스'에서 나오는 정의와 인용에서 볼 수 있다.

(1) 정의
① 공동체에 대한 소속감, 공감, 신뢰, 공헌감을 총칭하는 감각, 감정
② 정신적인 건강의 기준

(2) 아들러의 문장

① "인생이란 동료인 인간에게 관심을 갖는 것, 공동체의 일원이 되는
   것, 가능한 한 인류 복지에 공헌하는 것"이라는 확신으로 지탱되는
   것이다.[10]

② 공동체감각은 서서히 길러진다. 아이 시절부터 공동체감각의 방향
   이 제대로 훈련되어 언제나 인생의 유익한 측면에서 노력하고 있
   는 사람만이 실제로 공동체감각을 갖게 된다.[11]

타인과 협력함으로써 약함을 극복한다

인간에게는 자신의 약함을 극복하려는 스스로의 노력이 반드시 필요
하고 중요하다. 다만 혼자 힘으로는 한계가 있다. 아들러는 오히려 다른
사람과의 협력관계로 약함을 극복하는 편이 더 효과적이고 건전하며, 인
간의 본질적인 모습이라고 생각한다. 이는 다음 말을 보면 매우 알기 쉽
게 드러나 있다.

무엇보다 공동체감각(사회적 관심)을 이해할 필요가 있다. 공동체감각
에 대한 이해가 우리의 교육과 치료의 가장 중요한 부분이기 때문이
다. 용기가 있고, 자신을 가지고, 이 세상의 일을 잘 알고 있는 사람만
이 인생의 시련에서도, 유리한 측면에서도 혜택을 받을 수 있다. 그들
은 결코 두려워하지 않는다. 시련을 알고 있지만 동시에 극복할 수 있
다는 것도 알고 있다. 말하자면, 모든 인생의 문제-언제나 사회적인
문제이다-에 준비가 되어 있는 것이다.[12]

붓다와 아들러의 대화

이 '협력함으로써 약함을 극복한다.'는 개인으로서 잘 살아갈 수 있어 서만이 아니라 더 나아가 모든 인류에 해당되는 것이며 인간의 본질이라고 아들러는 생각했다.

집단생활은 다른 동물들에게서도 볼 수 있다. 특히 약한 종의 동물은 힘을 합쳐야 개개의 개체가 살아남을 수 있다. 예를 들면 무리를 이룬 들소는 늑대가 다가오면 머리를 모으고 발로 걷어차 자신을 지킨다. 한 마리 들소로는 불가능해도 무리를 이루어 힘을 합치면 자신을 지킬 수 있다. 그와 달리 고릴라나 사자, 호랑이는 원래 힘이 강해 고립되어도 살아갈 수 있다.

특히 "인간은 강한 힘과 발톱, 이빨도 없으므로 홀로 떨어져서는 살아갈 수 없다. 즉, 하나의 인간으로는 약한 존재이기에 사회생활을 시작한다."[13]라고 서술한다. 원시시대의 혹독한 환경 속에서 인류 자체가 협력, 단결, 공동체를 형성하는 것으로 살아남을 수 있었다는 것이다.

여담이지만 현대 동물학 지식으로 말하면 고릴라나 사자, 호랑이도 무리를 지어 살고, 결코 고립된 생활을 하지 않으므로 "인간은 혼자서는 살아갈 수 없다. 혼자서는 약하기 때문에 서로 돕는 시스템으로서의 인간사회가 생긴 것이다."라는 것은 아들러가 말하고자 하는 포인트와 딱 들어맞는다.

서로 협력함으로 약함, 즉 열등성과 열등감을 극복하기 위해서는 개개인의 마음에 '공동체감각'이 반드시 필요하다. 아들러 전기前期에는 약간 애매했지만, 후기에는 인간에게 중요하고 바람직한 것은 타자와의 경쟁에서 우위에 서는 것이 아니라 협력해 약함을 극복하고, 확실하게 자신감을 가지고 안심하고 살아갈 수 있게 되는 것이라는 주장이 명쾌해졌다.

개인은 타인과 분리할 수 없는 존재, 아들러의 개인심리학

아들러는 처음엔 서로 생각이 비슷하다고 여겨 프로이트와 함께 일했지만, 곧 주제와 강조하는 바가 다른 것이 확실해지면서 1911년에 결별하고, 1912년경에는 '개인심리학Individual psychology'이라는 이름의 새로운 학파를 형성했다.

다만 유감스럽게도 아들러의 이름 짓는 솜씨는 형편없다고 생각하는데, '개인심리학'이라고 하면 '뭐야, 개인밖에 생각하지 않는 심리학인가.'라는 인상을 주기 십상인 것이다. 하지만 본래의 '인디비주얼individual'이라는 말은 '사회와 분리된 개인'과는 반대의 의미이다. '인간의 몸과 마음은 불가분한 전체를 이루고 있다.'는 의미와 '개인은 사회, 공동체, 다른 인간과 불가분의 존재'라는 의미를 포함하고 있다. 나아가 후기에는 개인은 사회뿐만 아니라 다른 생명, 자연 전체, 우주와 불가분이라는 깊은 의미가 포함되어 오히려 '자아초월심리학'에 매우 근접해 있다.[14]

아들러는 '개인Individual'이라는 말을 그런 의미로 사용해 자신의 심리학에 '개인심리학'이라는 명칭을 붙인 것이지만 안타깝게도 그런 깊은 의미를 표면적으로 드러나는 단어만으로는 전혀 알 수 없다.

주의 깊게 설명하지 않으면 진짜 의미를 알 수 없는 개념이므로 외부 사람에게는 '뭐야, 핵심은 개인밖에 생각하지 않는 건가.'라는 인상으로 파악되어 읽지 않고 비판받는 불행한 일이 일어나는 원인 중 하나가 된 것 같다. 특히 한자어 '개인個人'에는 어원적으로도 영어처럼 '불가분'이라는 의미가 없기 때문에 더 오해받는 부분이 있다.

'개인심리학'도 앞서 서술한 '힘을 향한 의지'나 '우월성을 향한 의지', '열등감'의 경우와 같이 내용을 이해하지 못한 사람에게는 부적절하고 매력적이지 않은 인상을 준다는 점에서는 썩 좋은 이름이라고 말할 수는 없다.

이 용어들은 '요컨대 인간이란 권력의지밖에 가지지 않은 에고이스트라고 파악하고 있는 것인가?'라거나 '요컨대 열등감을 가진 인간이 타인과 경쟁해 남을 밀어냄으로써 우월한 입장에 서고자 한다는 것을 인정하는 것인가? 인간, 개인이란 어차피 그런 존재라고 생각하는 것인가?'라는 오해를 받았다. 하지만 이는 마음이 병든 사람의 상태이고 앞에서 서술했듯이 심리적으로 건강한 인간에 대해 아들러가 말하고자 했던 것은 완전 반대였던 것이다.

아들러도 후기에 '힘을 향한 의지'라는 용어는 거의 사용하지 않고, '완전, 완성에 대한 노력Striving for perfection'이나 '의미(존재의의)에 대한 노력Striving for significance'이라는 말로 바꾸기도 했지만 '우월성을 향한 노력'이라는 말은 여전히 사용했다.

특히 후기에 아들러는 '우월성superiority이란 타인에게 이겨서 우위가 되는 것이 아니라 자신의 약함과 시련이라는 마이너스 상태를 완전히 극복해 플러스 상태가 되는 것이고, 목표로서 완전, 완성을 이룬 상태'라는 의미의 문장을 남겼다. 나아가 "어린이의 어떤 종류의 특성은 어린이 내면에 열등감, 약함, 자신 없음을 일으키는 환경의 힘이 작용하고 … 어린이는 이 상태로부터 자기 자신을 해방시키는 것, 높은 차원에 도달하는 것, 그래서 평등감을 얻는 것을 목표로 한다."[15]고도 말했다.

확실히 아들러는 '우월성'이라는 말에 이런 의미도 포함시켜 사용했던 것 같지만, 일반적으로는 '타인과 비교 경쟁해 우위에 서는 것'이라는 의미가 주를 이루고, '평등감을 얻는 것'이라는 의미는 없으므로 어떻게 해도 인상에 의한 오해를 피하기는 어렵다.

그런 점에서는 아들러로부터 큰 영향을 받은 인본주의 심리학의 창시자 매슬로우Abraham Maslow 쪽이 이름 붙이는 것에선 더 탁월하다. 예를 들어 매슬로우는 '자기성장 욕구'라거나 '성장에 대한 동인, 충동'이라는 말을 사용했다.

확실히 "인간에게는 지금 자신의 현상에 머무르지 않고 더 높은 자기성장을 성취하려는 매우 강한 충동이 있다."라고 말하는 것이 더 긍정적으로 들린다. 그러므로 "인간은 태어났을 때의 미성숙한 상태에서 성숙한 상태로 성장하고자 하는 절실한 충동이 있고, 방향만 잘 잡으면 충분히 성장할 수 있다."라고 표현하면 오해를 피할 수 있었을지도 모른다.

실제로 매슬로우가 유사한 내용에 '자기성장에 대한 동인, 충동'이라고 이름을 지어 놓아서인지 60년대 말 미국에선 전문가뿐만 아니라 일반 시민에 이르기까지 매우 광범위하게 커다란 지지를 받았다. 매슬로우는 아들러로부터 큰 영향을 받았고, 아들러 심리학은 가장 선구적인 인본주의 심리학이라고도 부를 수 있으니 매우 애석하다.

불교와의 통합이라는 주제에 관해서 말하면 '우월성을 향한 노력', '완전, 완성에 대한 노력'이나 '의미(존재의의)에 대한 노력', 즉 일반적인 심리학 용어로 말하면 인간의 어쩔 수 없는 '자아확립에 대한 충동'은 후반

붓다와 아들러의 대화

에 서술할 유식의 '마나식'에서 '아치我癡, 아견我見, 아만我慢, 아애我愛'라는 네 개의 근본번뇌와 중복되는 통찰이고, 어느 쪽도 그 자체는 선도 악도 아니라고 여기는 점도 일치해 서로 보완하는 것이다.

모든 것은 이어져 있다, 불교의 '연기'와 아들러의 '공동체감각'

거듭 말하지만, '공동체감각' 개념이야말로 아들러 심리학과 불교를 통합적—상보적으로 파악하는 결정적인, 핵심개념이다. '공동체감각'은 쉬운 말로 '유대감'이라고 말해도 좋고, '모든 것은 연緣=이어짐에 의해 일어나고 있다.'는 의미에서 '연기' 개념과 일치한다.

특히 후기 아들러에서 '공동체감각'은 '우주의식'이라고 바꾸어 말할 수 있을 정도로 의미에 깊이와 폭을 보이고 있으므로 '우주와 자기와의 일체성에 눈뜨기'라는 의미에서 '연기의 이법理法을 깨달음', '공, 일여를 깨달음'에도 가까워지고 있다 해도 좋을 것이다. 다음과 같은 아들러의 말이 이를 가장 잘 보여준다.

> 연대감이나 공동체감각은 어린이의 마음속에 제대로 뿌리내리지만 그 것을 잃어버리게 되는 것은 정신생활이 심하게 병들어 퇴화했을 때뿐 이다. 그것은 뉘앙스가 변하거나 제한받거나 확대되면서도 일생 지속 되어 기회가 많아지면 가족 구성원뿐만 아니라 일족이나 민족, 전 인 류에게까지 넓어지기도 한다. 나아가 그런 한계를 넘어 동식물이나 다 른 무생물에게까지, 급기야 저 멀리 우주에까지 넓어지는 경우도 있다.16

인간은 어릴 때부터 마음속에 '연대감이나 공동체감각', '유대감'이 뿌리내리고, "기회가 많으면 … 급기야 저 멀리 우주에까지 넓어지는 경우도 있다."는 말은 앞에서도 서술한 것처럼 극히 '자아초월심리학'의 인간관에 가까워지고 있고, 대승불교의 "인간은 가르침을 만나는 것이 가능하고, 수행하는 것이 가능하면, 불성을 개발할 수 있다."는 사고방식과도 깊이 닿아 있다고 할 수 있다

후반에서 자세히 서술하겠지만 불교의 '연기' 개념은 '무아', '무상', '공'이라는 개념과도 밀접하게 관련되어 있다. 다만 아들러가 거기까지 파악했다고 말하는 것은 아니다. 하지만 그럼에도 불교에는 건전한 자아를 기르거나 자아의 재확립을 돕는 이론과 방법이 충분히 정비되어 있지 않기 때문에 상호간에 보완할 수 있는 것이다.

4. 변화하고자 하면 변화할 수 있다

출생순위에 따른 성격의 형성

생활사와 이론 포인트로 이동해보자. 아들러는 8남매 가운데 둘째, 차남으로 태어났다. 아들러의 부모는 어릴 때부터 아들러가 몸이 약했기 때문에 장남을 대하듯 응석을 받아주며 키웠다. 하지만 정작 아들러는 자신과 달리 몸이 건강한 형 지그문트를 질투했다. 형 지그문트도 부모가 몸이 약한 동생에게만 관심을 쏟자 동생을 질투해 둘의 관계는 평생 좋지 않았다.

이후 아들러가 상당히 건강해졌을 때 동생이 태어났다. 그러자 아들러의 어머니는 이번엔 동생에게만 마음을 쏟았다. 한마디로 아들러는 언제나 주목받고 돌봄을 받는 상태, 더 정확히 표현하면 왕의 입장, 왕좌를 빼앗기는 느낌을 동시에 체험했다.

또 동생이 사망했을 때 중요한 체험을 했다. 장례식에서 지인을 위로하면서 웃는 어머니의 모습을 본 것이다. '아이가 죽었는데 웃을 수 있다니!' 아들러는 어머니에 대한 원한에 가까운 감정을 가지게 되었고, 이후 아버지를 따르기 시작했다.

그래서 유명한 프로이트의 '오이디푸스 콤플렉스'라는 개념, 즉 '그리스 신화의 오이디푸스처럼 남자아이는 누구라도 어머니에게 성애를 수반한 애착을 가지며, 그것이야말로 인생의 원초적인 문제인 것'이라고 파악하는 것은 아들러 입장에서는 프로이트 개인적인 것이지, 인간의 보편적인 심리라고는 생각할 수 없다는 것이다. 자신은 어머니보다 아버지가 더 좋았기에 '어린이는 상황에 따라 아버지가 좋고 어머니는 아무래도 좋다는 마음이 들기도 한다.'고 생각했다. 즉, '성'의 문제가 아니라 관계성의 문제라고 말하는 것이다.

이런 체험을 통해 특히 형제 중 어느 위치에 있는지가 성격 형성에 큰 영향을 준다고 생각해 '출생 순위'라고 표현했다. 상식적으로도 납득할 수 있는 부분이다. 역시 첫째는 첫째, 둘째는 둘째, 중간은 중간, 막내는 막내, 혹은 외동은 외동이라는 성격 특징이 확실히 존재한다.

형제 중 어디에 위치를 점하면 어떠한 성격이 형성된다고 아들러 심리학에서 생각하는지, 입문적인 개설에서는 상세하게 서술할 수는 없지만 상당히 흥미로운 점이 있다. 내가 번역한 츄Alex Chew의 『아들러 심리학으로 초대』에 나온 칼손의 정리를 기초로 서술해보겠다.[17]

첫째는 계속 첫째로 있고자 하는 경향이 있다. 처음에는 다른 아이가 없기 때문에 당연히 가족의 주목 대상이 된다. 하지만 다음 아이가 태어나면 종종 '왕좌를 빼앗길 것'이란 느낌을 갖는다. 처음엔 노력해서 착한 아이가 되려 하고, 필요 이상으로 주목받으려는 경향이 있다. 그러나 아무리 착한 아이여도 다음 아이에게 이길 수 없다고 생각해 용기와 의욕이 좌절되면 문제아가 되어버리는 경우도 있다. 일반적으로는 책임감이 강하고, 의지처가 되고, 부모 등 권위 있는 사람에게는 순종해 잘 극복해나가는, 바르고 완벽해 우수한 아이라고 생각한다.

둘째는 나중에 태어났으므로 필사적으로 따라가는 경향이 있다. 첫째에게 대항해 만약 첫째가 '착한 아이'라면 둘째는 '나쁜 아이'가 되거나 반대의 경우도 있다. 혹은 첫째와 경쟁하지 않는 다른 분야에서 노력하는 것을 선택하기도 한다. 처음에는 두 아이의 성격이 대체로 정반대이다. 경쟁하고 있는 것처럼 행동한다. 부모도 "형처럼 노력해야지."라며 경쟁을 부추기기 쉽다. 때문에 과보상적으로 과도하게 활동적으로 나대는 경향이 있다.

중간에 끼인 아이는 평생 사람을 구별하는 경향이 있다. 최연장의 특권도 막내의 특권도 없고, 집안에서 자신이 있을 곳을 잘 알지 못한 채 무시당하고 있다거나 사랑받지 못한다고 느끼는 경우가 흔하기 때문이다. 그래서 타인은 자신에게 불공평하기 때문에 스스로 입장을 확립하기 위해 투쟁해야 한다고 생각한다. 집안에서 자신이 있을 곳을 찾기 어려

붓다와 아들러의 대화

워 밖에서 사교적인 행동을 하는 경우도 있다. 하지만 대체로 주위로부터 압박받는다거나 정의롭지 못한 것, 불공평, 경시되거나 학대받는 것에 민감해지기 쉽다.

막내는 마지막으로 태어났기에 사랑받고 주목받는 왕좌를 위협받는 경우는 결코 없다. 그런 지위는 특권이기 때문에 낙원을 떠나려고 하지 않다. 하지만 부모나 형제자매들이 그 때문에 응석을 받아줘 망치게 되는 경우도 있다. 즉 가장 어리기에 진지하게 대해 주지 않거나 언제까지나 아기처럼 행동해 여러 일을 주변 사람이 대신 해줌으로써 자립성이 부족할 뿐만 아니라 어른이 되어서도 의존적인 경우가 있다. 또한 막내는 응석을 받아준다는 점에서는 외동과 닮아 있지만 다른 점은 보고 배울 나이 많은 형제가 있다는 것이다. 더구나 둘째처럼 경쟁해야 하는 압박감이 없이 자라 매우 창조적이고 우수하며 영리해 크게 성공하는 경우도 있다. 반면 윗사람을 상대로는 어떻게 해도 이길 수 없다는 열등감이 생기거나, 용기가 꺾이는 경우도 있다.

외동은 '거인 세계의 소인'으로 성장기간 내내 자기보다 크고 능력 있는 사람들 속에서 살아간다. 어른들 틈에서 자신이 있을 곳을 확보하기 위해 독특한 스타일을 형성하기도 한다. 말이 많고 귀염성이 있으며 영리하며, 도움이 필요하다고 느끼면 부끄럼쟁이나 자신감 없는 사람이 되기도 한다.

이런 출생 순위에 대해 아들러 및 아들러학파는 패턴이 고정된 것으로 '장남이라면 반드시 이렇다.'라고 확정하는 것이 아니라 어디까지나 '경향성'이라고 신중하게 말한다.

하지만 아들러 심리학의 출생 순위에 대한 통찰을 참조하면서 자기 자신을 객관적으로 바라보면 자기 성격의 좋은 점과 나쁜 점을 포함해 '아 그래서 나는 이런 성격을 형성해 왔구나.'라고 깨닫게 된다. 그러면 어른으로서 자신의 성격을 어떤 방향으로 바꾸어갈 것인지, 그대로 유지할 것인지 스스로 결정할 수 있게 된다. 심리치료 과정으로 말하면 치료자는 내담자에게 '출생 순위'라는 사고방식을 보여주고, 내담자는 그 통찰을 참조하면서 자기를 깊이 인식하게 된다.

아들러 심리학은 성격이 고정된 것이라고 말하지 않는다. 또한 어떻게든 바꿀 수 있다고도 말하지 않는다. 일정한 한계는 확실히 있지만 자각하면 상당 부분 바꿀 수 있다는 매우 타당한 사고방식을 가지고 있다. 자신의 성격-나중에 다시 서술하겠지만 '라이프스타일'이라는 말로 표현하고 있다-을 자각할 수 있다면 라이프스타일을 새로 선택할지는 자유의지로 상당 부분 가능하다.

쉽게 말하면 인간은 변하고 싶은 마음이 생기면 자신을 완전하지는 않아도 상당 정도 바꿀 수 있다. 자신의 성격, 라이프스타일이 자신은 물론 주변 사람도 불편하게 한다면 충분히 자각 가능하고 적절한 방법으로 새로운 라이프스타일을 형성하는 것도 가능하다는 것이다. 두말할 것도 없이 '라이프스타일의 재형성'은 심리학 용어로 '자아의 재확립'이라고 말할 수 있다.

자기와 마주할 수 있는 용기 심어주기

인간은 처음부터 열등감을 가지고 있다. 그 열등감에 대항하는 힘의

붓다와 아들러의 대화

의지라고 할까, 자기성장 충동을 가지고 열등감과 맞닥뜨려 약함을 극복하기 위한 다양한 노력을 한다. 그때 열등감을 어떤 식으로 극복하는가 하는 보상의 패턴, 즉 라이프스타일에 인생의 모든 열쇠가 있다고 아들러는 보았다.

패턴을 형성하려고 노력하는 과정에는 환경도 영향을 준다. 특히 앞에서 말한 것처럼 첫째인지 둘째인지, 중간인지 막내인지 하는 출생 순위가 큰 영향을 끼친다. 나아가 아들러는 훈육, 양육방식이 큰 영향을 끼친다는 것을 지적하면서 응석을 받아주는 것도 아니고, 무시하는 것도 아닌 양육방식, 즉 '아이의 자기결정과 자기책임을 존중하면서 자기 위치를 마주하는 용기를 심어주는 것이 교육의 바른 모습'이라고 제안한다.

지금은 흔히 '자기결정 또는 자기책임'이라는 말을 하지만 본래의 아이디어는 아들러에게서 나온 것 같다. 하지만 아들러와 이후 아들러 심리학은 더욱 신중하게 자기결정과 자기책임을 확실히 할 수 있도록 자기 위치와 마주하는 용기를 심어주는 방법론을 잘 정비했다.

나는 가능한 한 다양한 심리학, 심리치료를 항상 마음 써왔다. 그 결과 현대 교육이나 가정 문제에 몰두하기 위한 이론과 방법으로 아들러 심리학이 유일하지는 않지만 가장 효과적이라고 인정하고 있다. 부족한 점은 논리요법으로 보완해도 된다. 물론 다른 여러 가지 방법으로도 보완이 가능하다. 그리고 후기의 아들러가 완성시키지 못한 부분을 발전시키면 내가 고안한 코스모스 테라피가 된다고 생각한다.

'열등성'이 반드시 마이너스는 아니다, 열등성과 보상, 과보상

아들러는 1879년 중등학교(김나지움)에 입학했다. 당시 아들러는 산수를 못하는 것이 큰 고민이었다. 그리고 그것이 너무 분했던 나머지 방과 후 집에서 열심히 공부해 실력을 키웠다고 한다. "이 문제를 풀 수 있는 사람이 있을까?" 어느 날 선생님이 칠판에 문제를 쓰고 물었을 때 아무도 손을 드는 사람이 없었다. "네, 풀 수 있습니다." 이때 아들러 혼자 손을 들었다. "자네라면 가능하겠지." 선생님은 아주 빈정거리면서 일단 문제를 풀게 했다. 결과는 아주 훌륭히 풀어냈다. 이후 아들러는 "아 할 수 있다! 잘해나갈 수 있다!"라는 자신감이 붙었다고 한다.

이런 체험을 통해 아들러는 시작점에서의 약점이 인생에서 반드시 마이너스가 된다고 할 수 없고, 약점을 극복하려는 노력이 오히려 약한 면과 또 다른 면을 성장시킬 수 있음을 발견했다.

아들러는 그런 '약함'에 대해 '열등성, 인페리어리티inferiority'라는 용어를 붙이고, 약함을 실감하는 마음의 상태를 '열등감'이라고 지칭했다. 흔히 말하는 것처럼 인간은 열등감이 있기 때문에 그 계기로 힘을 내어 성장하는 존재이다. 아들러는 다음과 같이 말했다.

애초에 모든 어린이는 인생에서 열등하고 주위의 다양한 공동체감각 없이는 살아 갈 수 없는, 작고 미숙한 존재 ─ 오랜 기간 계속되고, 인생은 힘들다는 인상만을 주기 쉬운 ─ 임을 이해하면 모든 사람의 정신생활 시작에는 크든 작든 그 깊은 곳에 열등감이 내재해 있다고 가정할 수밖에 없다. 하지만 열등감으로부터 아이는 다양한 노력을 끌어내고,

목표를 설정함으로써 미래에 대한 온갖 안심과 확실함을 기대하고, 또한 목표를 달성하는 데 적합한 길을 개척하려고 한다. … 아이의 그런 독특한 입장 … 속에, 아이의 교육 가능성의 기초도 있다.18

열등성, 열등감을 보완하려는 '보상compensation', 보상을 넘어 뛰어나게 되는 것을 '과보상over compensation'이라고 말한다.

그러므로 열등성은 반드시 고정화된 열등감, 또는 '열등 콤플렉스'를 초래하기보다는 열등성을 자각하기 때문에 그것을 극복하고자 하는 보상행위가 행해진다. 과보상까지 이르게 되면 취약했던 영역에서 오히려 뛰어난 능력이 발휘된다. 이러한 자신의 체험을 통해 인간이라는 존재에 대해 성찰하게 된다.

아들러는 '과보상'의 유명한 예로 그리스의 웅변가 데모스테네스라는 사람을 들고 있다. 데모테네스Demosthenes는 말더듬이이고 말주변이 없는 사람이다. 말 주변이 부족한 게 늘 분해 필사적으로 연설을 연습해 마침내 역사에 남는 웅변가가 되었다는 이야기이다. 또한 내가 알고 있는 어떤 사람은 어릴 때 몸이 약해 괴롭힘을 당하기 일쑤인 울보였지만 억울함을 이기지 못해 마침내 가라테를 익혔는데 지금은 가라테 사범이 되었다. 이런 실제 사례는 주변에 많이 있을 것이다.

어린아이는 이성적으로 미성숙한 마음 상태이지만 자기 나름대로 극히 주관적으로 살아남기 위해 다양한 보상, 과보상의 방법을 발견해가는 존재이다. 때마침 발견한 방법이 플러스 방향으로 향하는지 아니면 마이너스 방향으로 향하는지가 인생의 커다란 갈림길이 된다.

앞에서 언급했듯이 아들러는 자신이 병약하다는 문제를 안고 있었기에 이를 극복하려고 의대생이 되었다. 시력이 약했기에 우선 안과의사가 되었다. 하지만 몸의 허약함이 단지 몸뿐만 아니라 자신의 약함을 언제나 자각해야만 한다는 의미에서 마음의 문제이기도 하다는 것을 체험을 통해 알게 되었다. 그래서 몸과 마음의 문제를 어떻게 통합적으로 파악해 강해질 수 있는지를 생각하게 되었다.

이미 서술했듯이 1888년 빈 대학 의학부에 입학해 1895년에는 의사면허를 취득했다. 처음에는 안과를 전공했고, 마음과 몸의 문제를 다루려고 다시 정신과로 옮겼다.

'인간은 사회적 존재다', 아들러의 사회주의에 대한 관심

아들러는 의대생 시절, 당시 학생들 사이에 유행이기도 한 휴머니즘으로서의 사회주의에 관심을 가지고 마르크스주의자 모임에도 얼굴을 내밀었다. 그리고 1897년, 정치집회에서 훗날 아내가 된 라이사 엡슈타인Raissa Epstein을 만났다.

라이사는 매우 적극적인 사회주의와 페미니즘 활동가였다. 그 서클에는 유명한 러시아 혁명가 트로츠키도 있어 아들러도 꽤 친밀히 교제했던 것 같다. 하지만 아들러는 훗날 일어난 러시아의 공산주의 혁명에는 비판적이었다. 트로츠키에게는 개인적으로도 폭력적인 통치에 대한 항의를 분명히 했으며 실제 정치활동에는 거의 관여하지 않았다. 그럼에도 인간을 사회적 존재라고 강조하는 아들러의 이론은 사회주의, 마르크스주의로부터 상당히 영향을 받은 것이다.

　　　　　　　　　　　　　　붓다와 아들러의 대화

인생의 과제, 라이프 태스크

무력한 존재로 태어난 인간은 성장하면서 다양한 도전에 직면하게 된다. 아들러는 인간이 인생에서 직면하는 도전을 '라이프 태스크life task'라고 지칭했다. 가장 주된 것으로 일, 동료, 사랑(결혼, 친밀함) 세 가지를 들었다. 이 중 어느 것도 공동체감각이 없으면 잘 되지 않는다고 말했다.

아들러는 일로는 사람의 마음을 도와주는 정신의학을 택했고, 많은 친구가 있었다. 결혼은 앞에서도 언급했듯이 의대생 시절 정치집회에서 만난 라이사와 사랑에 빠져 1897년에 결혼했다. 라이사는 매우 지적이고 자기 주관이 뚜렷한 신여성으로서 마르크스주의, 페미니즘 활동가이고, 남편에게 모든 걸 맞추는 전통적인 오스트리아 타입의 여자는 아니었던지라 아들러도 여러 가지로 고생을 한 것 같다. 하지만 일로 인해 종종 별거는 해도 애정만은 평생 변하지 않았다.

아들러는 어떤 라이프 태스크에 대해서도 공동체감각을 가지고 몰두했기에 훌륭하게 성공했다고 말해도 좋을 것 같다. 물론 아들러가 지목한 세 가지 주된 라이프 태스크는 누구에게나 들어맞는 상당히 보편적인 것이지만 아들러의 개인적 체험과도 강하게 관련되어 있다.

아들러 부부는 1898년 장녀 발렌티나Valentine Adler, 1901년 차녀 알렉산드라Alexandra Adler, 1904년 아들 커트Kurt Adler, 1909년 삼녀 코넬리아Cornelia Adler(애칭 넬리 Nelly) 세 명의 자녀를 두었다. 심각한 일중독자였던 아들러는 집에 있는 시간은 적었지만 아이들을 돌보길 좋아하는 애정 깊은 아버지였다. 그중 알렉산드라와 커트는 아버지를 깊이 존경해 훗날 정신과 의사가 되었다. 이런 사실은 아들러가 자녀의 양육에서도 공동체감각을 가지고 몰두해 성공했다고 말할 수 있다.

아들러의 후계자인 드라이커스Rudolf Dreikurs는 라이프 태스크로서 앞의 세 가지에 '자기 자신과 잘 해나가는 것', '인생의 의미를 발견하는 것'을 더했다. 현대에는 '스피리추얼리티spirituality(영성) 확립'을 꼽는 아들러 심리학자도 있다.19

아들러가 지적한 세 개의 라이프 태스크는 상식적인 것 같지만 아이부터 청년기에 걸쳐서는 극히 막연하다고밖에 파악할 수 없다. 그 때문에 제대로 의식적으로 몰두하지 않고 종종 사회적 적응에 실패하는 경우도 보인다. 그러나 아들러 심리학에서는 확실히 '라이프 태스크', 즉 '인생의 과제'라는 말로 자리 잡아 내담자에게 자각시키고 인생의 기본적이고 불가피한 과제로서 의식적으로 몰두할 용기를 부여하는 접근을 했다.

여기서도 언급해두자면 아들러가 꼽은 세 가지 라이프 태스크는 불교가 과제로 삼아온 것과는 영역이 분명히 다르다. 세 가지 중 최초(일)와 최후(사랑, 결혼)는 붓다가 출가라는 형태로 포기한 것이며, 『유마경』 등 대승의 재가주의에서 다시 어느 정도 채택하는 주제이다. 하지만 극히 평범한 재가의 사람이 유마거사의 이른바 명인의 솜씨를 흉내 내는 것은 불가능하다. 그러면 어떻게 해야 평범한 사람이 라이프 태스크에 대처할 수 있는지에 대한 아들러의 조언이 불자에게도 시사점을 던져줄 것이다. 또한 아들러 심리학자에게 유마거사 같은 이상적 모델이 있다는 것은 인격 성장의 최종 도달 목표를 명백히 한다는 커다란 의미를 가질 수 있다.

그런 의미로 보아도 양자는 확실히 다르기 때문에 서로 보완하는 것이 가능하다고 본다. 나아가 현대 아들러 심리학자처럼 영성 확립을 더 한다면 더욱더 통합이 가능하다.

5. 아들러와 프로이트

의사와 환자는 인간으로서 대등하게 신뢰할 수 있어야 한다

1898년, 아들러는 유명한 프라터 공원 가까이에 병원을 개업했다. 유원지의 곡예사나 어릿광대들이 주된 환자였다. 그들의 직업상 나타나는 신체 증세를 듣고 관찰한 내용과 자신의 어릴 적 기억이 '기관열등성', '과보상' 개념의 큰 힌트가 된 것 같다.

또한 아들러는 환자에게 가급적 전문용어를 쓰지 않으면서 병을 설명하고, 증상 호소에 진심으로 귀를 기울였다. 당시의 상하관계에 기반한 의사와 환자의 관계와는 완전히 다른 스타일이었다. 의사와 환자가 인간으로서 대등하게 신뢰할 수 있는 관계를 만들고 협력해 치료해야 한다는 것이 훗날 아들러 심리학 심리치료 스타일의 기초가 되었다. 여기서 아들러는 이미 상하관계를 전제로 한 기존의 의사-환자관계의 형태로 정신분석에 임한 프로이트와는 완전 반대 스타일을 만들어낸 것이다.

또한 자신의 환자들 중에 양복 바느질 장인이 많아 열악한 작업장의 환경이 병의 원인이 되는 것을 알게 되어 『재봉업자를 위한 건강』이라는 책을 집필하기도 했다. 한 가지 흥미로운 점은 이 책이 아들러 최초의 저작, 정신의학, 심리학책이 아니었다는 것이다. 거기에는 단순히 의학적

치료뿐만 아니라 모범적인 공장 설립을 위한 법률, 주거 개선, 노동시간 제한 등 환경 개선에 대한 제안이 담겨 있었다. 이 점에서 아들러의 '공동체감각'이 한층 더 깊어진 것을 엿볼 수 있다.

두 심층심리학자의 대립, 프로이트와 아들러

아들러는 병원을 개업했을 즈음 프로이트의 강연을 들으러 다녔다. 하지만 강연 내용에 대해서 직접 이야기한 적은 없었다. 1900년에 출판된 프로이트의 『꿈의 해석』을 읽고 많은 의사들이 비난하자 프로이트를 옹호하는 글을 쓰기도 했다. 프로이트는 이 일과 자신의 환자인 의사 슈테켈Wilhelm Stekel의 추천을 계기로 1902년 매주 1회 열리는 심리학에 관한 토론회 초대장을 아들러에게 보냈다. 아들러도 초대에 응해 토론회에 참가하게 되었다. 즉, 시작부터 아들러는 '초대받은 손님'이었고, 자신의 의지로 입문한 '제자'가 아니었다. 훗날 심층심리학의 거장이 된 두 사람이 만난 것은 11월 6일 목요일이었다고 알려져 있다.

토론회는 수요일이 정례가 되어 프로이트는 매 회 마지막에 자신이 논의의 결말을 짓고 점점 교조처럼 되어 갔다. 그와 달리 아들러는 처음부터 독자적인 생각과 스타일을 형성하고 있었기에 프로이트를 추종하는 일은 없었다. 하지만 한동안은 토론회에 참가해 활발한 논의을 즐겼다고 전해진다.

아들러는 프로이트의 학설을 알고 있었고, 초기단계에는 자신의 생각과 매우 가깝다는 느낌을 받았다. 이런 와중에 프로이트에게 토론회 초대장을 받게 되어 만남이 이뤄진 것 같은데, 막상 프로이트와 만나 보니 역시 자신과 다르다는 점을 깨닫고 멀어졌다는 것은 앞서 서술한 대로이다. 아들러가 프로이트에게 공감했던 것은 "인간은 자신이 안고 있는 문제가 무엇인지를 잘 자각하지 못하는 점이 있다. 그러한 의미에서 무의식이라면 해결까지는 아니더라도 자신의 문제점을 의식화할 수 있으면 해결의 방향을 마주할 수 있다."라는 발상이었다.

프로이트에게 문제의 포인트는 성 심리였다. 하지만 아들러는 '핸디캡이나 열등성을 짊어지고 태어났다는 것을 어떻게 극복할 것인가'가 주제였다. 또한 프로이트는 의식과 무의식을 마음의 다른 영역으로 파악했지만, 아들러는 '어느 정도 알아차리고 있는지' 점진적인 것으로 파악하고 마음이 의식과 무의식 두 개 영역으로 나뉘어 있다는 사고방식은 채용하지 않았다.

1906년에는 수요토론회에서 「신경증의 기관적 기초에 대해서」라는 논문을 발표했다. 그러고 나서 1907년 『기관열등성의 연구』라는 저작을 간행했다. 이 논문과 저작으로 아들러는 프로이트와는 다른 이론적 입장을 확립하고 있었지만 이 단계까지 둘의 관계는 양호했다. 나중에 유명한 정신분석가가 된 오토 랑크Otto Rank는 프로이트가 "아들러의 논문은 나의 일을 더욱 전진시킨 것이다. 나의 첫인상엔 그의 논문 대부분이 옳은 것으로 증명될 것이다."라고 극찬했던 것을 기록하고 있다.

하지만 수요토론회는 어떻게든 자신을 중심으로 정리하려고 한 프로이트의 노력에도 불구하고 멤버 간의 의견 대립이 점점 커졌다. 이론적인 논쟁보다 인신공격이 많아졌다. 이런 상황을 관찰한 것도 계기가 되어 아들러는 「인생에서 공격욕동과 신경증」이라는 논문에서 인간의 근본적인 욕동에는 성뿐만 아니라 공격도 있다고 주장했다. 프로이트와 크게 대립하는 점이었다.

내부의 대립에도 불구하고 정신분석은 점점 국제적인 평가를 받았다. 1910년 4월, 뉘른베르크에서 국제정신분석학회가 창립되었다. 하지만 당시 유럽에서 점점 높아진 반유대주의 때문인지 유대계인 프로이트는 자신이 회장이 되지 않고 게르만계 제자 융을 추천해 국제정신분석학회의 회장으로 선임했고, 아들러는 빈의 정신분석협회의 회장이 되었다. 한편 빈에서는 융이 회장이 된 것에 대한 불만으로 프로이트와의 긴장감이 고조되었다.

그중에는 정치적 의도도 있었는지, 프로이트는 빈에서 『정신분석중앙지』를 창간한 후 자신이 편집장이 되어 아들러를 공동편집장으로 초빙했다. 하지만 머지않아 그 둘의 이론적 대립은 조화가 불가능한 곳까지 나아갔다가, 프로이트가 『정신분석중앙지』의 출판사에 아들러와 공동편집장을 하는 것은 불가능하니 둘 중 한 명을 선택하라고 편지를 썼다. 아들러는 상황을 살핀 후 스스로 공동편집장과 빈 정신분석학회를 그만두었다.

그러나 프로이트의 방식에 찬성할 수 없었던 후루트뮐러Carl Furtmüller 등 11명도 탈퇴해 새로이 '자유정신분석학회'를 창립하게 되었다. 학회의 이름은 누군가 한 사람의 이론을 절대시하지 않고 '자유'롭게 토의하는 모임이라는 의미를 가지고 있다. 학회에는 수요집회 초기 멤버였던 슈테켈도 참여했다. 그래서인지 프로이트와 프로이트 학파의 사람들은 아들러를 이단, 배신자라고 불렀다. "제자였는데 배신해 이반했다."라는 주장

붓다와 아들러의 대화

이 반복된 것이지만, 역사적 사실로 미루어 볼 때 이런 주장이 타당성이 없다는 건 이미 앞에서 서술한 바 있다.

개인심리학의 확립

아들러는 프로이트학파와 대립, 갈등하면서도 임상과 이론 형성에서 일 중독에 걸린 사람처럼 활동해 1912년 최초의 대표작이라 할 만한 『신경증적 성격』을 발간했다. 동료 후루트뮐러는 이 저작에 아들러 심리학의 기초가 전부 포함되어 있다고 명시했다.

이 책에는 개인의 발달은 살고 있는 사회에 의거한다는 것, 신경증은 기관열등성이 열등감으로 이어진 결과 생겨난다는 것, 공격성 추동은 중요하지만 독립된 것은 아닌 다른 추동 전부와 연결되어 있다는 것 등이 서술되어 있다.

또한 철학자 한스 바이힝거Hans Vaihinger로부터 영향을 받아 인간이 세계에 대해 자기 나름의 주관적 사고방식을 만들어내는 것을 '가상(픽션 fiction)'이라고 불렀다. 그 가상은 인생의 '가상적인 목표'를 낳고, 그 가상적인 목표가 그 사람의 행동 가이드라인이 된다는 것 등을 서술했다.

이 저작이 대중에 널리 읽혀 아들러의 견해는 유럽 전체에 퍼졌다. 아들러는 자신의 사상을 더욱 발전시켜 『신경증적 성격』 즈음에는 이미 '개인심리학'이라는 명칭을 사용하고 있었지만 1914년 초반에 '자유정신 분석학회'를 '개인심리학회'로 개칭하고 프로이트와의 결별을 결정했다.

아들러의 개인심리학은 미국의 지도적 심리학자였던 클라크 대학의 스탠리 홀G. Stanley Hall에게도 좋은 평가를 받아 둘은 친구가 되었고, 아들러의 미국 강연까지 계획하게 되었다.

1914년, 여름의 끝자락 즈음 제1차 세계대전이 발발했다. 아들러는 징병되어 빈 남부 산중의 병원에 배속되었고, 1915년 군 근무 도중 짬짬이 저작을 재개했다. 1917년 크라쿠프로 갔고, 몇 개월 후 빈 북부의 병원으로 이동했다. 그 후 중립국 스위스로 이동해 부상당한 포로의 치료를 담당했고, 제1차 세계대전이 끝날 때까지 체류했다.

한 가지 흥미로운 점은 이 기간 동안 다양한 전쟁체험에도 불구하고 아들러는 인간의 '권력을 향한 의지'와 '공격욕동' 쪽에 눈을 돌려 인간 자체에 절망하지 않고, 오히려 인류의 좋은 미래를 가져오는 것으로서의 공동체감각의 중요성을 더욱더 통감하게 되었다. 거기에서 아들러의 근본적인 기질이라고 말해도 좋은 낙천주의, 인간에 대한 신뢰를 엿볼 수 있다.

전쟁 후 1919년에 나온 『신경증적 성격』의 제2판 서문에서 아들러는 다음과 같이 말한다.

> 본서 1판과 2판 사이에 전쟁이 일어났다. 전쟁과 그 무서운 결과는 권력에 대한 욕구와 시위적인 정책에 의해 좀먹고, 신경증적이고 병적인 현대 문명이 보여주는 가장 황폐화된 집단 신경증이다. 전쟁의 무서운 결과는 본서의 단순한 사고의 흐름이 옳다는 것을 증명하고 있다. 전쟁의 정체가 인류에게 불멸의 공동체감각을 억압하거나 악용하여 권력을 향한 의지를 해방하는 것은 악마적인 일임이 명백하다.[20]

자세한 것은 후반에 서술하겠지만, 여기에서 지적하고 있는 '권력을 향한 의지의 악마적인 일'에 대한 통찰은 불교적으로 말하면 '무명', 마나식에서의 '네 가지 근본번뇌', 그리고 거기에서 생겨나는 노여움과 성냄과 타자를 해하려는 마음이라고 하는 번뇌에 대한 깊은 통찰과 연결된 것이라고 생각된다.

1918년 11월 독일과 오스트리아, 즉 헝가리 제국이 영국·미국·프랑스에게 항복해 제1차 세계대전은 종결되었다. 그리고 제국의 황제가 퇴위해 오스트리아는 공화국이 되었다. 1919년의 선거로 사회민주당이 연립 주권정당이 되고, 아내인 라이사는 당정 활동을 계속해 많은 당 간부를 친구로 두었다. 하지만 아들러는 정치에 직접적으로 관여하지 않고 민주적인 교육개혁을 목표로 후르트뮐러 등이 시작한 성인교육조직에서 심리학을 가르쳤다. 나아가 전후의 혼란 속에서 문제아가 폭증하고 있는 것에 주목해 학생들의 범죄와 예방 방법으로서 '치료교육학' 도입을 목표로 활동을 지속했다.

아들러는 저술과 임상을 병행하면서 교원의 훈련도 실시하고, 아들러 학파 특유의 공개 상담 스타일을 탄생시켰다. 문제아를 맡고 있는 교사가 사람들이 동석한 장소에서 그 케이스에 대해 보고하고, 아들러가 케이스를 명확하게 하는 질문을 던지는 스타일이었다. 즉 어디에 문제가 있고 어떤 대처를 하면 좋은지 조언하는 형태의 상담이었다. 통상의 치료자와 내담자의 일대일 상담과는 완전히 다른 스타일이었다. 나아가 교원들 앞에서 문제아와 부모에게 아들러가 질문하고, 부모와 자녀가 퇴장하면 아들러가 교사들에게 설명하는 형태가 되었다.

1922년, 아들러는 그때까지 썼던 논문을 모아 개인심리학을 처음 체계적으로 서술한 『개인심리학의 이론과 실천』을 출판했다. 1923년, 빈에 새로운 교육기관이 설립되었고, 이듬해 아들러는 치료교육부문의 담당자가 되었다.

아들러의 '치료교육학' 측면은 후에 미국에서 가장 유력한 후계자인 루돌프 드라이커스Rudolf Dreikurs에 의해 한층 더 체계적으로 발전했다.

아들러와 개인심리학은 점점 국제적으로 평가받게 되었다. 독일의 정신과 의사 레온하르트 자이프가 독일에 소개, 도입해 1922년, 1925년 2회에 걸쳐 국제개인심리학대회가 열렸다. 또한 1923년에는 『개인심리학 연구지』 간행이 재개되고, 아들러는 네덜란드와 영국으로 강연여행을 떠나 캠브리지 대학에서도 강연했다. 그 후 긴 강연여행이 일상이 되었다. 이 무렵에는 자녀 알렉산드라와 커트가 아버지의 강연에 참가하게 되었고 머지않아 정신과 의사가 되기 위해 미국으로 건너갔다.

하지만 모든 것이 순조로웠던 것은 아니었다. 개인심리학회에서는 내부 대립이 일어나 학회를 떠나는 사람도 나오게 되었다.

1926년, 아들러는 영국을 거쳐 미국으로 건너가 강연여행을 계속하면서 굉장한 성과를 거두었다. 아들러 심리학의 민주적이면서 건전하고 사회에 적응 가능한 인격을 기르는 이론과 방법이 미국의 상황에 딱 맞아떨어졌기 때문이다. 또한 아들러도 미국의 자유로운 분위기가 매우 마음에 들었는지 1928년, 1929년에 걸쳐 두 차례 방문하게 된다. 이 강연의 청중 중에는 훗날 인본주의 심리학의 대표적 존재인 에이브러햄 매슬로우Abraham Maslow와 칼 로저스Carl Rogers도 있었는데, 이 강연에서 커다란 영향을 받았다고 전해지고 있다.

미 주

1 現代アドラー心理学研究会, 野田俊作 監修(2002), 『アドラー心理学教科書－現代アドラー心理学の理論と技法』, ヒューマン・ギルド出版部, p.18.

2 Harold Mosak, Michael Maniacci, 坂本玲子 外 訳(2006), 『現代に生きるアドラー心理学(Primer of Adlerian Psychology, 현대를 살아가는 아들러 심리학)』, 一光社, p.34, 가독성을 위해서 번역문을 수정하였고 아래의 인용에 대해서도 마찬가지이다.

3 Anne Hooper, Jeremy Holford, 鈴木義也 訳(2005), 『初めてのアドラー心理学(Adler for Beginners, 처음 읽는 아들러 심리학)』, 一光社. 일러스트가 있어서 읽기 쉽고, 중요한 포인트가 잘 압축되어 있다. '처음'이라고 하는 제목대로 좋은 입문서이다.

4 Alfred Adler, 岸見一郎 翻訳(2008), 『生きる意味を求めて－アドラー・セレクション』, アルテ, p.79.

5 Alfred Adler, 岸見一郎 翻訳(2014), 『人はなぜ神経症になるのか－アドラー・セレクション』, アルテ, p.46.

6 Alfred Adler, 岸見一郎 翻訳(2014) p.26.

7 A.アドラー(著), 高尾 利数(翻訳)(1984), 『人生の意味の心理学』, 春秋社, p.30.

8 Edward Hoffman(原著), 岸見 一郎(翻訳)(2005), 『アドラーの生涯』, 金子書房, p.10.

9 안스바흐(H. Ansbacher)에 의하면 1927, 8년 이후를 말한다.

10 A. アドラー(著), 高尾 利数(翻訳)(1984), 『人生の意味の心理学』, 春秋社.

11 Alfred Adler(原著), 岸見 一郎(翻訳)(2012), 『個人心理学講義－生きることの科学 』, アルテ.

12 アルフレッド・アドラー(著), 岡田 幸夫, 郭 麗月(翻訳)(1982), 『子どものおいたちと心のなりたち(어린이의 성장과 마음의 과정)』, ミネルヴァ書房, p.11.

13 アルフレッド・アドラー(著), 岡田 幸夫, 郭 麗月(翻訳)(1982), p.27.

14 アイラ プロゴフ(著), 渡辺 学(翻訳)(1989), 『心理学の死と再生』, 春秋社.

15 Alfred Adler(原著), 岸見 一郎(翻訳)(2014), 『子どもの教育－アドラー・セレクション』, アルテ, p.43.

16 A. アドラー(著), 高尾 利数(翻訳)(1987), 『人間知の心理学』, 春秋社, p.50.

17 Alex L. Chew(原著), 岡野守也(翻訳)(2004), 『アドラー心理学への招待(아들러 심리학으로 초대)』, 金子書房, pp.53-55.

18 A. アドラー(著), 高尾 利数(翻訳)(1987), 『人間知の心理学』, 春秋社, pp.80-81.

19 Harold Mosak, Michael Maniacci, 坂本玲子 外 訳(2006), 『現代に生きるアドラー心理学

(Primer of Adlerian Psychology, 현대를 살아가는 아들러 심리학)』, 一光社, p.183.

20 Hertha Orgler(著), 西川 好夫(翻訳)(1977), 『アドラー心理学入門(Alfred Adler The Man and his Work)』, 清水弘文堂, p.143.

붓다와 아들러의 대화

제2장 아들러 심리학의 핵심이론

1. 인생에 대한 믿음

의식할 수 있다면 자신의 라이프스타일은 바꿀 수 있다

아들러 심리학은 인본주의 심리학의 기초가 되었다. 아들러 심리학이 매우 합리적이라고 판단하는 이유는 인간을 매우 주체적─주관적인 존재라고 파악하고 있다는 점이다. 유전이나 환경(출생 순위, 가정의 분위기 등), 훈육방법(응석 받아주기, 무시) 같은 사람이 살아가는 사회가 물론 큰 영향을 주긴 하지만 결코 절대적인 원인은 아니며, 본인이 어떻게 받아들이느냐 하는 주체적·주관적인 수용방법, 가상假想(상상적 이미지)이야말로 결정적인 요인이라고 생각하고 있다.

그리고 주어진 조건을 어떻게 받아들이는지에 따라 5세 정도까지 기본적인 인생의 수용방법과 그것에 기초한 행동패턴을 형성한다고 아들러는 말했다. 하지만 현대 아들러학파는 축적된 임상 경험을 통해 "5세는 너무 이르지만 10세 정도까지는 일단 고정되는 것 같다."고 수정했다.

이 패턴을 '라이프스타일'이라고 부른다. 라이프스타일은 유아기에서 소년기에 만들어지는 것으로, 어른처럼 사물을 넓게 보고 객관적·합리적으로 생각해 자기 사고방식의 패턴을 만드는 것은 불가능하다. 때문에 종종 매우 주관적이고 부적절해지는 경우가 있다.

현대 아들러 심리학자인 알렉스 츄는 "사람은 각각 유아기 초기에 자신이 안전하고 유능하며, 어딘가에 속해 있다는 안정감을 느끼기 위해 무엇을 해야 하는지에 대한 가상적 이미지를 형성한다. 이 가상적 이미지에서 얻은 것이 그 사람의 라이프스타일의 중심 목표"라고 말한다.[1] 츄는 아마 매슬로우도 참조했는지 '우월성을 향한 노력'이라는 말을 피하고 있는 것 같다.

'가상적'의 원어는 'fictional'로 '창작적', '상상적'이라고 번역된다. 아이는 아직 충분히 이성이 발달되지 않은 어린 주관으로 자신을 확립, 즉 자신이 안전하고 유능하며, 자신이 있을 곳이 있어 완전하다고 느끼려면 어떻게 해야 하는지 자기 나름대로 상상해 목표를 창작하는 것이다.

줄곧 문제가 없어 보였던 아이가 사춘기, 청년기, 성인기가 되면서 문제를 일으키는 것은 그 시기를 거치면서 형성된 라이프스타일의 결과라고 할 수 있다.

예를 들어 윗사람이 지속적으로 응석을 받아주고 뒤치다꺼리를 해줬던 체험이 베이스가 되어 있는 막내라면 인생을 그런 것이라고 생각하게 된다. 그러면 사춘기에서 청년기가 되어 스스로 책임을 져야 할 때가 되어도 무의식적으로 '누군가 나의 뒤치다꺼리를 해줄 것이다.'라고 생각하게 되는 것이다. 애교를 부리거나 토라지면서 누군가에게 의존해 살아남는 전략을 취한다. 그러나 아무도 뒤치다꺼리를 해주지 않는 상황이 되면 남을 원망하거나 더 나아가 인생을 포기하는 경우도 생긴다.

특히 부부관계에서 보면 '돌봐줘' 타입의 막내가 '돌봐줄게' 타입의 장남을 만나 잘 살아가는 경우도 있다.

하지만 의존적인 성격이 지나치면 상대방도 모든 걸 받아줄 수는 없다. 막내 타입의 남편을 만난 장녀 타입의 아내를 예로 들어보자. 아내는 처음엔 모든 뒤치다꺼리를 해주지만 점점 부담이 커져 불만이 쌓이고 '이제 싫다, 뒤치다꺼리 더 이상 못 하겠다.'라는 상태에 이르게 된다.

아들러는 라이프스타일에 문제가 있어도 당사자가 알아차리면, 의식화할 수 있으면 패턴을 고칠 수 있다고 말한다. 그 알아차려서 고치는 과정을 교사나 심리치료사가 어떻게 도울 수 있는지에 대한 효과적인 이론과 기법이 개발되고 있다는 의미에서 아들러 심리학은 매우 효과적이라고 평가할 수 있다.

아들러의 사적논리와 공통감각, 불교의 무명과 깨달음

라이프스타일을 형성하는 전제로 '요컨대 인생이란 이런 것'이라는 견해, 믿음이 있고, 아들러는 그것을 '통각統覺체계'라는 어려운 말로 표현했다. 쉽게 바꿔 말하면 사물이나 사건을 파악해 정리하는 사고방식의 틀이다.

이 통찰은 논리요법의 통찰과 거의 겹치고, 시간적으로도 아들러가 앞서고 있어 아들러 심리학이 논리요법에 큰 힌트를 주고 있는 것이다. 다만 여기서도 아들러는 이름 붙이기가 그리 좋지 못하다. 엘리스Albert Ellis의 논리요법 쪽이 더 이해하기 쉽다. '통각체계' 하면 무엇인지 잘 알 수 없지만, '신념'이라고 표현하면 직관적으로 이해하기 쉽다.

어쨌든 통각체계가 남에게는 통하지 않는 자기 멋대로의 믿음이라면 '사적 논리private logic'라고 한다. 반대로 일반적으로 널리 통용된다면 '공통감각common sense'이라고 한다. 이른바 점층적으로, 사적 논리가 강할수록 남과 잘 지내지 못한다. 공통감각이 발달하면 발달할수록 사회에서 더 잘 어울려 살아갈 수 있다. 이 개념도 논리요법의 합리적 신념, 불합리한 신념과 매우 가까운 것이다.

아들러 심리학은 대략적으로 말하면 무력한 상태로 태어난 아이가 어떻게든 강해지고 싶다는 바람을 가지고 있으면서, 유전이나 환경의 영향도 받아, 스스로 창조적으로 사물을 받아들이는 패턴을 만들어낸다고 파악한다. 그것이 사적 논리이면 열등감이나 열등콤플렉스 또는 우월감이나 우월콤플렉스가 강하고 척박한 라이프스타일을 형성하게 된다. 공통감각과 공동체감각에 기초한 것이라면 사회적으로도 유익하고 자기 자신도 행복한 라이프스타일을 형성할 수 있다고 말해도 좋다.

여기에 다소 앞질러 언급해보면 '사적 논리'와 '공통감각'의 대비는 '무명無明'과 '깨달음'의 대비와 상응하고, 아들러 심리학과 불교가 만나는 하나의 지점이 된다고 나는 생각한다.

붓다와 아들러의 대화

열등감과 우월감이 아닌 공동체감각으로 행복해질 수 있다, 열등감과 열등콤플렉스

나는 모자란다, 안 된다, 약하다는 기분이 마음속에 고착된 상태를 '열등콤플렉스inferiority complex'라고 한다. '콤플렉스'라는 단어만으로 '열등감'이라는 의미로 파악되지만 정확하게 말하면 '마음 깊은 곳에 복합적으로 굳어진 것'이라는 의미이다. '우월콤플렉스'도 '열등콤플렉스'도 있으므로 콤플렉스가 곧 열등감은 아니다.

아들러는 열등감과 열등콤플렉스를 나누어 사용하고 의식적으로 열등성을 느끼는 상태를 열등감, 열등성이 반드시 자각되지는 않더라도 마음 깊은 곳에 달라붙어 있는 상태를 열등콤플렉스라고 부른다. 현대의 아들러 심리학에서는 열등감이 고착되어 행동으로도 표현하게 된 것을 '열등콤플렉스'라고 부른다.

그리고 열등감도, 열등콤플렉스도 자각하면 극복할 수 있다. 하지만 그 뒷면에 있는 우월감이나 우월콤플렉스를 가지는 것으로는 이를 진정으로 극복할 수 없다. 우월감은 열등감, 우월콤플렉스는 열등콤플렉스의 반대라고 할지라도, 언제든지 다시 뒤집힐 위험이 있기 때문이다.

정말로 흔들리지 않으려면 '자신은 타자로부터 언제든 수용될 수 있다. 자신도 타자를 수용할 수 있다. 타자와 사이좋게 지내면서 힘차게 살아갈 수 있는 존재이다.'라는 공동체감각이 마음의 패턴으로 형성되어야 한다.

열등콤플렉스나 열등감은 자신을 불행하게 하고, 우월감이나 우월콤플렉스를 바탕으로 자기 마음 내키는 대로 힘을 획득하려고 하면 타자와 사이좋게 지낼 수 없다. 타자와 사이좋게 지내고 타자에게 인정받지 않고서는 진정한 만족을 얻을 수 없다.

어떤 의미에서 매우 단순하게 보이는 이론이지만 이 단순한 이론으로 웬만한 인간 심리가 설명 가능하다는 게 신기하다. 융이나 프로이트처럼 어렵고 심원해 보이는 이론을 사용하지 않아도 아들러 심리학의 범위 안에서 대부분의 심리, 특히 일상적인 고민의 심리는 거의 분석·해결 가능하다.

우리가 주로 고민하고 있는 것은 무엇인가 어떤 종류의 열등감이 있고, 그래서 '무엇이든 우월하고 싶다', '강해지고 싶다'라고 하지만 좀처럼 강해지지 않는다. 그래서 '어차피 나는 안 돼'라고 침울해하거나 '빌어먹을 세상'이라고 원망하는 형태가 되는 것은 대부분 일상의 감정 문제이다. 그리고 자신을 긍정하고, 타자를 긍정하고, 타자로부터 긍정을 받을 때 행복을 느낀다. 이런 상태가 가능할 때 우리는 행복하다. 그래서 이론은 비교적 간단한 것이다. 물론 실행은 그만큼 쉽지 않다.

2. 협력하는 능력

타자와 협력하면서 자신을 강하게 만든다, 공동체감각과 좋은 성격

아들러 심리학 특히 후기에서 중요한 포인트는 앞에서도 말했지만 '공동체감각'이다. 인간은 개인뿐만 아니라 인류 자체가, 어떤 의미에서는 매우 무력한 존재이다. 예를 들면 치타처럼 발이 빠른 것도 아니고, 코끼

리처럼 몸집이 크지도 않다. 그런 식으로 나열하면 인간은 체력, 행동능력 차원에서 다른 동물에 비해 상당히 열등한 동물이다.

아들러는 그럼에도 인간이 가장 유력한 생물이 될 수 있었던 이유는 이른바 지혜, 이성도 작용했겠지만 핵심은 협력이라고 말한다. 즉, 인간은 무리 지어 협력해 혼자 있는 표범을 에워싸 사냥할 수 있다. 코끼리조차 해치울 수 있다. 빠르든 강하든 집단이 된 인간에게는 어떤 동물도 이기지 못한다. 무리를 짓는 능력이라고 할까, '협력하는 능력이 강한 인간의 최대 비결'이라고 아들러는 생각했다.

그리고 인간은 자기의 약함을 극복하는 과정에서 협력하는 형태로 강해지거나, 협력이 아니라 혼자 강해지려는 형태이거나, 강해지지 않고 무력감에 빠져버리는 것으로 라이프스타일, 즉 일반적인 심리용어로 말하면 대개 '성격' 또는 '자아의 패턴'이 결정된다고 한다.

이때 타자와 협력하면서 자신을 강하게 만드는 성격이 한마디로 '좋은 성격'이다. 자기 마음대로 혼자 힘을 길러 어떻게든 약함을 극복하려고 하는 것이 '나쁜 성격'이다. 더 나쁜 것은 무력감에 빠져 우울함, 신경증, 홀로 틀어박히는 등 '병적인 성격'이 되는 것이다.[2]

아들러는 "문제 행동의 어린이, 신경증 환자, 범죄자, 성도착자, 매춘부, 자살자 행동 같은 건설적이지 못한 모든 행동은 많든 적든 공동체감각의 결여와 자신의 상실에서 그 기원을 찾을 수 있다. 유치원에서 직장까지, 학창시절에서 결혼생활까지 우리에게 요구되는 적응은 모두 직간접적으로 대인관계적인 행동이기 때문이다."[3]라고 말한다.

위의 "모든 … 그 기원을 찾을 수 있다."라는 말은 다소 지나친 '공동체감각결여 환원주의'라는 느낌이 들기도 한다. 하지만 그것이 유일 또는 제일의 원인인지는 차치하더라도 확실히 건설적이지 않은 행동에는 예외 없이 공동체감각의 결여가 인정된다는 의미에서는 상당 부분 타당성이 있다.

일반적으로 '성격이 좋다.'는 아이와 어른을 보면 반드시 패턴이 있다. 성격이 좋은 사람은 자신이 가능할 때에는 반드시 사람을 돕는다. 반대로 자신이 곤란할 때에는 매우 솔직한 태도로 도움을 구한다. 그리고 솔직한 태도로 도움을 구하면 가능하면 도움을 주고 싶은 마음이 생기는 게 인간이고, 실제로 도움을 준다. 즉, 도움을 주거나 도움받는 것이 매우 잘되는 사람이 대체로 '좋은 성격'이라는 말을 듣는 사람이다. 원리는 간단하다.

좋은 사람이 되고 싶다면 협력하고, 협력받는 성격이 된다. 그러면 인생을 매우 풍요롭게 살아갈 수 있다. 처음 배웠을 때는 '그렇게 이야기가 간단하지는 않다.'고 생각하지만 인생 경험을 거듭하면 확실히 그렇다고 생각되고, 원리는 간단하다고 생각하게 된다. 인생은 협력하면 매우 행복해진다. 단 실천이 그만큼 간단하지 않다는 것뿐이다.

혼자 무리하게 어떤 힘을 키워 행복해지려고 해도 충만감이 없다. 자기 혼자 가지고 있는 힘이라는 것은 원망 받거나 질투 받거나 떨어뜨리려고 생각하기 때문에 항상 불안을 품고 있는 강함이다. 반면 협력하는 강함, '타인이 곤란하면 도움을 준다.' '내가 곤란할 때에는 도움을 받는다.' 같은 강함은 정말 강한 것이다. 서로 협력하는 성격, 즉 '공동체감각'을 기반으로 하는 성격이야말로 좋은 성격, 즉 라이프스타일이라고 말할 수 있다.

부적절한 성격도 "깨달으면 낫습니다!" 희망이 있는 낙관적인 심리학

그런데 지금 말했듯이 고집스럽게 남에게 도움 받고 싶지 않거나, 폭력을 써서라도 남의 물건을 빼앗거나, 위협적으로 말하는 것을 들어주는 성격으로 성장한 사람이 종종 있다. 아들러 심리학이 매우 인간적이라는 것은 이런 경우 단순히 좋다, 나쁘다로 파악하지 않는다는 점이다.

누구든 열등성을 가지고 태어나기 때문에 이를 극복하려는 힘에 의지하려는 것은 당연하다. 그 당연한 것을 적절히 협력적으로 처리할 수 있는 성격을 형성하는 게 가능하거나, 싸워서 이기는 방법으로 얻어내거나, 위협해 빼앗거나, 공격적인 방법으로 취하거나 또는 그 방법이 불가능하면 토라지거나, 꾸물거리거나, 주눅 들거나, 틀어박히듯 나쁜 의미에서 비굴해지거나 의존적이 되어 그 자리를 모면하려는 부적절한 성격을 형성한다. 어느 쪽이든 좋은가, 나쁜가보다 적절한가, 부적절한가 하는 문제이다. 부적절한 성격은 타인에게도 본인에게도 불행하지만 깨달으면 나아진다. 한마디로 '깨달으면 낫습니다.'라는 심리학이다.

그 '낫습니다.'라는 점이 희망이 있는 낙관적인 심리학이다. '나는 성격이 나쁘다.'라고 생각하는 사람에게 아들러는 "그것은 낫습니다."라고 말하는 것이다. 다만 "깨닫고 적절한 방법을 취하면 낫습니다."라고 말한다.

아들러 심리학의 특징을 잘 드러내는 유머러스한 에피소드가 있다. 아들러가 사망하기 조금 전에, 시카고의 커뮤니티 아동상담센터를 공동 설립한 시드니 로스가 인간이 "바뀔 수 있는 기회를 놓치는 때는 언제일까?"라고 묻자 아들러는 "아, 그 사람이 죽기 하루 이틀 전이겠지."라고 대답했다는 것이다.

여기에서 다소 앞질러 언급하자면 나는 아들러 심리학의 낙천성은 현대인에게 매우 적합하다고 평가한다. 하지만 아무리 좋은 라이프스타일을 형성해 행복하게 살 수 있게 되었어도—물론 매우 중요한 것이지만—불교의 주제인 자신의 의사와 상관없이 태어난 것, 싫어도 늙어야만 하는 것, 종종 병에 걸려야 하는 것, 사랑하는 사람과 헤어져야 하는 것, 원망하고 미워하는 사람과 만나야 하는 것, 원하는 것을 얻지 못하는 것, 생존의 다섯 요소(오온五蘊)가 활발해질수록 고통도 활발해지기 쉬운 것이라고 하는 인생의 근본적인 한계에 관한 부조리감(괴로움苦)이 초월되는 것은 아니라는 것이다.

그런 의미로 말하면 아들러 심리학의 주제가 끝나는 부분에서 불교의 주제가 시작된다고 말해도 좋을 것이라고 나는 생각한다.

협력받는 것으로 협력하는 것을 배운다, 공동체감각의 재학습

아들러는 개인이나 라이프스타일은 매우 개성적이고 독자적이며, 일반화나 유형화가 불가능하다고 생각했다. 때문에 아들러 심리학에 고정적인 치료 방법은 없다. 아들러는 굳이 빈틈없고 체계적인 방법을 만들지 않도록 주의했다고 말해도 좋을 것이다. 하지만 치료사의 교육을 위한 대략적인 아웃라인은 확실히 제시했다.[4]

우선 아들러 심리학에서는 공동체감각이 심리적 건강의 핵심이라고 역설하고, 심리치료와 상담기법도 공동체감각을 기른다는 기본 목적에 부합한다.

현대 아들러 심리학에서는 라이프스타일의 개선을 목표로 하는 경우를 '심리치료', 라이프스타일 자체는 건드리지 않고 라이프태스크에 대한 건설적 대처를 지원하는 경우를 '상담'이라고 구별한다. 하지만 보다 상세한 구별은 앞에서 언급한 『아들러 심리학 교과서』에 양보하고, 이 책에서는 엄밀한 구별을 하지 않은 형태로 서술하겠다.5

상담에서 '공감적 이해'가 결정적으로 중요하다고 강조한 것은 로저스Carl Rogers이다. 하지만 그보다 훨씬 일찍 아들러는 '공동체감각'은 "상대방의 눈으로 보고, 상대방의 귀로 듣고, 상대방의 마음으로 느끼는 것"이라고 말했다. 공동체감각이야말로 효과적인 상담과 심리치료의 필수 조건임을 지적했다. 즉, 심리치료사와 상담가의 공동체감각이야말로 내담자의 공동체감각을 기르는 기초인 것이다.

임상가, 실천가로 체계적인 이론을 형성하려는 마음이 없었던 아들러의 저술을 편집해 명쾌한 체계로 정리한 하인츠 안스바흐Heinz Ansbacher는 공동체감각에 대해 "타자에 대한 관심에 그치지 않고, 타자의 관심에 대해서 관심을 갖는 것"이라고 언급했다.

내담자와 상담가의 관계는 앞에서 언급한 대로 의사와 환자 같은 상하·우열관계가 아니라 내담자가 자기 자신을 이해하고 변화시키기 위해 상담가와 내담자가 협력적으로 학습하는 대등한 관계라고 파악된다. 병자의 병을 낫게 한다기보다는 자기 자신을 깨닫지 못하는 사람에게 깨달음의 힌트를 제공하는 것, 길을 헤매는 사람에게 길을 알려주는 것, 살아갈 용기를 잃은 사람에게 용기를 주는 것이다.

그런 기본자세에 기초해 실제 상담과정에서는 첫 번째로 상담가와 내담자가 우선 좋은 관계를 쌓는 것부터 시작하지만, 기초가 되는 것은 내담자의 행동에 문제가 있어도 상담사가 주관적 기분으로 보면 나름의 이유가 있다는 것이 바로 '상대방의 눈으로 보고, 상대방의 귀로 듣고, 상대방의 마음으로 느끼는 것'이다. 공감적으로 이해하고 내담자의 존재 자체를 수용하는 공동체감각적인 자세이다. 그런 자세는 "행위와 행위자(존재 그 자체)를 구별한다."라는 말로 표현되는 경우가 있다.

두 번째로 내담자가 깨닫지 못한 사적 논리와 숨겨진 목표 및 거기서부터 형성된 부적절한 라이프스타일을 상담가가 리드하면서 공동체감각으로 이끈다.

세 번째로 부적절한 라이프스타일에도 불구하고 내담자 자신의 존재는 기본적으로 좋은 것이고 자기개선의 능력이 있다는 것을 깨닫게 해서 새롭게 살아갈 용기를 준다.

네 번째로 상담자가 공동작업을 통해 내담자가 자신의 문제를 이해하고, 자신의 인생을 지금까지와는 다르게 볼 수 있도록 돕고, 공동체감각에 따라 보다 나은 목표를 발견하고 새로운 라이프스타일을 형성하게끔 조언한다.

이러한 과정은 처음부터 마지막까지 상담가가 공동체감각적으로 접근함으로써 내담자가 공동체감각을 재학습, 달리 말하면 '협력받는 것으로 협력하는 것을 배운다.', '사랑받는 것에 의해 사랑하는 것을 배운다.'라고 말해도 좋을 것이다.

이 또한 미리 간단히 언급해두면 아들러 심리학의 상담과정은 불교에서의 연기 이법에 눈뜬 사람을 접하고 가르침을 받아 그 사람도 연기 이법에 눈뜨는 과정과 극히 닮은꼴이라고 할 수 있다. 물론 깨달음의 깊이와 차원이 다르긴 하지만, 이런 파악이 틀리지 않는다면 이 점에서도 아들러 심리학과 불교의 통합은 매우 자연스럽게 가능해질 것이다.

우연한 기억은 없다, 초기회상으로 유추하는 라이프스타일

상담의 제2단계, 통상 심리치료를 하면 진단의 단계에서 사용되는 기법에 여러 가지가 있다. 가장 대표적인 것이 '초기회상'이다. '초기회상'은 그 사람이 떠올리는 가장 최초의 기억이다. 아들러는 다음과 같이 말했다.

"초기회상에는 특별한 중요성이 있다. 우선 그것은 라이프스타일을 근본적으로 그리고 가장 단순한 형태로 보여준다. 그 회상으로부터 아이가 응석받이였는지 아니면 무시 받았는지, 다른 사람과의 협력에 대해 어느 정도 훈련되어 있는지, 어떤 문제를 만났는지 그리고 문제에 어떤 식으로 대처했는지를 판단할 수 있다. … 어린 시절부터 기억하고 있는 사건은 본인의 주된 관심사와 가까울 것이다. 그러므로 만약 그의 주된 관심사를 알 수 있으면 그의 목표나 라이프스타일도 알 수 있다. 초기회상이 전문적인 지도에서 매우 높은 평가를 받는 것은 이런 이유 때문이다."[6]

기억에는 우연한 기억은 없는 것이고, 본인에게 관계가 있다고 생각하는 것만을 골라 기억한다. 특히 최초의 기억은 그 사람의 '인생'을 가장 잘 보여준다. 그 사람이 자기 인생의 목적, 타자와의 관계, 자기가 놓인

환경, 세계 등을 어떻게 보는지 고스란히 드러낸다.

상담가는 "당신의 가장 최초의 추억은 무엇입니까?"라는 질문으로 그 사람의 사적 논리, 가상 목표와 라이프스타일을 추측한다. 하지만 정신분석과 달리 자신의 추측과 해석을 그대로 내담자에게 설득해 강요하지 않고, 즉 '저항을 배제'하지 않고 내담자 자신이 상담가의 추측과 해석에서 짐작 가는 부분이 있는지, 납득할 수 있는지를 확인한다.

3. 자기 통찰의 힌트, 아들러 심리학의 유형론

내담자 이해의 실마리를 얻다, 라이프스타일의 분류

아들러는 개개인과 라이프스타일은 매우 주체적이고 독자적인 것이며 일정한 유형에 적용해 분석할 수 없다고 생각했기 때문에 라이프스타일의 유형론은 거의 전개하지 않았다. 그러나 예외적으로 자신의 심리학을 전하기 위해 굳이 단순화하는 형태로 공동체감각이 부족한가 충분한가, 활동성과 행동력이 있는가 하는 두 가지 기준을 사용해 네 개의 유형으로 나누어 설명한다.[7]

아래의 처음 세 개 유형은 공동체감각이 결여된 유형이다. 아들러는 단적으로 "대개 문제는 언제나 사회적 문제이며, 이 세 가지 유형의 개인에게는 협력하고 공헌하는 능력이 결여되어 있다. 공동체감각이 결여된 라이프스타일과 공동체감각이 필요한 외부 문제의 충돌은 충격이 된다. 그 충격이 그 사람의 실패, 즉 소위 신경증, 정신병, 그 외의 사회적 부적

붓다와 아들러의 대화

응으로 이끄는 것"이라고 지적한다. 세 가지 유형은 다음의 ①②③이다.

①은 '지배적 유형'이다. 자기만의 우월성을 추구하고 증명하려는 유형의 사람이다. 이런 유형의 사람은 타인을 지배하고 경시하며 자기보다 뛰어난 것을 싫어해 끌어내리려고 한다. 행동력은 있지만 결정적으로 공동체감각이 결여되어 있다. "이 유형의 행동이 활발해지는 경우 타자를 직접적으로 공격한다. 그들은 정신착란자, 폭군, 사디스트 등이 될 것이다."라고 시사하고 있다.

②는 '획득적 유형'이다. 모든 것을 타인에 기대어 얻으려는 유형의 사람이다. 응석받이로 자란 사람에게 잘 나타나며, 노력이나 투쟁은 하지 않는다.

③은 '회피적 유형'이다. 모든 결정을 피하려고 한다. 결정을 피하기 때문에 실패하는 경우도 없지만, 자신은 자기가 상황의 주인공이라고 생각한다.

②도 ③도 행동력과 공동체감각이 결여된 경우이다. 이런 사람들에게 신경증이나 정신병이 생긴다고 한다.

④는 '사회적으로 유익한 유형'이다. 사회에 잘 적응하며 자기만의 우월성을 추구하기 위해 노력하지 않는다. 자신의 라이프태스크를 자신은 물론 다른 사람에게도 도움이 되는 형태로 해결하려고 한다. "네 번째 유형, 즉 사회적으로 유익한 유형은 협력이나 공헌을 위한 준비가 잘 되어 있다. 다른 사람의 이익을 위한 행동력이 상당한 것을 언제나 관찰할 수 있다. 그 행동은 다른 사람들의 욕구와 일치한다. 유익하고 정상적이며 인류 진보의 흐름에 부합한다."라고 아들러는 말한다.

이 유형화는 확실히 단순하지만 어떤 의미에서는 본질을 아주 명쾌하게 꿰뚫고 있다. 즉, '타자와 협력하면서 자신을 강하게 만든다, 공동체감각과 좋은 성격' 항목에서 언급했다시피 개인 각자는 극히 독자적이고, 그런 의미에서 복잡한 것이다. 그럼에도 건강한지 건강하지 않은지와 인간의 선악이라는 문제를 '공동체감각'이라는 단 하나의 척도만으로 정확히 구분하고 있다고 해도 좋을 것이다.

물론 개개인의 라이프스타일을 단순한 유형론만으로 파악할 것은 아니다. 아들러 이후의 아들러 심리학자는 어디까지나 라이프스타일을 추측을 위한 실마리로 삼아 더 나아간 유형화를 시도한다.

예를 들면 모삭은 14종류의 몇 가지 조합으로 어느 정도 이해할 수 있는 것이 많다고 한다.[8] 자세하게 언급할 여유는 없지만 매우 흥미로운 점이 있어 간략하게 소개하겠다. 각각 자신이나 주위 사람에게 짐작 가는 부분이 있을지도 모르겠다.

①은 '베이비'이다. 말 그대로 아기처럼 귀여움과 애교로 타인의 도움을 받아내고 자신이 있을 곳을 찾으려는 유형이다.

②는 '어보이더avoider(피하는 사람)'이다. 자발성이나 감정 표현을 피하고, 타인과의 교제도 가능한 한 피한다. 논리, 지성, 논리화 등이 가능한 상황이 아니면 편하지 않다고 생각하는 유형이다.

③은 '드라이버driver(인간기관차)'이다. 자기 자신의 존재가치에 불안이 있기 때문에 무엇인가를 하지 않으면 안심하지 못하는 '일 중독' 유형이다.

④는 '컨트롤러controller(자기억제자)'이다. 제어하기 힘든 자발성, 감정표

붓다와 아들러의 대화

현, 놀라움 같은 인간적인 성질을 싫어해 항상 냉정하게 자기를 제어하고자 하는 유형이다.

⑤는 '겟터getter(욕심쟁이)'이다. 자신에게 모든 사물과 타인에 대한 권리가 있다고 느낀다. 능동적이든 수동적이든 자기가 원하는 일에 타인을 협력하게 만들려는 유형이다.

⑥은 '오포저opposer(반대자)'이다. 타인이나 인생에서 요구받는 것에 능동적이든 수동적이든 모두 반대하는 유형이다. 행동이나 사고방식이 건설적이지 않고 타인의 발목을 잡거나 복수를 하려고 한다.

⑦은 '빅팀victim(희생자)'이다. 의식적, 무의식적으로 스스로 재해를 부르는 유형이다.

⑧은 '순교자martyr'이다. 부당한 행위를 불러들여 음과 양으로 고난을 견디고 정의를 위해 죽을 준비가 되어 있는 유형이다.

⑨는 '안 되는 사람'이다. 자신이 관련된 일은 모두 안 된다고 생각해 책임을 부여받아도 실패한다고 믿어 타인에게 대신 해달라고 하는 유형이다.

⑩은 '흥분을 추구하는 사람excitement seeker'이다. 정해진 것이 싫어 항상 새로운 것을 추구하고 혼자 또는 동료와 제멋대로 무분별한 행동을 하는 유형이다.

⑪은 '바른 사람'이다. 타인은 잘못되었고 아래에 있으며 자신은 항상 옳고 위에 있다고 생각한다. 실패를 극단적으로 두려워해 실패해도 합리화·정당화하려는 유형이다.

⑫는 '선량한 사람'이다. 항상 타인보다 뛰어난 윤리적 수준으로 살아

간다. 그만큼 타인을 용서하지 못하고 과거에 연연하며 늘 타인을 비난, 비판하는 유형이다.

⑬은 '플레저pleasurer(기쁘게 해주는 사람)'이다. 항상 타인에게 사랑받아야 한다. 그러므로 늘 타인을 기쁘게 해야 하고, 타인에게 비난받는 것에 민감하다. 타인의 평판이 가치 척도인 유형이다.

⑭는 '뛰어난 사람'이다. 항상 자신은 뛰어나야 한다고 생각하기 때문에 자신이 일등이나 중심이 되지 못할 것 같은 라이프태스크에는 대처하려고도 하지 않는다. 일등이나 최고가 되지 못할 바에야 아주 밑바닥이나 최악이 되려는 유형이다.

이러한 유형론은 고착화시키지만 않는다면 상담가가 내담자를 이해하고, 내담자 스스로 자기통찰을 하게 하는 유효한 힌트가 된다.

라이프스타일 표출로서의 꿈

아들러 심리학에서 개인의 라이프스타일 진단 방법은 매우 다양해 이 책에서 모두 소개하기는 어렵다. 하지만 오글러는 "개인심리학은 개인의 탐구에 다양한 방법을 제공하지만 어느 방법을 처음 선택했는가는 중요하지 않다. 왜냐하면 모든 방법이 다 그 사람의 라이프스타일을 인식시켜주기 때문이다."라고 말한다.[9]

아들러 자신이 '정신생활의 세 가지 입구'라고 부른 대표적인 것은 ① 형제자매와의 관계에서 아이의 위치, 즉 앞서 언급한 '출생 순위' ② 최초 아동기의 기억 즉 '초기회상' ③ 꿈이다.[10]

꿈의 심리학적 분석을 개척한 사람이 프로이트라는 것은 말할 것도

붓다와 아들러의 대화

없다. 하지만 아들러 역시 꿈과 꿈을 꾸는 사람의 감정이 밀접하게 연관되어 있다는 점을 중시한다. 아들러가 프로이트와 다른 점은 꿈을 그 꿈을 꾸는 사람의 라이프스타일 전체의 표출로 해석한다는 것이다.

즉, 출생 순위나 초기회상으로부터 추측할 수 있는 것과 완전히 다른, 프로이트식으로 말하면 '무의식에 억압되어 있는' 것이 꿈에서 상징적으로 표현된다고는 생각하지 않는다.

그러므로 프로이트학파, 융학파와 달리 아들러학파에는 꿈 해석의 매뉴얼이 없다. 꿈을 꾼 사람의 라이프스타일과 동떨어진 패턴으로 이 꿈은 이런 의미, 저 꿈은 저런 의미라는 식으로 모든 꿈의 의미를 패턴 몇 종류로 간단하게 해석하는 것은 불가능하기 때문이다.

다만 몇 가지 전형적 꿈은 일반적인 해석이 가능하다. 예를 들면 다음과 같다. 대부분 어딘가에서 떨어지는 꿈이나 하늘을 나는 꿈을 꾼 적이 있을 것이다. 떨어지는 꿈은 '자존감이 상처받는 것에 대한 두려움'이라고 해석할 수 있을지도 모른다고 말한다. 꿈을 꾸고 있는 사람은 높은 곳에 있는 자신을 보면서 '조심해, 실수할지도 몰라!'라고 경고하는 것이다.

반대로 하늘을 나는 꿈은 '타인보다 우월한 일을 성취하는 야심의 표출'이라고 해석할 수 있을지도 모른다. 그리고 하늘을 나는 꿈은 종종 본인의 능력을 넘어선 성취를 목표로 하기 때문에 '그렇게 지나친 야심을 갖지 마.'라고 스스로 경고하기 위해 떨어지는 꿈과 조합되는 경우가 있다.

꿈의 주된 기능은 감정을 불러일으켜 그 사람의 라이프스타일에 부합하는 문제에 대처방법을 강화하는 것에 있다고 아들러는 생각했다. 자신감이 없는 초등학생이 산 정상에서 갑자기 균형을 잃고 깊은 계곡으로 떨어지는 꿈을 꾸고, 그 결과 점점 두려움이 커져 다음 날 시험에 결석하는 경우이다.

이런 경우를 라이프스타일 유형에 비추어 해석하면 '회피형' 소년이 시험이라는 라이프태스크에 공포 감정을 자극 받아 '역시 피하는 것이 낫다.'는 판단과 행동을 취하는 것을 합리화하고 강화했다고 하는 것이다.

하지만 이렇게 패턴으로 해석할 수 있는 경우는 많지 않다. 그런 의미에서 아들러학파의 꿈 해석은 학습하기 매우 곤란하고, 이 책의 범위에서는 모두 소개할 수 없어 이만 접는다.

라이프스타일 이론의 발전과 아들러의 미국 이주

아들러 자신의 이력으로 돌아가면, 지금까지 서술한 내용과 같은 이론을 형성하면서 무엇보다 공동체감각을 토대로 한 라이프스타일을 형성, 재형성할 수 있으면 마음의 문제는 거의 해결된다는 단순하면서도 임상적으로는 매우 효과적인 이론과 방법을 발전시켰다.

아들러는 미국에서 큰 지지를 받았고, 그 자신도 미국인의 기풍이 마음에 들었다. 이뿐만 아니라 나치의 등장도 두려웠기 때문에 1929년에는 미국 이주를 결단한다. 하지만 아내 라이사는 사회민주당의 열성 활동가였고, 빈을 떠나고 싶어하지 않았기 때문에 그 후 부부는 6년 정도 따로 떨어져 살았다. 지금이야 장기간 떨어져 지내면서도 부부관계가 제대로 지속되는 경우가 드문 일이 아니지만 당시에는 상식 밖의 일이었다.

그러다 1934년 오스트리아에 파시즘적인 정권이 탄생하고 사회민주당과의 무력투쟁이 일어났다. 사회민주당은 패배해 몇 명의 지도자는 처형되었다. 이렇듯 정치 상황뿐만 아니라 아들러의 건강상태 또한 좋지 않았기 때문에 라이사는 결국 미국 이주에 동의했다.

1935년 아들러와 아내 라이사, 아들 커트는 미국으로 이주하고, 대부분의 관계자로부터 대환영을 받았다. 아들러는 가족과 합류한 후에도 여전히 강의, 강연, 진료 등 빡빡한 스케줄을 소화했다. 그중 그래머시 파크 호텔에서 금요일 밤 토론회를 열고, 이후에 인본주의 심리학회의 창시자가 되는 에이브러햄 매슬로우Abraham Maslow가 단골 참석자 중 한 명이었다는 것은 특별히 기록해 둘 필요가 있다.

그 후에도 아들러는 미국 국내, 국외에서 바쁘게 강연활동을 이어나갔고, 1937년 5월 28일 67세로 스코틀랜드 애버딘에서의 강연 여행 중 산책을 하다가 심장발작으로 쓰러져 사망했다.

프로이트와 융은 장수했지만 아들러는 일찍 사망했다. 이는 학파 형성에는 큰 손실이 아닐 수 없다. 사상과 학문에 관련된 사람은 가능한 오래 사는 쪽이 좋은 것 같다. 나란히 출발해 서로 경쟁적으로 일하다가 어느 단계에 이르러 어느 한쪽이 먼저 사망하게 되면 그보다 20년 더 살아남는 사람이 그 세월만큼 더 많은 업적을 쌓을 수 있는 것 아닌가.

특히 융은 86세, 1961년까지 생존했다. 전쟁 전인 1937년에 죽은 경우와 전후까지 살아남은 경우는 여러 가지 조건과 경험이 완전히 다르다. 이런 이유로 더 오랜 기간 많은 제자를 만들 수 있었던 프로이트학파와 융학파는 더욱 성장한 반면, 일찍 사망해 많은 제자를 양성하지 못한 아들러학파는 안타깝지만 본래 가지고 있는 임상적 유효성에도 불구하고 학파로서 잘 성장할 수 없었다.

약간 유난스럽게 들릴지도 모르지만 인류에게는 상당히 안타까운 일이 아닐 수 없다. 프로이트와 융도 물론 뛰어난 면이 있는 것은 틀림없다. 하지만 아들러학파도 세력이 커져 성장했더라면 세계 임상심리학, 교육학계에서는 보다 좋지 않았을까 생각한다.

불행 중 다행인 것은 딸 알렉산드라와 아들 커트 그리고 빈 시절부터의 제자들, 예를 들면 루돌프 드라이커스, 칼 후루트뮐러 등도 미국으로 이주해 아들러 사후 미국에서 개인심리학을 계승해 발전시킨 것이다.

특히 드라이커스의 공헌은 매우 커서 현대 아들러 심리학은 '아들러 – 드라이커스 심리학'이라고 불러도 좋을 정도이다.

4. 아이는 어떻게 가르칠 수 있는가

부모, 교사와 아이는 민주적이고 평등한 관계로부터 성장할 수 있다

드라이커스Rudolf Dreikurs는 아들러 심리학의 치료교육학적 측면을 잘 계승해 한층 발전시켰다.

현대의 많은 부모와 교사는 기존의 부모나 교사의 권위에 기초한 칭찬이나 꾸짖음, 상벌 방법으로는 아이의 훈육, 다른 말로 '건전한 자아 또는 라이스프타일의 육성'이 매우 어렵다고 느낀다. 아들러의 이론을 계승한 드라이커스 이후 개인심리학에서는 부모·교사와 아이의 민주적이고 평등한 관계를 기초로 훈육하는 것을 가능한 방법론으로 확립했다.

상세한 해설은 이 책의 범위를 넘어서므로 요점만 소개하고자 한다.

자신이 설 자리를 찾는 아이, 소속원망

드라이커스는 아이의 교육, 훈육 부분에서 아들러의 생각에 대해 중요한 수정을 이뤘다고 생각한다. 아이에게 동기를 부여해주는 가장 큰 것을 '우월성을 향한 노력'이 아니라 '소속원망'이라고 바꾼 것이다.

"사회적인 생물인 아이에게 최대 동기는 소속원망이다. … 소속원망이 아이에게 가장 기본적인 욕구인 것이다. 아이의 모든 행동은 자신이 있을 곳을 확보하려는 목적을 가진다. … 그리고 다양한 관찰과 체험을 통해 일정한 결론을 끌어낸다. … '그렇구나, 이렇게 하면 나는 동료로 인정받는다. 이렇게 하면 소중하게 여겨진다.'라고. 자신의 목표를 달성할 수 있는 방법을 스스로 골라 취한다. 그리고 그 방법이 다시 눈앞의 목표가 되어 행동 또는 동기의 기본을 형성하는 것이다."11

아이는 어떻게 부적절한 목표를 세우게 되는가

그런데 이미 아들러가 밝힌 대로 어린아이는 충분히 이성이 발달하지 않았고, 의식적이지도 자각적이지도 않기 때문에 관찰하거나 체험한 것을 해석하는 단계에서 부적절한 결론을 내릴 수 있다. 그리고 나서 자신이 있을 곳을 찾기 위해 부적절한 목표, 행동을 취하는 경우가 있는 것이다.

드라이커스는 부적절한 목표, 행동으로서 ① 필요 이상의 관심 끌기, ② 권력에 대한 반항, 힘겨루기, ③ 복수, ④ 무능, 무력함의 표출 네 가지를 들고 있다.

① '필요 이상의 관심 끌기'는 아이가 어른 사회로부터 수용되는 형태, 즉 좋은 아이가 되어 관심을 끄는 것으로 그 노력이 보상받지 못한다고 느끼면, 그럼에도 관심 받고 싶은 바람은 절실하므로 수용되지 않는 형태, 즉 나쁜 아이가 되어서라도 관심을 받으려는 것이다.

'눈길을 받지 못하면 눈에 띄는 행동을 해서라도 눈길을 받길 바란다. 무시당하는 것보다는 그쪽이 낫다.'는 것일까. 부적절한 방법으로 관심을 끌려다가 실패하면 아이는 그 집단 속에 자신이 있을 곳이 없다고 느끼게 된다.

② '권력에 대한 반항, 힘겨루기'는 관심 끌기에 실패한 아이가 관심은 주지 않으면서 강제로 지배하려고 하는 부모나 어른에게 자신의 힘을 증명하려는 것으로 자신이 있을 곳을 확보하려고 하는 부적절한 목표, 행동이다.

이 단계의 아이는 이성적이지 않기 때문에 어른이 생각하지 못하는 온갖 방법을 써서 저항하므로 일견 어른이 이긴 것 같아도 아이를 온전히 감당할 수는 없다. 아이와 어른의 힘겨루기는 관계를 악화시키기만 하지 문제는 해결되지 않는다. 오히려 복수의 단계로 나아가게 할 위험이 있다.

③ '복수'의 단계가 되면 어른도 아이도 서로 상처받았다는 느낌을 갖게 된다. 특히 아이는 나쁜 아이가 되는 것이 어른에게 복수가 된다는 것을 잘 알고 있어 일부러 나쁜 행동들을 찾아 하게 된다. 이때 어른이 아이의 부적절한 목표와 그 기저의 '자신이 있을 곳을 얻고자 하는 욕구'

를 이해하지 못하면, 어른 입장에서도 복수를 하려는 마음이 생겨 관계가 악순환에 빠지게 되고 문제는 더욱 심각해진다. 이 단계에 이른 아이는 보통의 사회를 자기가 있을 곳이라고 느끼지 못하게 되어 사회 참여를 거부하고 매우 반사회적인 사람이 되는 것이다.

④ '무능, 무력함을 드러내는 것'은 아이가 막강한 어른과의 투쟁에서 졌다고 느끼면서 벌써 용기와 의욕을 잃어버리고 어른의 요구나 기대로부터 달아나는 방편으로 자신의 무능과 무력함을 드러내기 시작하는 것이다.

또한 아이 스스로도 이런 부적절한 목표와 행동 기저에 이른바 '누가 뭐래도 있을 곳을 얻고자 하는 욕구'가 존재하고 있음을 지각하지 못하고, 더구나 그 방법이 부적절하며 자신의 욕구를 더 적절한 방법으로 채울 수 있음을 알지 못한다. '그렇게 할 수밖에 없다'라고 믿고 있고 '더 좋은 방법이 있다'는 것을 모르는 것이다.

이때 부모, 교사, 상담가의 역할은 상담과정에서 언급한 것과 같다. 우선 '상대방의 눈으로 보고, 상대방의 귀로 듣고, 상대방의 마음으로 느껴' 공감적으로 이해하고, 아이의 행위는 부정해도 아이의 존재는 수용하는 공동체감각적인 자세를 취해야 한다. 아이와 좋은 관계를 구축하고, 이것을 토대로 아이 자신이 스스로 목표를 알아차리고 부적절하다는 것을 깨닫게 하는 힌트를 준다.

목표와 행동이 부적절하더라도 아이 스스로 자신의 존재는 기본적으로 좋은 것이고 나아가 자기 개선의 능력이 있음을 깨닫게 해 고쳐나갈 수 있는 용기를 주고, 아이에게 자신이 있을 곳을 더 좋은 형태로 얻을 수 있을 것 같은, 공동체감각에 부합하는 바람직한 목표와 행동을 익히도록 조언하는 것이다.

아들러 심리학에서는 구체적이고 효과적인 방법이 실로 다양하지만, 본서에서는 거기까지 소개할 공간이 없으므로 이 부분은 츄의 『아들러 심리학으로 초대』, 드라이커스 외 『용기 주기로 훈육하기』, 『아들러 심리학 교과서』 등을 참조하기 바란다.[12]

특히 아들러학파의 훈육, 즉 저연령 아이에 대한 교육의 접근으로서 꼭 소개해 두고 싶은 포인트는 기존의 벌을 주는 방법과는 대조적인 '자연스러운 결말'이나 '논리적 결말'을 체험하게 하는 것과 '용기 주기'이다.

상벌과 구별되는 '자기 선택'과 '자기 책임'의 체험

드라이커스는 전통적이고 권위주의적인 훈육방법인 상과 벌을 줌으로써 아이에게 부모나 교사에게 복종하게 하는 것은 민주주의 시대에는 어울리지 않으며 효과적이지도 않다고 지적했다. 대신 아이가 하나의 인격체로서 스스로 선택을 하고 그 결과의 책임을 받아들이도록 신뢰하고 용기를 주는 방법을 제시한다. 권위를 내세우기보다는 인생의 선배로서 '이렇게 하면 이렇게 된다.'는 '자연스러운 결말'이나 '논리적 결말'을 알기 쉽게 설명하고, 부적절한 행동(자기선택)을 한 경우 바로 그 결말(자기책임)을 경험하게 함으로써 스스로 학습할 수 있는 환경을 마련하는 것이다.

'자연스러운 결말'을 가장 알기 쉽게 예로 들자면, 화상을 입지 않을 정도로 뜨거운 주전자 같은 것을 사용해 '이것을 만지면 뜨겁다.'라고 설명해 둔다. 그래도 만지고 싶어 만졌을 때(자기선택) 역시 뜨겁다는 경험,

붓다와 아들러의 대화

즉 '자연스러운 결말'(자기책임)을 경험시키는 것이다. 이때 '그것 봐라, 벌받았다.' 같이 상하관계적으로 말하는 것이 아니라 "그래? 역시 뜨거웠지, 싫었지. 이제부터는 하지 않는 게 좋겠네"라고 공감적이고 공동체감각적으로 접근하는 것이 좋다. 상하관계적으로 말하면 심리적으로는 실제 벌을 준 것과 같아 반발을 부르기 십상이다. 아이를 공감각적이고 공동체감각적으로 대하면 아이는 어른의 충고를 신뢰하게 되고, 뜨거운 것은 만지지 말아야 한다는 학습적인 접근을 한다.

'논리적 결말'은 사회, 집단생활에 필요한 규칙을 위반했을 때 논리적·필연적 결말로서 받는 처치를 경험시키는 것이다. '벌칙'이나 '벌'이라고 불러 혼동하기 쉽지만 이것은 사회적 의미에서 객관적인 규칙이고, 부모나 교사의 주관적 의도로 주는 '벌'과는 완전히 구별되는 것이다. 이 경우에도 미리 '이 집단 속에서는 이렇게 하면 이런 처치가 이루어지는 것이 정해져 있다.'는 알기 쉬운 설명과 경고가 필요하다. 그리고 설명과 경고에도 불구하고 위반한(자기선택) 경우 부모나 교사는 냉정하게, 즉 객관적인 자세로 단호한 처치를 실행해 싫은 기억을 경험시킨다(자기책임). 이 경우도 감정이 섞이면 주관적인 '벌'이라고 느껴 충분한 효과를 가져올 수 없다. 자연의 법칙이 아니라도 어느 정도 객관적인 사회의 규칙으로서 '이렇게 하면 이렇게 된다.'라는 것을 경험으로 배우게 하는 접근이다.

다만 이런 접근은 민주적으로 공정하게 실행되면 큰 효과를 얻을 수 있지만, 전통적이고 권위주의가 강하게 남아 있는 교육환경에서 자란 세대라면 아직 근본적인 발상과 접근의 전환이 요구되는 것으로 자칫 안이하고 어중간하게 활용하면 오히려 위험할 수 있다.

보다 구체적이고 분명히 공부해 확실히 이해하고 나서 스스로 발상을 전환할 각오를 하고, 가능하면 아들러 심리학 기관에서 훈련을 받아 실천하기를 권한다. 아들러-드라이커스 학파의 이러한 접근은 신중하게 토론해 도입할 가치가 있다고 평가할 수 있다.

5. '용기 주기', 자아확립의 지원

'용기 주기', 공동체감각으로 '받아들이고' 극복할 수 있는 힘을 주다

마지막은 아들러 심리학 최대의 장점, 약간 속되게 말하면 '세일즈 포인트'라고 평가할 수 있는 '용기 주기'이다. 다음은 일본의 대표적 아들러 전문가인 이와이 도시노리岩井 俊憲의 명저 『용기 주기의 심리학』으로부터 배운 것이라는 사실을 분명히 하고,[13] 감사의 뜻을 표하는 동시에 만약 잘못된 점이 있다면 그 책임은 전부 니에게 있음을 밝힌다.

우선 '용기 주기'란 무엇일까? 인생에는 다양한 기회도 있고, 위기이기도 한 시기가 종종 있다. 이것을 '리스크risk'라고 부른다. '리스크'는 보통 '위험'이라고 번역하지만 아들러학파에서 말하는 리스크는 어떤 의미에서는 위기이며 기회이다. 아무튼 피할 수 없는 인생의 사건이 눈앞에 있는 것을 말한다. 그런 리스크를 받아들여 타자와 협력하는 마음이 생기도록 돕는 것을 '용기 주기encouragement'라고 한다. 'courage'를 'en', 즉 '높이다', 'ment', '것'이다. courage는 '용기', '용기 주기'로 직역되지만 영어 단어의 의미는 폭이 넓어 '용기'는 물론이고 '의욕'이나 '자신감' 등의 의미를

붓다와 아들러의 대화

포함한다.

'용기 주기'는 다른 말로 '격려'와 닮아 있다. 하지만 아들러 심리학의 '용기 주기'는 '힘내라'라는 것이 아니다. '힘내라'는 말은 남아 있는 힘이 있을 때라면 힘을 내보겠지만, 아무 힘도 남아 있지 않다면 '이토록 마음이 우울한데 아직도 힘내라고 말하는 건가?' 싶어 오히려 힘이 나지 않는다.

때문에 이미 힘이 빠져버린 사람을 격려하면 안 된다. 남아 있는 힘이 없는 사람에 대한 'encourage'는 우선 '힘겹다', '그런 상황이라면 힘겨운 게 당연하지.'라고 공동체감각으로 수용하는 것에서 시작한다. 평범하게 생각되는 '격려'와 아들러 심리학의 '용기 주기'의 차이는 거기에 있다.

그리고 인생의 리스크를 받아들이고 타자와 협력할 수 있는 능력을 스스로 발견하고 키워나가는 것을 돕는 것, 곤란을 극복할 수 있는 힘을 기르는 것이 '용기 주기'이다. '자아확립의 지원'이라고 말해도 좋다.

말로 격려하고 동정하고 위로하는 것과 닮아 있지만, 사고방식이 근본적으로 다르다. 이 근본적인 차이는 초심자가 알아차리기엔 꽤나 어려울 수도 있다. 하지만 알고 보면 보통의 의미로 위로 받거나 격려받는 것보다 용기 주기 쪽이 훨씬 힘이 된다는 것을 알 수 있다.

여기서도 미리 언급을 해두면 아들러 심리학의 '용기 주기'는 대승불교로 보면 기본적인 실천덕목으로 '육바라밀'의 '보시' 중 하나인 '언사시言辭施', 즉 타자에게 위로와 격려의 말을 주는 것 또는 '보리살타사섭법' 중 '애어愛語'의 현대적이고 효과적인 방법이라고 파악할 수 있다.

자기 자신에게 용기를 주기 위해서도, 타자에게 용기를 주기 위해서도, 전문가가 아니라도 상당 부분 이 사고방식과 방법을 익힐 수 있고,

익히면 매우 효과적이다. 어느 쪽이라도 원리는 같기에 우선 일반론으로서의 용기 주기부터 설명해보겠다.

'용기 주기'라는 아들러학파의 사고방식이나 실제 방법을 몸에 익히기까지는 어려움이 있다. 코스모테라피에서는 우선 자신이나 남을 칭찬해주기를 하고 있다. '칭찬'의 업그레이드가 '용기 주기'라고 생각하면 좋을 것이다.

'칭찬'과 '용기 주기'는 다르다

칭찬과 용기 주기의 차이점을 7개 항목으로 설명하겠다.

① 칭찬은 상대방이 자신의 기대에 부응했을 경우에 이루어진다. "자네, 좋은 성적을 거두었군.", "너 이렇게도 할 수 있구나, 대단하네." 하고 칭찬하지만 성적이 나쁘면 칭찬하지 않는다는 조건이 붙는다. 반면 실패했더라도 조건 없이 주는 것이 용기이다. 큰 실패를 한 사람에게도 용기는 줄 수 있는 것이다.

② 예를 들면 칭찬을 하는 사람은 성적에 관심이 있다. 그 관심사가 플러스의 결과를 내면 칭찬을 하는 것이다. 반면 용기 주기는 상대방이 어떤 관점을 가지고 있는지가 중요하다.

③ 칭찬하는 사람과 칭찬받는 사람은 어떤 종류의 상하관계를 이루고 있다. 그러나 용기 주기는 평등한 관계이다. 받는 쪽의 관심으로 이루어진다. 받는 쪽의 기분이 되어 말하고 접근하는 것이 용기 주기이다.

④ 칭찬은 "너는 착한 아이이다."라고 말하는 것처럼 행위를 한 인간을 대상으로 한다. 반면 용기 주기는 행위를 대상으로 한다.

붓다와 아들러의 대화

⑤ 칭찬은 칭찬받는 사람과 타인과의 경쟁으로 인식되고, 칭찬의 결과는 당사자가 점점 경쟁을 의식하고 주위의 평가를 신경 쓰는 형태로 이루어진다. 반면 용기 주기는 당사자의 성장, 진보로 의식을 향하게 해 자립심과 책임감이 생겨나는 것이다.

⑥ "착하다."라는 칭찬을 들은 상대방은 정작 '진심이 아니라 빈말일 뿐'이라고 생각할 수 있다. 반면 아무 조건 없이 상대방을 치켜세우는 용기 주기의 접근이라면 상대방에게 고스란히 전달되는 경우가 많다. 물론 그렇지 않은 경우도 많을 것이다. 그렇지만 용기 주기 쪽이 상대에게 통하는 경우가 더 많은 것은 틀림없는 사실이다.

⑦ 칭찬은 당시에는 기쁘고 만족스럽다. 하지만 반드시 지속되는 것은 아니다. 한편 용기 주기는 자기긍정감을 높여줘 내일을 향한 의욕, 지속성이 생기는 경향이 강하다.

다음에서는 구체적인 '용기를 주는 말'에 대해 서술하겠다.

받아들이고 있음을 보여준다, 용기를 주는 말

우선 부모 또는 윗사람으로서 갖고 있는 가치판단으로 칭찬하지 않고, 아이와 그 현상을 '그대로 받아들이고 있다.'라는 메시지를 보낸다.

예를 들면 다양한 공부, 스포츠, 수련에 대해 "아, 그것을 좋아하는구나.", "그것을 하면 너는 즐겁구나.", "아, 그건 굉장히 좋네.", "네가 건강하면 나도 기쁘다."라고 말하는 것이 좋다. 우선 '기쁘다', '슬프다'라고 상대방의 있는 그대로의 상태를 인정하는 말을 하는 것이다.

나쁜 성적을 받아왔을 때, 아이는 이미 스스로 실망해 있다. 그런 아이에게 "너는 어째서 이런 성적을 받아온 거야?"라며 회초리를 대면 예전에는 분한 마음으로라도 열심히 하는 아이도 있었다. 지금은 회초리로 키우는 경우는 많이 줄어든 것 같다. 그렇다고 사탕을 줘야 할까? 응석받이가 많아질 것이다. 어떻게 해야 할까? 회초리와 사탕 말고도 용기 주기라는 효과적인 방법이 있다.

나쁜 성적을 받은 아이는 우울해 있을 것이 뻔하다. 이런 아이에게 성적이 나쁜 것에 대해 "넌 안 돼."라거나 "됐어." 같이 말하지 않고, 아이의 입장에서 "실망했구나." "그랬구나, 성적이 나빠서 낙담했구나. 그렇겠지." 같이 공감하고 수용하고 있음을 전한다.

기뻐하거나 슬퍼하는 상태에 대해 "기분을 들려줄래?" 또는 모습을 보고 알 수 있으면 "맥이 탁 풀렸구나.", "괴로워 보이네."라고 말한다. 모두 '지금 네가 그렇다는 것을 인정한다.'는 의미이다. "힘내라."거나 "좋은 성적을 받아야 해." 나쁜 성적을 받아오면 "너 성적이 그게 뭐야!" 같이 말하는 것은 용기 주기의 반대, 용기 꺾기이다.

수용의 메시지를 전한 후에는 상황에 따라 그 상태로 멈출지 "안타깝구나, 그래서 이 문제를 어떻게 해결할 수 있을까?"라고 말하는 것이 좋을지 판단한다.

"어떻게 해결할 수 있을까?"라는 말은 "해결 방법을 가르쳐줄게."라는 말보다 용기 주기가 된다. 즉, "너는 스스로 해결할 수 있어. 어떻게 하면 해결할 수 있을 거라고 생각해?"라는 말을 담고 있기 때문이다.

그리고 상대방이 도움을 필요로 하면 "너라면 분명 스스로 해결할 수 있다고 생각하지만, 지금 방법이 떠오르지 않는구나? 필요하면 알고 있는 것은 가르쳐줄게. 하지만 그것은 스스로 할 수 있겠지.”라는 메시지를 보내는 것이 용기 주기이다. 머리로 ‘도와줘야지.’라고 하는 것은 용기 주기가 아니다.

신뢰를 보여준다, 용기를 주는 말

상대방의 잠재 능력에 신뢰를 보여주는 게 용기를 주는 말이다. “너라면 분명 잘할 수 있어. 엄마는 너를 잘 알고 있어.” “너라면 분명 할 수 있어, 괜찮다.” “오래 사귀었잖아, 나는 알아. 확실히 위기이지만 너라면 극복할 수 있어.” 같은 말은 대부분 용기를 준다.

괴로울 때, “이제 방법이 없네, 가여워라.”라는 말과 “확실히 괴롭겠네. 큰일이구나.”라고 들은 후에 “그래도 너라면 분명히 극복할 수 있어.” “너라면 분명히 할 수 있어.”라고 말을 듣는 것, 어느 쪽이 힘이 될 것 같은가? 더 이상 말할 것도 없다.

위험하지만 무엇인가를 결정해야 할 때, “아빠는, 엄마는 너의 판단을 믿는다.”라고 말한다. 아무리 생각해도 죽거나 큰 부상을 입을 것 같은 정도라면 부모 입장에서 말리지 않을 수 없다. 그렇지만 작은 실패 정도는 그냥 두는 쪽이 좋다. “판단을 믿는다.”라고 전하는 것으로 된다. 실패하더라도 스스로 배우는 계기가 된다. 하지만 실패했을 때 “그것 봐라.”라는 식이라면 용기 꺾기가 되는 것이다.

부모는 성인이고 경험이 많기 때문에 앞날의 예측이 쉬워 ‘이렇게 하면 실패하는 게 당연하다.’고 생각하고 설교한다. 그럼에도 아이는 부모의 말을 듣지 않고 다른 방법을 선택해 실패한다. 그러면 “그것 봐라.”라고 말하게 된다. 하지만 "그것 봐라."라는 말은 "그것 봐라, 너의 판단은 틀렸어. 너는 옳은 판단을 할 수 없는 인간이야."라는 메시지를 보내는 것과 다름없다.

실패해도 긍정해준다, 용기를 주는 말

꾹 참고 "그런가, 실패했구나. 안타깝네." 그때 상대방이 요구하면 "다음에 실패하지 않기 위해서는 어떻게 해야 할까?"라고 말해준다. 그러고 나서 상대방이 "어떻게 해야 할까?"라고 물어오면 "나라면 이렇게 하겠지만"이라고 대답한다. "이렇게 해라."가 아니라 "이런 방법이 있다고 생각해. 나는 인생의 이런 때에는 이렇게 해서 극복했는데 참고가 되려나. 그래도 판단은 네가 하는 거야."라고 말하는 것이 상대방에게 '자기결정, 자기책임 능력이 있다.'라는 용기 주기의 메시지이다.

짧게 보면 '이것은 실패할 것 같다.' 같이 어른의 입장에서 여러 가지 걱정이 된다. 하지만 과도한 걱정은 상대방을 믿지 못함을 의미한다. 윗사람의 입장에 선 사람은 종종 친절하게 대할 생각으로 아래 입장에 선 사람을 과도하게 걱정함으로써 무의식적으로 상대를 신뢰하고 있지 않다는 메시지를 보내기 쉽다. '너는 혼자서는 잘할 수 없는 존재야.'라고.

하지만 본인은 친절한 마음이었기 때문에 웬만해서는 그만두지 못한다. 걱정해주는 게 친절함이라고 착각하고 있는 것이다. 하지만 응석받아주기였고, 진짜 친절함은 믿는 것이다. 실패해도 긍정하는 것이다. '실패로부터 배우는 거다.'와 같은 식으로 접근하는 것이 진짜 친절, 용기 주기의 자세이다.

붓다와 아들러의 대화

평가하기보다 감사한다, 용기를 주는 말

용기 주기의 말은 공동체감각을 유발한다. "착한 아이네."가 아니라 "고마워, 네 덕분에 굉장히 도움이 되었어."라고 말하는 것이다. 두 말의 차이는 알아차렸을 것이다. "착한 아이네."라고 말하는 것은 상대방을 평가해 칭찬하는 것이다. 반면 "네 덕분에 도움이 되었어."라는 말은 상대방의 능력을 인정하고, 공헌에 감사해 '너는 그렇게 해서 남들과 잘 지낼 수 있는, 공동체감각적으로 살아갈 수 있는 사람'이라는 메시지를 보내는 것이다.

상대방의 공동체감각을 일으키는 말은 "해라"가 아니라 "이렇게 해줬으면 좋겠어. 너의 도움이 필요해. 도와주길 바라."이다. '도와주길 바라.'는 상대방이 돕지 않을 권리도 인정하는 것이다. 그러면서도 이른바 동료로서 "도와주길 바란다고 생각해."라고 전한다.

하지 않은 일로 비난받지 않고, 자신이 한 행위로 "고마워, 도움이 되었어."라는 말을 들으면 어떤 생각이 드는가? 자신의 입장에서 생각해보면 된다. "네가 큰 도움이 되었어. 고마워."라고 듣는 것과 "어, 이거 했구나, 꽤 하잖아."라고 듣는 것, 어느 쪽이 기쁘고 의욕이 생기는가?

조건 없이 믿어준다, 용기를 주는 말

보통 사회적 신용은 실적을 근거로 형성된다. 실적이 없으면 신용 받지 못하는 것이다. 하지만 진정한 신뢰는 실적이나 근거가 아니라 존재 자체에 대한 신용, 신뢰이다. 근거는 전혀 필요 없다. "너라면 분명 할 수 있어. 왜? 너니까."가 조건 없는 긍정이다. 스스로에게는 '나니까 분명할 수 있다. 그게 나다.'라고 말해주는 것이다. 이런 근거 없는, 조건 없는 신뢰가 큰 용기를 준다.

근거가 없어도 좋지만 코스모테라피적으로는 "한 인간 안에는 우주 138억 년 진화의 역사가 쌓인 놀랄 만한 예지가 잠재 능력으로서 숨어 있다."라는 결정적인 신뢰의 근거가 있다.

노력을 알아준다, 용기를 주는 말

용기 주기의 말은 결과나 성과가 아니라 과정과 노력에 포커스가 있다. "잘했어."는 칭찬의 말이고, 잘해도 못해도 "열심히 했어."는 용기 주기이다. "실패는 했어도 노력했구나." "네가 노력하는 과정 봤다. 굉장히 열심히 했구나. 실패해서 안타깝지만 그래도 너는 노력했구나." 같은 말을 들으면 의욕이 생기고 용기를 받는 것이 아닐까.

그리 잘되지 않았더라도 "시간을 들여 많이 생각했구나."라고, 잘되고 있을 때에도 "잘되고 있는 것 같니?"라고 과정에 대해 말하는 것이다.

이런 접근에선 일등이 아니라도 조금이라도 성적이 올랐을 때 "오, 점점 잘하고 있네."라고 말해준다. 목표에 한 걸음이라도 가까워지는 것이다. "노력해서 한 걸음 가까워졌구나, 노력했구나."라고 말하는 것이다.

"예전보다는 좋아졌을지 몰라도 아직 목표까지는 이렇게 거리가 있다." 같이 말하는 것은 용기 꺾기이다. 즉, 용기 주기는 한 걸음이라도 나아가면 "늘었구나." "늘고 있네."라고 말하는 것이다.

붓다와 아들러의 대화

'용기 주기'와 '용기 꺾기'는 어떻게 다른가

마지막으로 용기를 주는 사람과 용기를 꺾는 사람, 용기 주기와 용기 꺾기의 차이를 살펴보고자 한다.

1) 존중과 신뢰의 동기부여 – 공포 조성의 동기부여

용기를 주는 사람은 상대방이 무엇인가를 해주길 바란다고 생각할 때 존경과 신뢰로 동기를 부여한다. 말로는 명령이 아니라 먼저 존중을 보여주고 "해주세요." "해주시면 좋겠습니다."라고 말한다. 그때 "너라면 분명히 할 수 있어." "이렇게 하면 분명 너에게 좋을 거야. 그리고 너는 분명히 그렇게 할 수 있을 거라고 생각해."와 같은 신뢰를 표현해 행동을 촉진한다.

나도 전에는 학생들에게 공포로 동기를 부여하기 십상이었다. "너 말이야, 지금 이걸 해두지 않으면 나중에 곤란하다고." "공부를 안 하면 나중에 이렇게나 곤란하다." 같은 식이다. 부모나 교사가 종종 이런 방법을 쓰기 쉽다.

그런데 "이것을 해두면 나중에 이렇게 좋은 일이 분명히 있을 거야. 너라면 분명히 할 수 있어."라는 말과 비교하면 어느 쪽이 더 의욕이나 용기가 솟아날까? 더 말할 것도 없을 것이다.

2) 낙관적 – 비관적

인생을 "낙관적이다, 비관적이다"라고 말할 수는 있다. 그런데 용기를 주는 사람은 낙관적이다. 미래는 알 수 없는 것이다. 아직 다다르지 않은 때이기 때문이다. 미래도 '아직未 오지未 않았다'라고 쓴다. 즉, 올 때까지 알 수 없다. 미리 알 수 없는 앞날을 어두울 것이라고 생각할지, 밝을 것이라고 생각할지는 본인이 생각하기 나름이다.

확률적으로는 낙관적으로 생각하는 쪽이 낙관적인 결과가 나올 확률이 높아지고, 비관적으로 생각하는 쪽이 비관적인 결과를 초래할 확률이 높다. 물론 낙관적 생각이 반드시 낙관적 결과를 일으킨다고 할 수는 없고, 비관적 생각이 반드시 비관적 결과를 초래한다고도 할 수 없다. 하지만 경향성이 높은 것은 확실하다. 낙관적으로 생각하는 쪽이 의욕, 용기가 솟아나는 것은 틀림없다.

3) 잘 들어주는 사람 – 잘 들어주지 못하는 사람

상대방에게 용기를 주려면 이야기를 잘 들어줘야 한다. 상대방의 입장에 서기 위해서다. 상대방이 지금 어떠한지 듣고 수용할 수 있는 사람을 '잘 들어주는 사람'이라고 말한다. 잘 들어주지 못하는 사람은 우선 상대방의 기분에 공감하지 않고, 설교를 시작하고, 이야기를 자기 쪽으로 끌어오는 등 몇 가지 특징이 있다. 상대방이 하소연 하고 싶은 마음에 이것저것 말하면 "나 역시 이것저것 있어서! 이렇게나 고생하고 있다고." 라며 되레 자기가 하소연하기 시작하거나, 상대방의 화제를 빼앗고 "너 말이야, 그러니까 안 되는 거야."라고 설교하기 시작한다. 잘 들어주는 사람은 우선 상대방의 입장에 서서 "네 상황이라면 그렇겠네, 알아."라고 공감하는 것이다.

나의 경우는 상당한 정도의 논리요법을 쓰고 있으므로[14] 그저 듣고만 있는 것이 아니라 어느 정도 들은 후에 "괴롭네 … 괴로운 걸 좋아하나요? 그대로 괴로운 상태로 있고 싶나요?"라고 조금 심술궂게 들릴지도 모르는 질문을 하면서 그 상태에서 빠져나오도록 돕는다. 하지만 초기단계에서는 제대로 잘 들어주기에 유의해야 한다는 것이 확실하다.

4) 목적지향 – 과거지향

용기 주기는 목적(미래)지향이다. "너 왜 그랬니?"는 용기 꺾기이다. 과거에 실패를 했더라도 인간은 미래에 개선 가능한 존재이다. 그러므로 "너 왜 그랬니?"가 아니라 "다음에 어떻게 해야 한다고 생각해?" "이번엔 실패했지만 다음에 실패하지 않으려면 어떻게 해야 한다고 생각해? 함께 생각해보자."라고 말한다. 이것이 용기 주기이다.

자신이 큰 실패를 했다고 해도 "그래도 다음에 실패하지 않으려면 어떻게 해야 하는지 네 생각이 있을 테니까, 우선 혼자 생각하고 싶으면 그렇게 해. 그래도 필요하면 도와줄게. 아무튼 다음에 어떻게 하면 실패하지 않을지 생각해보자." 같은 식으로 말해주길 바라는 것이다. 이런 말을 들으면 질책받는 것보다도 훨씬 자기개선에 대한 의욕이 샘솟는다. 그래서 자신이나 타인을 개선하고 싶으면 질책보다는 공감하고 미래지향, 목적지향적인 접근을 하는 것이다.

5) 큰 국면을 보기 – 세부적인 것에 얽매이기

큰 국면을 본다는 것은 너그럽게 보고, 한 걸음 두 걸음 걸어나가는 인생에서 "나아가고 있잖아, 너의 노력을 높이 산다."라고 말해주는 것이다. 세부적인 것에 얽매이면 "노력은 한 것 같은데, 그래도 여기가 안 되네. 저기도 안 되네."라고 말하는 것이 되는데, 이런 말을 들으면 전혀 용기가 솟지 않는다.

6) 유머감각 – 빈정거림

용기를 주려면 기본적으로 유머감각이 필요하다. 유머란 어떤 상황에 매몰되지 않아야 한다. 유머감각은 상황에 어느 정도 거리를 둠으로써 생겨나는 것이다. 그런데 용기를 꺾는 사람의 바탕에는 빈정거리는 것이 있다. "뭐야, 그 정도밖에 못해?" "노력했잖아. 그런데 그 정도야? 다음에 는 더 노력해라."와 같이. 이래서는 노력하고 싶은 마음이 들 수 없다.

정리: 아들러 심리학과 불교의 접합점

아들러 심리학과 불교 특히 유식과의 몇 가지 접합점에 대해 새로이 정리해두고자 한다.

인간에게 매우 강한 자아확립에 대한 충동이 있는 것을, 아들러 심리학에서는 '우월성을 향한 노력' 등의 말로 표현하고, 유식에서는 '마나식'과 그 '근본번뇌'라는 말로 표현한다. 양자의 통찰은 겹치는 부분이 크다고 말해도 좋을 것이다. 기본적으로는 선악에 중립적인, 선한 방향으로도 악한 방향으로도 바라볼 수 있는 것이라는 통찰이 일치한다.

여기에 인간은 극히 주체적, 주관적 존재라고 보는 점에서도 양자의 통찰이 매우 일치한다(가상과 유식).

인간은 주관적이기 때문에 종종 잘못된 인생관, 세계관을 가진다. 그럼에도 종종 자신의 잘못을 알아차리지 못하고(사적 논리와 무명) 그 때문에 자신도 타자도 행복하지 않은 불모한 삶(부적절한 라이프스타일과 번뇌)에 빠져버린다는 통찰도 일치한다.

자기와 타자, 자기와 세계의 연결이라는 보편적인 사실, 진리를 깨달은 사람에게 배워 잘못을 정정할 수 있고(공통감각과 깨달음), 알아차림에 의해 자신과 타자가 함께 조화로운 삶을 사는 것이 가능하게 된다(공동체감각과 자리이타, 자비)는 점도 서로 닮아 있다.

그렇다고 해도 주제의 차원이나 발달단계 그리고 접근의 방법론이 다르다는 것은 말할 것도 없다. 이는 내담자의 요구에 응하기 위해 존재한다는 임상가로서의 유연한 자세까지 있으면 아들러 심리학자에게도, 불교도에게도 서로에게 없는 것을 보완하고 통합하는 생산적인 관계가 될 기초는 이미 충분하다고 생각한다.

　이상의 포인트는 후반에 불교에 대해 서술할 부분에서도 한층 명쾌하고, 확실하게 할 수 있다고 생각한다.

붓다와 아들러의 대화

미 주 ──

1 Alex L. Chew(原著), 岡野守也(翻訳)(2004), 『アドラー心理学への招待』, 金子書房, p.59.

2 나중에 설명할 '라이프스타일의 유형' 항목을 참조할 수 있다.

3 Alfred Adler, 岸見一郎 翻訳(2014), 『人はなぜ神経症になるのか－アドラー・セレクショ
ン』, アルテ, p.45.

4 Hertha Orgler(著), 西川 好夫(翻訳)(1977), 『アドラー心理学入門(Alfred Adler The Man
and his Work)』, 清水弘文堂, pp.269-270.

5 現代アドラー心理学研究会, 野田俊作 監修(2002), 『アドラー心理学教科書－現代アドラー
心理学の理論と技法』, ヒューマン・ギルド出版部.

6 A. アドラー(著), 高尾 利数(翻訳)(1984), 『人生の意味の心理学』, 春秋社, pp.85-86.

7 Heinz Ludwig Ansbacher, Rowena R. Ansbacher(1956), *The Individual Psychology of*
Alfred Adler, Harper Collins, p.166; Hertha Orgler(著), 西川 好夫(翻訳)(1977), 『アド
ラー心理学入門(Alfred Adler The Man and his Work)』, 清水弘文堂, p.127.

8 Harold Mosak, Michael Maniacci, 坂本玲子 外 訳(2006), 『現代に生きるアドラー心理学
(Primer of Adlerian Psychology, 현대를 살아가는 아들러 심리학)』, 一光社, pp.64-66.

9 Hertha Orgler(著), 西川 好夫(翻訳)(1977), 『アドラー心理学入門(Alfred Adler The Man
and his Work)』, 清水弘文堂, p.43.

10 Hertha Orgler(著), 西川 好夫(翻訳)(1977) pp.79-95.

11 Rudolf Dreikurs, Vick Soltz(原著), 早川麻百合(翻訳)(1993), 『勇気づけて躾ける－子ども
を自立させる子育ての原理と方法』, 一光社, p.26.

12 Alex L. Chew(原著), 岡野守也(翻訳)(2004), 『アドラー心理学への招待(아들러 심리학
으로 초대)』, 金子書房; Rudolf Dreikurs, Vick Soltz(原著), 早川麻百合(翻訳)(1993), 『勇
気づけて躾ける－子どもを自立させる子育ての原理と方法(용기 주기로 훈육하기)』,
一光社; 現代アドラー心理学研究会, 野田俊作 監修(2002), 『アドラー心理学教科書－現
代アドラー心理学の理論と技法(아들러 심리학 교과서)』, ヒューマン・ギルド出版部.

13 岩井 俊憲(著)(2002), 『勇気づけの心理学(용기 주기의 심리학)』, 金子書房.

14 岡野守也(2004), 『唯識と論理療法－仏教と心理療法・その統合と実践』, 佼成出版社; 岡
野守也(2008), 『いやな気分の整理学 論理療法のすすめ』, NHK出版.

제2장 아들러 심리학의 핵심이론

제2부

불교와 아들러 심리학

제3장 붓다가 설한 진리

1. 공동체감각과 연기의 이법, '깨달음'을 배워 통합하다

모든 것이 이어짐에 의해 일어난다, 연기의 이법

우선 고타마 붓다의 깨달음과 가르침에 관한 나의 이해를 언급해두고 자 한다. 나의 이해는 불교학자인 친구 아오모리 공립대학의 하야 타츠 오羽矢辰夫 교수의 견해와 거의 부합한다.[1] 또한 고 타마키 코시로玉城康四郎 선생에게서도 큰 영향을 받았다.[2]

불교의 출발점은 고타마 붓다가 깨달음을 얻은 것에 있고, 무엇을 깨 달았냐고 하면 '연기의 이법'을 깨달았다고 말할 수 있다. 초기불교경전 인 『우다나』에는 붓다가 깨달은 후 말한 세 개의 시가 다음과 같이 기록 되어 있다.

실로 여러 가지 존재의 이법(빠알리어로는 담마, 산스끄리뜨어로는 다르마, 진리)이 열심히 명상하는 수행자에게 나타날 때, 그때 그의 일체의 의혹은 소멸한다. 그것은 그가 연기의 이법을 알고 있기 때문이다.
실로 여러 가지 존재의 이법이 열심히 명상하는 수행자에게 나타날 때, 그때 그의 일체의 의혹은 소멸한다. 그것은 그가 여러 가지 연의 소멸을 알았기 때문이다.
실로 여러 가지의 존재의 이법이 열심히 명상하는 수행자에게 나타날 때, 그는 악마의 군단을 분쇄하고 안립安立한다. 마치 태양이 허공을 비추는 것과 같다.[3]

그러면 '연기의 이법'은 무엇인가? '연기'에는 크게 말하면 두 개의 의미가 있다.

첫 번째는 '여러 가지 존재, 온갖 것은 연, 이어짐에 의해 일어나고 있다(그러므로 근원을 캐면 결국은 하나이다).'는 의미이다. '상의상관相依相關'이라는 말로 표현되는 경우도 있다. 긴 선정의 끝, 샛별을 봤을 때 붓다는 '그 별(그리고 우주)과 나는 이어져 있고 하나이다.'라고 깨달은 것이라고 선禪에서는 말한다.

또한 초기경전인 『쌍윳다니까야』에서는 "나(붓다)에 의해 체득된 이 담마는 심히 깊고, 이해하기 어렵고, 깨닫기 어렵고, 적정寂靜이고, 분별을 넘어서 미묘하고, 현자에 의해 알려질 것이다."라고 한다.

붓다는 깊은 명상을 통해 분별, 즉 모든 존재를 뿔뿔이 분리해 보는 견해를 넘어설 때 모든 것이 이어짐에 의해 일어나고 있는 것, 연기의 이법을 깨달은 것이라고 이해하면 틀림없을 것이다. 미혹적인 견해, 무

붓다와 아들러의 대화

명을 극복하고 모든 것이 일체라고 하는 우주의 있는 그대로의 모습, 즉 '여如, tathātā' 또는 '진여', '일여'를 깨달았다고 바꿔 말할 수도 있다. 학계에서는 논의가 있을 수 있지만 나는 이 첫 번째 의미가 결정적으로 중요하다고 생각한다.

'연기'의 두 번째 의미는 '십이연기, 십이인연'이라고 불린다. 어떤 전승에서는 고타마 붓다는 보리수 아래에서 "모든 결과가 있는 것에는 원인이 있는 법이고, 그 원인을 더듬어 올라가면 최초의 원인에 다다르는 법(인과법)"이라고 생각해 "왜 늙음과 죽음이라는 괴로움이 있는가 … 그것은 애초에 생生이 있기 때문이다 …."라고 사색, 명상을 하고 있었다고 말한다.

그리고 결과에서 원인으로 거슬러 올라가 보면 노사老死(의 괴로움)가 있는 것은 생生이 있기 때문이다. 생이 있는 것은 유有가 있기 때문이다. … 취取 → 애愛 → 수受 → 촉觸 → 육입六入 → 명색名色 → 식識 → 행行 → 무명無名이라고 명상, 통찰했던 것이다. 이것을 '역관逆觀'이라고 하고, 훗날 무명이라는 원인에서 노사老死의 순서로 정리한 것을 '순관順觀'이라고 한다. 붓다는 역관과 순관을 반복해 더 깊이 통찰했다.

'무명'은 마음의 표면에 만연하고, 그 뿌리는 마음의 심처에 숨어 가라앉아 있는 근원적인 무지無智(無知가 아닌)이다. 모든 것을 나눠 보는 것이라고 이해해도 좋을 것이다. 무명은 달리 말하면 '분별지分別知'이다.

① 다른 것과의 이어짐, 연 없이 그 자체로 존재할 수 있다. ② 그 자체로 변하지 않는 본성을 가지고 있다. ③ 영원히 존재할 수 있다는 성질이 있는 것을 '실체=아我=아트만'이라고 한다. 무명은 그 각각을 다른 것과

분리된 독립적인 실체로 보는 견해라고 할 수도 있다.

특히 자신과 자신이 아닌 것을 나눠 자신을 실체시해 실체로서의 자신에게 얽매이고, 생명과 생명 아닌 것을 나눠 생명을 실체시해 실체로서의 생명에 얽매인다. 그런 마음은 거의 대부분의 사람(범부凡夫) 속에서 움직이고 있어 번뇌의 근원이 된다.

무명이 있으면 실체로서의 자신이 있다고 하는 망상, 구상構想을 일으키는 힘이 움직인다. '행行'이라고 한다. 이어서 무명에 기초한 구상력에 의해 '식識', '심心'의 움직임이 일어난다. '실체로서의 자신이 있다고 생각하는 잠재적인 마음'이라고 말해도 좋을 것이다. 훗날 유식의 마나식, 알라야식설로 발전한다.

그리고 실체로서의 자신이 있다고 생각하는 마음이 생기면 당연히 바깥쪽에 자신과는 별개의 분리된 실체로서의 '외계'가 있다고 생각할 수 있다. 그것이 '명색名色'이다. 즉, 개별의 '이름'에 대응한 분리된 개별적인 것이 '색色과 형形'을 가지고 실체적으로 존재하고 있다고 보이는 것이다.

이어서 자신과 외계는 분리되어 있다는 믿음을 바탕으로 다섯 가지의 감각기관과 의식, 즉 '육입六入'이 움직인다. 나아가 외계의 대상과 감각기관과 의식의 '접촉', 즉 '촉觸'이 일어난다. 그것이 '감수感受되는 것을 '수受'라고 한다.

실체로서의 자신이 존재한다는 착각을 바탕으로 마음과 외계의 접촉이나 감수가 이루어지면 밖에 있는 대상은 자신이 아니고, 심지어 그것 없이는 살아갈 수 없다. 항상 자신에게 부족한 무엇인가가 밖에 있고, 끊임없이 그것을 취득, 소유하지 않으면 살아갈 수 없다는 격렬한 목마

름과 같은 결여감이 생긴다. 그것을 '애愛' 또는 '갈애'라고 한다. 결핍감, 갈애의 마음으로 사람과 사물을 접해 조금이라도 좋다고 느끼면 언제까지나 자신의 것으로 하고 싶다는 집착이 생겨난다. 그것이 '취取'이다.

무명에서 취取까지의 마음의 움직임을 기초로 우주와 일체가 아니라 다른 사람이나 사물과 이어지지 않은 채 흐름도 아닌 실체로서의 생명, 즉 '유有'가 망상, 구상된다.

그런 무명, 망상과 집착을 바탕으로 살아가는 한 '늙음'과 '죽음'은 생명의 자연스러운 과정으로 받아들여지지 않고, 절대로 받아들일 수 없는 고통, 인생의 근본적 부조리라고 느끼게 된다.

붓다에게는 생리적인 의미의 '노사老死' 그 자체가 아니라 노사의 괴로움, 즉 노사에 대한 심리적인 불안, 두려움, 부조리감이야말로 문제였다. 괴로움을 넘어선 체험을 굳이 말로 한 것이 첫 번째 의미로서의 '연기'이고, '노사' 괴로움의 원인론이 두 번째 의미로서의 '연기(또는 인연, 인과)'라고 할 수 있다.

붓다의 사상은 '이어짐의 코스몰로지'

'연기'의 해석에 관해 보충하자면 초기경전에서는 횟수로는 '십이연기' 쪽이 많이 나온다. 때문에 '붓다는 통찰에 의해 십이연기를 깨달았다.'라고 해석하는 사람도 적지 않다.

하지만 불교학과 초기불교의 권위자인 고 나카무라 하지메中村元 선생은 "… 십이연기의 설은 깨달을 때 석존이 설하지 않은 것이 확실하다고 단정할 수 있다. 그것을 기초로 여러 가지 연기설이 성립하고, 최후에

십이인연의 구절이 성립된 것이 입증되었으므로 위의 설은 역사적 사실이라고는 생각할 수 없다."4고 말했다. 즉, 십이연기가 붓다 이후에 정리된 것이라면 당연히 붓다가 그것에 의해 깨달았다고 생각할 수 없다.

또한 명상의 실천이라는 임상적인 관점으로 말하면 노사(의 괴로움)의 원인이 '무명'이라고 언어와 지성으로는 이해해도, 자동적으로 마음의 깊은 곳까지의 '명明 또는 깨달음'이 되는 것은 아니다. '노사'의 원인을 머리로는 알아도 '노사(에 대한 불안, 두려움, 부조리감)'는 사라지지 않기에 지적 통찰이 어느 정도 의미는 있어도 '노사(에 대한 불안, 두려움, 부조리감)'가 사라지지 않는 것을 '깨달음'이라고 부를 수는 없다.

그렇지 않고 마음 깊은 곳으로부터 말과 분별을 넘어선 '명明=깨달음 =무분별지'를 체험하고 난 후에야 '무명=분별지'가 확실히 '무명'이었다고 아는 것이다. '명明=깨달음'의 체험을 한 후에 붓다가 다른 사람에게 전하기 위해 분별을 넘어선 체험을 굳이 말로 표현한 것이 '모든 것은 분리되지 않는다. 이어져 하나이다.'라는 의미의 '연기'라는 개념이라고 이해하고 있다. 때문에 붓다는 그것이 시대도, 나라도, 민족도 초월한 보편적인 우주의 '이법'이라고 주장할 수 있었던 것이다.

'연기'에 관한 논의는 불교문헌학과 임상적 관점을 도입함으로써 확실히 결정지을 수 있다. '노사(에 대한 불안, 두려움, 부조리감)'의 '멸滅까지는 아니더라도 상당히 경감된다고 느낄 정도의 좌선, 명상체험 없이 좌선, 명상으로부터 생겨난 붓다의 사상을 논하는 것은 한 번도 바다를 본 적이 없는 사람이나 바다로 가는 도중이라 아직 바다를 보지 못한 사람이 바다의 훌륭함에 대해 지적 정보만으로 말하는 것과 닮아 있다. '팔정도'

붓다와 아들러의 대화

그중에서도 '정도'의 실천 없는 '연기'의 해석이나 논의는 학문적 의미로 어느 정도는 인정하지만 근본적으로는 완전히 불충분하다고 생각한다.

아무튼 위와 같은 연기에 대한 이해가 올바르다면 세계관으로서 고타마 붓다의 사상은 '이어짐의 코스몰로지'라고 말할 수 있다. 그리고 이어짐의 코스몰로지라는 점에서 '연기'의 이법과 '공동체감각'은 같은 사실을 가리키는 개념이라고 해도 틀림없다. 연기야말로 불교와 아들러 심리학을 잇는 결합점, 접합점인 것이다.

물론 아들러 심리학은 개인과 타자, 사회와의 이어짐에 초점을 맞추고 있고, 불교에서는 존재 전부의 이어짐에 대한 통찰에 초점을 맞추고 있다는 뉘앙스의 차이는 있다. 전자는 말할 것도 없이 임상심리학적이고, 후자는 존재론적, 철학적이다. 하지만 양자는 인간론이라는 부분에서 통합 가능하다.

또한 아들러 심리학의 '사적 논리' 통찰은 '무명'이라는 통찰까지는 깊이 파고들지 못했다. '사적 논리'는 타자와의 이어짐을 전제로 한 '공통감각'에 대한 것이지만 불교의 '무명'에 대한 통찰은 인간뿐만 아니라 존재 전부의 이어짐에 대한 무자각, 나아가 무아성, 비실체성에 대한 무자각까지 깊이 파고들었다.

하지만 불교의 심오한 점만 강조해 아들러 심리학 또는 서구 심리학 일반은 얕기 때문에 필요 없다고 판단하는 것은 전적으로 생산적이지 못하다고 이미 언급했다.

발달단계의 문제로, 인간은 어떻게 해도 일단 분별을 익혀 자아를 형성할 수밖에 없으며, 그 때문에 발달 도중에 '사적 논리'에 빠질 위험을 품고 있고, 예외 없이 분별지라는 의미의 '무명'을 익힐 수밖에 없다.

불교적으로 말하면 아무리 '공통감각', '공동체감각'이 풍부한 라이프 스타일을 형성할 수 있다고 해도 분별지라는 의미의 무명으로부터 해방되는 것은 아니다. 하지만 이어짐의 코스몰로지라는 의미에서 '공통감각', '공동체감각' 쪽이 '사적 논리'보다 훨씬 '연기의 이법의 자각, 깨달음'에 가까운 것은 틀림없다. '공동체감각'이 깊어지면 거의 '우주의식'에 도달한다는 것은 앞에서 아들러의 말을 인용해 서술한 대로이다. 그리고 이후에 한 번 더 언급하겠지만 '우주의식'까지 가면 '깨달음'과 거의 같거나 종이 한 장 차이다.

그렇게 파악한다면 아들러 심리학은 '공동체감각'을 더 깊은 '연기의 이법에 눈뜨기, 깨달음'을 배워 통합할 수 있을 것이고, 불교는 인간의 정상적이고 적절한 발달로서 일단 '공동체감각'이 풍부한 인격을 형성하는 것이 필수이다. 그런 후에 다음 발달과제로 '깨달음'으로 자연스럽게 이끄는 적절한 지도 방침이 가능해질 것이다.

이념적·이상적으로 말하면 양자의 통합은 교사나 심리치료사 그리고 스승이 스스로의 공동체감각 나아가서는 연기의 이법에 눈뜨면서 형성된 자비의 자세로 아이, 내담자, 제자의 공동체감각을 깊게 키우고 나아가 보다 높은 발달과제인 깨달음을 함께 목표로 하는 '선우善友'(인생의 선한 친구, 즉 수행동료나 스승)가 되는 형태를 상정할 수 있을 것이다.

괴로움을 끊는 여덟 가지 방법, 팔정도를 어떻게 이해할 것인가?

'연기의 이법'을 깨달은 붓다는 체험을 바탕으로 가르침을 전개했지

붓다와 아들러의 대화

만, 그 요체는 '사제팔정도'이다.

'사제', '사성제', '네 가지 진리', '네 가지 성스러운 진리'이다. 첫 번째는 '괴로움이라는 진리(고제)', 두 번째는 '괴로움의 원인이라는 진리(고집제 또는 집제)', 세 번째는 '괴로움의 소멸이라는 진리(고멸제 또는 멸제)', 네 번째는 '괴로움의 소멸에 이르는 길이라는 진리(고멸도제 또는 도제)', 한마디로 '고, 집, 멸, 도'라고 한다.

자기 생각에 얽매어 세상을 보다, 고제苦諦

붓다는 무명, 분별지를 기초로 영위하는 인생은 기본적으로 괴로움이고, 괴로움에는 무명, 분별지라는 원인이 있으며 원인이 있는 이상 원인을 없앨 수 있고, 그것을 위한 길, 방법이 있다는 것을 설파했다.

일반적으로 붓다는 태어나는 것은 괴로움이고, 늙는 것은 괴로움이고, 병드는 것은 괴로움이고, 죽는 것은 괴로움이라고, 인생은 기본적으로 '괴로움苦'이라고 가르쳤다고 한다. 한마디로 '사고四苦'라고 한다.

그리고 인생에는 사랑하는 사람과 헤어지는 괴로움愛別離苦, 미운 사람을 만나는 괴로움怨憎會苦, 원하는 것을 얻을 수 없는 괴로움求不得苦, 존재의 다섯 요소 그 자체의 번성한 활동이 집착의 근원이 되는 괴로움五蘊盛苦이 있다. 앞의 사고에 더해서 '팔고八苦'라고 불린다.

하지만 나의 이해로는 어디까지나 '무명에 기초해 영위하는 한'이라는 조건이 붙어 있다. '이 세상은 조건에 관계없이 오로지 괴로움이다.'라고 말하는 것이라면 불교는 너무 어둡고 비관적이라 현대인에게 유효, 적합하지 않다고 평가할 수 있지만 '고제'는 어디까지나 출발점일 뿐이다.

더구나 붓다가 말하는 '괴로움'은 지금껏 흔히 오해하고 있는 것처럼 단지 괴로움이나 고통을 말하는 것이 아니다. 오히려 이 세상은 원래 자기 생각대로 되지 않지만 그럼에도 자기 생각에 얽매여 이 세상을 보면 '모든 것이 부조리하게 느껴진다.'는 의미가 더 크다고 생각한다.

괴로움의 원인은 어디에 있는가, 집제集諦

사제, 네 가지 성스러운 진리의 두 번째 단계는 '집제'이다. 비유하자면 병을 낫게 하려면 진단을 받고 자신이 병에 걸렸다고 자각해야 한다. 원인을 알면 치료 대책을 세울 수 있고, 원인을 없애는 근본적인 치료를 하면 병은 낫는다.

의사가 진단을 하고 병에 걸렸다는 것을 알려주는 것은 병자를 절망하게 하여 암울한 기분에 빠뜨리기 위함이 아니고 치료하면 병이 낫는다는 희망을 주기 위한 것이듯 붓다가 '고제'를 설한 것은 이른바 치료에 앞선 진단이다.

원인을 명확히 하는 것이 '십이연기'의 역관으로, 거슬러 올라가 원인을 찾으면 특히 '집착取' → '갈애愛' → '무명'이 '괴로움'의 원인이라고 붓다는 해명했다.

분명한 것은 앞에서도 말했듯이 '괴로움'은 일반적인 의미에서의 '고통, 괴로움'과는 다른 것이다. 집착, 애착하는 것을 잃었을 때의 느낌은 단지 생리적인 괴로움이 아니라 그것이 있을 수 없는 '부조리'라고 느끼는 심리적·정신적 고뇌이다.

실제로 깨달은 사람도 상처를 입으면 아픔을 느끼고 독을 삼키면 괴로움을 느낀다. 깨달음으로 사라지는 것은 생리적 괴로움이 아니라 태어난 것 자체에 대한 부조리감, 모처럼 태어났는데 늙거나 병들고 결국 죽어야만 한다는 것에 대한 부조리감이라는 정신적인 괴로움이다. '괴로움'을 이처럼 해석한다면 붓다의 가르침은 극히 합리적·설득적·보편적인 실존심리학이라고 말할 수 있고, 현대인에게도 적합하며 효과적이다. 그리고 이처럼 해석할 수 있다면 한때 아들러의 제자이면서 사상을 보다 실존적으로 심화해 '실존분석'과 이를 정신요법으로 응용한 '로고테라피'를 창안한 프랑클Viktor Frankl과 불교와의 통합도 눈에 들어올 것이다.

집착에서 멀어지면 부조리감에서 해방될 수 있는가, 멸제滅諦

사제, 네 가지 성스러운 진리의 세 번째 단계는 '멸제'이다. 세 번째 이야기의 마지막은 '무명이 없다면'이다. 인생의 근본적 괴로움인 부조리감의 주된 원인이 '무명' → '갈애愛' → '집착取'이라고 하면 그것들이 사라지면 부조리감도 당연히 사라진다. "무명이 없다면 행行은 없고, 행이 없다면 … 갈애가 없다면 … 집착이 없다면 … 노사(의 괴로움)는 없다."라는 순관의 통찰이다. 간단히 말하면 부조리감에 괴로워하는 것은 무명이 있기 때문이고, 무명이 사라지면 부조리감의 괴로움은 사라지는 것이다.

우리가 바라지도 않았는데 태어난 것, 바라지도 않았는데 늙고 병드는 것 그리고 가장 바라지 않는 것인데도 죽어야만 하는 것을, 자신의 '바람(이라는 이름의 애착, 집착)'을 떠나 극히 자연스러운 것이라고 받아들일 수 있으면 부조리감이라는 정신적 고통은 말끔하게 사라질 것이다.

'그런 것이 가능한가?'라는 의문이 나올 것 같지만 답은 '적절한 방법을 실행하면 가능하다.'이다. 부정적으로 말하면 '적절한 방법을 실행하지 않으면 무명은 없앨 수 없다.' → '갈애는 없앨 수 없다.' → '집착은 없앨 수 없다.'이다.

그러므로 우리가 애착, 집착에서 멀어져 부조리감에서 해방되어 상쾌하고 생생하게 살고 죽을 수 있는가 하는 문제는 적절한 방법을 실행하면 무명을 없앨 수 있는가 하는 임상적 실천에 달려 있다.

괴로움의 소멸은 어떻게 가능한가, 도제道諦

사제, 네 가지 성스러운 진리의 네 번째 단계는 '도제'이다. '그러면 어떻게 해야 무명을 없앨 수 있는가?'라는 물음에 대한 답, 즉 '이렇게 하면 없앨 수 있다.'라는 방법, 길에 대한 가르침이다.

구체적으로 여덟 종류가 있고 '팔정도'라고 한다. 내용은 대승불교의 '육바라밀'과 중복되기에 자세한 설명은 거기에서 하겠다.

팔정도와 아들러의 공동체감각

중요한 포인트를 설명해두면 여기서 말하는 '바름正'은 일반적인 의미의 바름, 단순히 '윤리, 도덕적으로 바르다.' 또는 '논리적으로 정확하다.'라는 의미가 아니다. 붓다가 설한 '정正'은 '연기의 이법(및 뒤에 서술할 무상, 무아라는 법)에 합당하다.'라는 의미여야 한다.

처음의 '정견正見'은 온갖 것을 연기, 이어진 것으로 보는 것이다. 우리는 보통 자신과 다른 사람, 세계를 따로 나누어진 것으로 보지만 바르게 보는 게 아니다.

다음의 정사유正思惟는 똑같이 온갖 것을 생각할 때 모든 것을 이어진 연기적 존재로 생각하는 것이다. 사물을 '나와는 관계없는 것이다.' 남을 '나와는 상관없는 사람이다.'라고 여기는 것은 잘못된 사고방식이다.

그러므로 사물을 말할 때도 좋은 관계를 키우고 지킬 수 있도록 말하는 것이 '정어正語'이고, 모든 이어짐을 보다 좋은 것으로 길러내는 행동이 '정업正業'이며, 특정 행동뿐만 아니라 생활 전체가 되는 것을 '정명正命'이라고 한다.

모든 것에서 좋은 관계를 키우고 지키려고 노력하는 것이 '정정진正精進'이다. 인간은 노력만 한다고 좋은 것이 아니라 노력해서 나쁜 일을 일으키는 경우도 있고, 쓸데없는 노력을 하는 경우도 있기 때문이다. 언제나 연기를 잊지 않는 알아차림의 마음을 유지하는 것이 '정념正念'이다.

여기까지는 아들러의 '공동체감각에 기초한 라이프스타일'과 굉장히 유사하다. 물론 깊이의 차원은 다르지만 '정견'은 거의 '공동체감각'에, '정사유'는 '공동체감각을 근원으로 한 공통감각'과 비슷하고, 공동체감각에 기초한 행동, 라이프스타일이 '정어', '정업', '정명', '정정진'에 해당하며, 공동체감각을 잊지 않는 것이 '정념'과 닮았다고 볼 수 있다.

그리고 불교에는 있고 아들러에는 없는 것이 '정정正定'이다. '정정'은 연기의 이법에 적합하고 연기의 이법을 깨달을 수 있는 명상이다. 명상에도 연기의 이법에 적합하지 않고, 초능력을 개발할 뿐인 명상이나 황홀상태에 빠져 자아도취, 자기만족일 뿐인 명상도 있어 '명상'이라는 이름이 붙어 있다고 아무거나 괜찮은 것이 아니다. '정정'은 평범한 사람이 매일 당연하게 하는 말을 사용한 분별을 일단 철저하게 정지해 무분별, 즉 분리되어 있지 않고 모든 것이 이어져 있는 세계의 있는 그대로의 모습, 즉 '연기緣起', '여如'를 자각하기 위한 것이어야 한다.

이런 연기의 이법에 적합한 여덟 가지 방법을 실천하는 데 시간과 노력이 필요하다. 그러할 때 무명을 없애고 깨달음을 얻을 수 있으며 과잉 애착, 집착에서 벗어날 수 있다. 그러면 늙음이나 죽음에 관한 부조리감에서 해방된다.

하지만 사고팔고四苦八苦, 인생의 가장 기본적인 사건에 대한 부조리감에서 완전히 벗어나려면 수행을 하여 깨달아야만 하기에 평범한 사람이 그만한 경지에 도달하기는 힘들다. 하지만 가능하다면 뇌생리적인 것을 제외한 심리적인 마음의 병 대부분이 치유될 것이다.

그렇다고 해도 평범한 사람 모두가 완전히 깨닫는 것은 극히 어렵다. 때문에 거기까지 갈 수 없는 사람의 현대적인 구원 또는 심리적 성장을 위한 방편으로 아들러 심리학이 효과적이라고 생각한다.

심리치료와 불교 통합의 힌트, 사제四諦

위와 같은 '사제'의 순서는 의료계의 사전 동의와 형태가 유사하다. 우선 병의 진단, 고지는 '고제'에 해당한다. 병의 원인에 대한 설명은 '집제', 병의 회복 가능성에 대한 설명은 '멸제', 치료의 절차나 방법에 해당하는 것이 '도제'이다.

이 유사성은 심리치료에 대해서도 말할 수 있다. 이 점에서도 심리학, 심리치료와 불교의 통합에 대한 커다란 힌트라고 생각한다.

붓다와 아들러의 대화

2. 위로와 도움이 되는 방식을 선택하다, 삼법인三法印

붓다는 생전 자신의 가르침을 체계적으로 정리해 기록으로 남기려는 의도를 갖지 않았다. 그때그때 상대방에게 알맞고, 상대방에게 위로와 도움 되는 방식으로 설명했다. '응병여약應病與藥', '대기설법對機說法', '방편의 가르침'이다.

때문에 어떤 사람에게 설한 것과 다른 사람에게 설한 것이 단순한 논리로 말하면 어긋나는 경우가 종종 있었다. 제자들은 붓다 생전이라면 진의가 어디에 있는지 직접 확인할 수 있었지만 사망한 이후에는 어떻게 해석할 것인지에 대해 여러 문제가 생겨 해석의 차이 등으로 인해 여러 분파가 생겨났다.

그런데 훗날, 최소한 세 가지 내지 네 가지의 특징이 '불교'일 수 있는 조건이라고 여겨지게 되었다. '삼법인三法印', '사법인四法印'. 세 가지 내지 네 가지 진리의 인印이라는 의미이다. 삼법인은 ① 제행무상諸行無常＝모든 형성된 존재는 변화한다, ② 제법무아諸法無我＝모든 존재는 실체가 아니다, ③ 열반적정涅槃寂靜＝번뇌가 진정되면 절대적인 안락함에 도달한다는 세 가지이다. 사법인은 ②와 ③의 사이에 ④ 일체개고一切皆苦를 넣는다.

분파에 따라 차이는 있지만 이 책에서는 간략하게 나의 해석을 서술하고자 한다.

모든 존재는 변화한다, 제행무상諸行無常

삼법인의 첫 번째는 '제행무상'이다. 제행의 '행行'은 '형성된 존재'라는 의미이다. 불교에서는 존재를 '유위有爲, 형성된 존재'와 '무위無爲, 형성되지 않은 존재'로 분류한다. '형성된 존재'는 변화하는 것이고, 그런 의미로 영원성은 없는 '상常'이 아닌 비상非常으로 확실히 파악한 것이다.

이것은 세계를 잘 보면 누구나 알 수 있는 것이지만 평범한 인간은 평소에 세계의 진정한 모습을 보지 않는다. 또는 보고 싶지 않아 보려고 하지 않는다고 말해도 좋을지 모른다.

자기에게 소중한 것, 자신이 애착을 가지는 것은 변하지 않길 바라고, 평소에는 변하지 않는다고 생각한다. 또는 욕심 부려 좋은 것은 더 좋게 변하길 바라기도 한다. 물론 싫은 것은 좋은 쪽으로 변하거나 사라지기를 바란다.

하지만 우리가 소중하게 여기든 아니든, 애착을 가지든 아니든, 싫어하든 아니든 모든 것은 변화한다. 다만 여기서 '모든 것'은 '형성된 것'이다. 모든 형성된 것은 어쩔 수 없이 변화한다. 그것이 있는 그대로 관찰된 세계의 모습이다.

여기서의 포인트는 자신의 욕구나 애착, 감정과 상관없이 '있는 그대로 관찰된 세계의 모습'이라는 부분이다. 붓다의 가르침에는 언제나 냉정하게 있는 그대로의 세계의 모습에 대한 통찰의 자세가 있고, 그런 의미에서 극히 이성적이고 철학적이다.

하지만 『헤이케 이야기平家物語』 첫머리의 유명한 말인 "기원정사의 종소리, 제행무상의 울림이 있다."에서 나타나듯이 '제행무상'이라는 말을 매우 슬프고 감정적인 의미로 파악하고 있다. 애초에 불교 전체가 매우 슬프고 정서적인 종교라고 받아들인다. 거기에는 각자 문화 나름의 의미

붓다와 아들러의 대화

도 있지만 붓다 가르침의 본래 의미와는 다르다고 말하지 않을 수 없다.

실체가 아닌 것에 눈뜨라, 제법무아諸法無我

삼법인의 두 번째는 '제법무아'이다. 제법의 '법法'이란 '존재, 사물'이라는 의미이다. 원어는 '다르마dharma'이지만 여러 의미가 있어 익숙하지 않으면 혼동하기 쉽다. 우선 '진리', '규범' 그리고 '존재' 등이 주된 의미이다. 여기서는 '존재'라는 의미이다. 그러므로 '모든 존재는 무아'라는 것이다.

그런데 나는 '무아無我'라는 말은 지금까지 너무나 오해를 받아왔다고 생각한다. 그런 오해를 정정하기 위해 책을 한 권 쓰고,[5] 또한 이전의 저작 『유식과 논리요법』에서도 비교적 상세히 설명했다.[6] 자세한 것은 그쪽에 양보하고 이 책에서는 간략하게 포인트만 설명하겠다.

'무아'의 원어는 '아나트만Anātman' 또는 '아낫탄Anattān', 접두사 '아=非, 無'+'아트만=我' 또는 '앗탄'이다. 문제는 '아트만=我'인데, 물론 일부 '자아'라는 의미도 있지만 '실체' 쪽이 주된 의미이다. 이 경우 '아트만=我=실체'라고 생각해도 좋을 것이다. '실체'는 영어 '섭스탄스substance'의 역어이기도 하고, 이 네 개의 단어는 거의 같은 의미이다. 이 구절 전체를 현대어로 번역하면 '모든 존재는 비실체'가 된다.

사실은 '비실체=무아'야말로 붓다 가르침의 핵심이다. 이후 대승불교까지 일관된 가장 불교적이라고 말해도 좋을 중요한 개념이다.

'비실체=아나트만'으로서 부정된 대상의 '실체=아트만'은 앞에서도 설명한 대로 ① 그 자체로 존재할 수 있다, ② 그 자체의 변하지 않는 본성, 본질이 있다, ③ 언제까지나, 영원히 존재할 수 있다고 하는 세 가지 성질을 가진 것을 말한다.

붓다는 이 세상의 모든 것은 '연기', 이어짐에 의해 존재하는 것이고, 그 자체로 존재하고 존재할 수 있는 것은 아무것도 없다고 통찰했다.

불교의 중점은 세계 일반의 이야기보다 인간에 있다. 우선 인간에 대해서 말하자면 부모 없이 스스로 태어나 공기도 물도 먹을 것도 없이 살아갈 수 있는 인간은 한 사람도 없다. 다른 것도 마찬가지이다. 그렇다면 이 세계에는 '실체'의 첫 번째 조건을 만족시키는 것은 없다고 말해도 좋을 것이다.

그리고 이 세상 모든 것은 변화하는 '무상'한 존재이며 다른 것과의 관계로 성질도 바뀌므로 변하지 않는 본성이 있다고는 말할 수 없다.

예를 들면 부모에게는 '자식', 아내에게는 '남편', 자녀에게는 '아버지', 학생에게는 '교사'라는 식으로 관계에 따라 속성이 바뀐다.

물은 물고기에게도 서식지이고 잠자리 유충에게도 서식지다. 하지만 잠자리에게는 빠지면 죽는 곳이고, 인간은 헤엄치거나 마실 수는 있어도 계속 거기에 있으면 빠져 질식사하는 장소라는 식으로 다른 것과의 관계에 따라 다른 성질이 된다. 즉, 이 세계에는 '실체'의 두 번째 조건을 만족시키는 것은 없는 것 같다.

언제까지나, 영원히 존재할 수 있는 것은 이 우주에는 없으므로 '실체'의 세 번째 조건을 만족시키는 것도 없는 것이 아닐까. 즉, '제법무아'는 '실체'의 세 가지 정의에 꼭 들어맞는 것은 이 세계에는 없다는 의미이다. 인간의 자아만이 아니라 '모든 존재가 실체가 아니다.'라는 의미이다. 그것은 다양한 것(사람, 사물)이 여러 이어짐 속에서 일정 기간 어떤 성질을

붓다와 아들러의 대화

가지고 존재하고 곧 사라지지만 그때그때 생생하게 나타나는 것을 부정하는 것은 아니다.

실제로 생생하게 나타나는 형形, 상象, 즉 '현상'으로서의 '현실'은 인정하지만 앞서 서술한 세 가지 정의, 조건을 만족시키는 '실체'가 아니라고 말하는 것이다.

붓다는 자아를 포함해 모든 것이 무아, 즉 실체가 아니라고 말했고, 현상으로서의 자아 특히 수행 주체로서의 자아는 확실히 인정한다. 그것은 붓다가 최후에 제자들에게 남겼다고 전해지는 "이 세상에서 스스로를 섬으로 삼고, 스스로를 의지하고, 남을 의지하지 말고, 법을 섬으로 삼고, 법을 귀의처로 삼고, 다른 것을 귀의처로 삼지 말라."라는 구절의 '스스로'라는 단어에서도 확실히 확인할 수 있다. 즉, 붓다는 "자아를 부정하고 무아가 되어야 한다."고 설한 것이 아니라 "애초에 자아는 본디 무아이다. 그러므로 실체가 아닌 것에 눈뜨라."고 설했다고 나는 이해하고 있다.

그렇다면 "불교는 자아를 부정하고 무아를 구하는 것이고, 자아의 확립을 목표로 하는 심리학과 대립한다."라는 주장은 붓다의 진의를 오해한 것이 된다. 이 포인트를 제대로 잡는가의 여부에 따라 불교와 심리학, 이 책의 주제인 불교와 아들러 심리학의 통합을 받아들일 수 있는가의 여부가 달려 있다. 그리고 이 포인트를 잡고, 거기에 임상적·실천적 관점을 감안하면 불교와 아들러 심리학의 통합적 이해는 가능할 뿐만 아니라 오히려 필요, 필연이 된다고 생각한다.

'모든 것이 괴로움'은 아니다, 일체개고一切皆苦

불교에서는 '고苦', '멸滅', '무無' 등 너무 어두운 인상을 주는 단어를 많이 사용하고 있다. 때문에 불교는 너무 어두운 종교라는 인상을 받는다. 오해임이 분명하지만 나 또한 상당히 긴 시간 오해했었다.

'사법인'의 '일체개고'라는 말도 그런 인상으로 이해 또는 오해받아 온 것 같다. 하지만 붓다의 '고苦'는 무조건 '모든 것이 괴로움이다.'가 아니다. 무명, 갈애, 집착이 있는 한 부조리감이 있다는 의미의 조건부이다.

'무명'으로 시작하는 열한 개의 조건이 사라지면 열두 번째의 '노사'와 관련된 고苦, 부조리감은 사라진다는 부분에 붓다 가르침의 진수가 있다. 심지어 거기에는 방법도 있다. '멸제'와 '도제'이다.

번뇌는 사라진다, 치료하면 낫는다, 열반적정涅槃寂靜

삼법인의 세 번째는 '열반적정'이다. 사성제의 '멸세'에 해당한다. 이 말도 통속적으로는 '붓다가 열반에 들었다.'는 말로 죽음을 의미하게 되고, '적寂'이라는 한자가 '쓸쓸하다.'라고 읽히므로 완전히 어둡고 쓸쓸하고 음침한 의미로 파악되기 쉬웠다.

하지만 '열반'의 원어는 '니르바나nirvāṇa'이다. '니르, 사라지다'+'바나, 불꽃, 즉 '불꽃이 사라진 상태'를 의미한다. 불꽃처럼 인간의 마음을 태우는 번뇌가 정화되어 완전히 사라져 시원하고 상쾌한 심경이다. '열반' 자체에 그런 의미가 있지만 번뇌가 진정된 상태를 확실하게 표현한 것이 '적정'이다. 번뇌의 불꽃이 꺼지면 조용한 심경이 되는 것이 당연하다.

붓다와 아들러의 대화

불교의 메시지가 '고苦'에서 시작하기 때문에 어두운 이야기라고 오해받아왔다. 하지만 의사가 '당신은 이런 병이다.'라고 선고하는 것은 '이렇게 치료하면 낫는다.'라는 결론을 전제로 하는 것과 닮아 있다.

팔정도의 실천으로 무명 번뇌의 불꽃이 타올라 괴로워하는 인간이 조용하고 시원하고 상쾌한 마음으로 살아갈 수 있게 되는 것이므로 어떻게 생각해도 밝은 알림이다. 그것을 보여주는 말을 『담마빠다』에서 인용해 보겠다.

> 깨달은 자(＝부처)와 진리의 말(＝법)과 성자의 모임(＝승)에 귀의한 사람은 바른 지혜를 가지고 네 가지 고귀한 진리를 본다. 즉, 괴로움과 괴로움의 성립과 괴로움의 극복과 괴로움의 끝을 향하는 여덟 개의 고귀한 길(팔성도)을 본다. (191)
> 이것은 안락한 귀의처이다. 이것은 최상의 귀의처이다. 이 귀의처에 의지해서 온갖 고뇌로부터 벗어난다. (192)
> 고뇌하는 사람들 사이에서도, 고뇌 없이 대단히 즐겁게 살아가자. 고뇌하는 사람들 사이에서도, 고뇌 없이 살자. (198)[7]

최후의 구절에 명백하게 드러나듯이 붓다는 '즐겁게 살자'라는 메시지를 말했고, 살아 있는 것과 살아 있는 즐거움을 부정하지 않았다. 뿐만 아니라 평범한 사람들이 고뇌에 빠졌어도 사제, 팔정도를 귀의처로 온갖 고뇌로부터 해방된 사람은 '고뇌 없이 대단히 즐겁게 살아가는' 것이 가능하다고 말한다.

원점으로서의 붓다에서도 불교는 '즐겁게 살아가기 위한 이론과 방법'

이다. 물론 마음 편하게 죽음을 받아들이게 되는 이론과 방법이기도 하지만 그것만은 아니었다. 그런 인생에 대한 긍정적인 면은 대승불교에서 더욱 확실해졌다. 그런 의미에서 인생에 대한 낙천적이고 긍정적인 자세를 토대로 하는 아들러 심리학과의 접합성, 궁합은 특히 대승불교가 좋다고 말할 수 있다.

아무튼 위와 같이 보면 불교는 매우 이성적·철학적이고, 나아가 그것에 머무르지 않고 '깨달음'이라는 영성을 목표로 하는 것이다. 불교의 핵심은 케케묵은 미신 또는 주술적·신화적 종교가 아니라 철학적·영성적 종교에 있다는 것이 명백해질 것이다. 그리고 합리적·과학적인 심리학과 불교의 주술적·신화적 측면과의 적합성은 없지만 이성적·영성적 측면과는 매우 높은 적합성이 있다는 것이 차차 명백해질 것이다. 다음에서 대승불교에 대해 더 알아보고자 한다.

3. 합리적·과학적 심리학과 이성적·영성적 불교

불교는 어떻게 발전해왔을까? 붓다 이후의 분열과 부파불교

붓다가 사망한 지 대략 백 년 정도 후에 규율이나 교의 해석 차이에 의해 불교 교단이 상좌부와 대중부라는 두 개의 부파로 나뉘었다. 불교사에서는 '근본분열'이라고 말한다.

상좌부Theravāda는 불교 교단의 장로들이 상좌에 있었던 것에서 붙여진 이름이다. 지금까지 동남아시아에 전해지는 불교는 이 흐름을 이어받았다. 대중부Mahāsāṃghika는 참가한 사람 수가 많았기 때문에 이렇게 불리게 되었다. 대략적으로 좋든 나쁘든 보수적인 상좌부와 혁신적인 대중부라고 말할 수 있다.

불교 교단이 나뉘어진 전후로, 유명한 아소카 왕이 거의 인도 전체에 달하는 넓은 지역을 통일했다. 통일을 위해서는 전쟁을 하지 않을 수 없었지만 아소카 왕은 전쟁, 즉 사람을 죽이는 문제에 매우 깊이 고뇌하고 반성해 불교에 귀의했다. 그 일이 커다란 계기가 되어 인도 전체에 불교가 퍼져나가게 되었지만, 확산되면서 교의의 해석 차이로 여러 개로 분열했다.

앞에서 설명한 대로 붓다는 체계적으로 방법을 설하지 않았고, 책도 쓰지 않았다. 그러나 인도의 엘리트들은 고대에서 현대에 이르기까지 이론화하는 것을 매우 좋아하여, 후세 사람들이 붓다가 말한 것을 기초로 자신들의 통찰도 덧붙이면서 점점 조직적인 불교 교학을 만들어갔다. 어떻게 해석하느냐에 따라 기원전 100년경까지 20개 분파로 나뉘어 '부파불교'라고 불린다.

또한 그 이론을 '아비달마Abhidharma'라고 해서 '아비달마불교'라고 불린다. '아비abhi'는 산스끄리뜨어로 '무엇 무엇에 대해서'라는 의미이다. '달마dharma'는 원래 '유지하는 것'이라는 의미로, 거기에서 진리, 법, 일체의 사물 같은 의미가 나온 것이다. 여기서는 '일체의 사물, 존재'라는 의미이다. 아무튼 불교적인 '존재의 분석'이라고 말할 수 있듯이 매우 상세하고 철학적인 학설이 형성된 것이다.

대표적인 문헌으로는 『아비달마구사론阿毘達磨俱舍論』(줄여서 『구사론』)이 있다. 유식唯識과 나란히 불교의 기초적인 학문으로 여겨졌다. 이런 학설은 물론 발전이라고도 말할 수 있지만 엄밀하고 상세한 만큼 전문가밖에 할 수 없는 것이 되었다.

붓다 시대부터 불교에는 출가, 승려의 흐름과 재가, 일반인의 흐름이 있었지만 아비달마처럼 복잡한 불교 교학은 출가, 이른바 엘리트 스님밖에 할 수 없는 것이 되었다. 그리고 평범한 일은 하지 않고, 하루 중 상당 시간을 명상과 학문에 쓰는 것도 프로 스님 외에는 할 수 없다. 재가, 스님이 아닌 사람이 신앙이나 공덕을 쌓아도 구원받지 못한다는 것은 아니지만 역시 본류는 출가이다. 출가하지 않으면 깨닫지 못한다는 경향이 있었던 것 같다.

출가한 엘리트밖에 깨닫지 못한다? 대승불교의 융성

부파불교에 대해 "출가한 엘리트밖에 깨닫지 못한다, 구원받지 못한다는 것은 틀렸다. 그것은 미혹의 이쪽 절벽에서 깨달음의 저쪽 절벽으로 건너가기 위해 극히 소수의 인간만 태우는 작은 탈것, 즉 소승小乘이다. 우리는 모두가 탈 수 있는 커다란 탈것, 즉 대승大乘인 것이다."라고 주장하는 세력이 일어났다. '대승불교'이다.

이렇게 '소승불교'와 '대승불교'라는 차이가 생겼지만, '소승불교'라고 부르는 것은 대승불교 측에서 본 다소 편파적인 비판이라고 말할 수 있다. 일찍이 '소승'이라고 불린 상좌부의 흐름이 오늘날까지 동남아시아에 이어지고 있고, 대승불교와는 다르지만 계율이나 명상법 등에 매우 뛰어난 면이 있다. 특히 위빠사나vipassanā라고 불리는 명상법은 미국에서는 이미 심리학 기법으로도 도입되어 높은 임상효과를 보이고 있다.

기원 1세기 전후로 대승을 주장하는 새로운 경전으로 다양한 '반야경전'이 생겨났다. 최초는 팔천 개의 시구로 이루어진 『팔천송반야경』, 점점 확장되어 『십만송반야경』까지 만들어졌다. 곧 지나치게 길어진 '반야경전'의 에센스를 최소한으로 정리한 것이 『반야심경』이다.

『유마경』도 만들어졌다. 『유마경』을 귀의처로 하는 종파는 없어도 선종에서 특히 중시했다. 게다가 『법화경』, 『화엄경』 그리고 『무량수경』, 『관무량수경』, 『아미타경』, 즉 '정토삼부경'이 만들어졌다. 학문적으로 '초기대승경전'이라고 불린다.

대승불교는 일반인은 따라갈 수 없게 된 부파불교의 전문적 이론에 대한 비판으로 나온 면이 있다. 처음에는 체계적으로 설명된 것은 아니었다. 그러나 대립관계가 되자 대승 측도 이론을 정비해야 했다. 여기서 대승의 주장을 철저하게 이론적, 체계적으로 정리한 것이 용수龍樹(나가르주나, 약 150-250년경)이다.

2, 3세기경이 되면 '중기대승불전(제1기)'이라고 분류되는 경전이 성립된다. 『승만경』, 『여래장경』, 『대반열반경』 등이다. 하지만 이 경전들은 특정 종파의 경전이 되지는 않았다.

그리고 이 책에서 가장 중점을 두고 이야기하는 '유식唯識'학파의 가장 오래된 경전인 『해심밀경』 등이 만들어졌다. 일본에서는 법상종의 흥복사나 약사사, 북법상종의 청수사 등이 귀의처로 삼는 경전이다. 그리고 오늘날에는 산스끄리뜨어, 한역, 티베트역으로도 남아 있지 않은 유식경전 『대승아비달마경』도 이 시대에 만들어진 것이다.

이후 5세기경 '중기대승불전(제2기)'으로 『약사여래본원경』, 『지장보살본원경』 등 특정종파에 한정되지 않고 약사신앙이나 지장신앙의 근원이 되는 경전이 만들어졌다. 그리고 7세기경, 대승불전으로는 후기에 해당하는 밀교의 경전 『대일경』, 『금강정경』 등이 만들어졌다.

4. '실체'라 말할 수 있는 것은 아무것도 없다, 공의 사상

'아무것도 없다'의 오해, '공空'이란 무엇인가

대승불교의 가장 핵심적인 가르침은 '공空'이다. 하지만 문자의 인상에서 종종 '공허한', '텅 빈', '의미 없는', '아무것도 없는'이라는 식으로 오해받아 왔다. 거기에서 파생되어 '공을 깨닫는' 것은 인생은 모두 공허하고 의미가 없다는 것을 자각하고, 모든 것을 체념하는 것이라는 오해도 생겨났다. 한마디로 체념해 아무것에도 집착하지 않는 것이 '깨달음'이라고 생각했다.

하지만 나의 생각으로 '공'은 그런 의미가 아니라 철학 용어로 말하면 '실체가 아닌, 비실체'이다. 무아無我에서도 설명했지만 불교를 제대로 이해하기 위해서는 대단히 중요하기에 반복한다.

① 다른 것의 힘을 빌리지 않고 그 자체로 존재한다.
② 변하지 않는 그 자체의 본성을 가진다.
③ 언제까지나, 영원히 존재할 수 있다.

붓다와 아들러의 대화

이 세 가지 조건을 갖춘 것을 '실체'라고 정의한다.

'공'은 철학적으로 확실히 정의된 의미에서의 '실체'라고 말할 수 있는 것은 '아무것도 없다.'는 의미이다. '아무것도 없다.'고 말해도 무조건 아무것도 없는 것이 아니라 '실체라고 말할 수 있는 조건을 갖춘 것은 아무것도 없다.'는 것이다.

불교에서는 여러 가지 감각으로 느끼거나 의식으로 인식할 수 있는 '현상'이 있는 것은 '색色' 또는 '색법色法'이라고 부르고 당연하게 인정한다. 하지만 우리가 그 자체로 존재하고, 그 자체의 본성을 가지고, 언제까지나 존재하는 실체처럼 느끼고 있는 것은 모두 잘 관찰하면 '현상'으로서 뚜렷이 나타나더라도 '실체'가 아니라는 것이다.

연에 의해 존재하므로 공이다, 연기와 공

①에 대해서 구체적인 예를 들어 설명해보자. '아무것도 없으므로' 무엇이라도 좋지만 가장 가까운 '나' 또는 '인간'을 예로 들겠다.

나, 인간은 스스로 태어났을까? 스스로 태어난 사람은 한 명도 없다. 게다가 우리는 일상적으로는 스스로 살아가려고 하지만 과연 스스로 살아가고 있는가? 살아갈 수 있을까? 물론 불가능하다. 우리는 물, 공기, 음식물, 대지와 태양, 셀 수 없이 다양한 것들 덕분에 살 수 있다. 다른 사람이나 다른 물건과의 이어짐 덕분에 태어났고, 살아갈 수 있다. 혼자서 스스로 살아가는 인간은 한 명도 없다. 그런 의미에서 나, 인간은 '실체'적인 존재가 아니다. 실체가 아닌 '현상', 바로 나타난 상象(형태)이라고 해야 할 것이다.

이런 점에 대해 "연기이므로 공이다."라는 정형구가 있다. "나, 인간은 다른 다양한 것과의 이어짐, 연에 의해 존재하고 있으므로 실체가 아니다, 즉 공이다."라고 말하는 것이 된다.

이미 몇 번 지적한 대로 연기에 대한 통찰은 아들러 심리학의 '공동체 감각'과 매우 유사하다. 심지어 '공동체감각'이 우주와의 일체감, '우주의 식'까지 깊어지면 '공'과 종이 한 장 차이다. 하지만 당연히 아래와 같은 '공'에 대한 본격적인 통찰은 아들러 심리학에서는 완전히 없다고 말해도 틀림없을 것이다.

변하지 않는 본성은 없다, 무자성과 공

②에 대해, 모든 것은 공이므로 예는 아무것이나 좋지만 잎사귀 이야기를 해보자. 봄에는 싹이 트고 곧 풋풋하고 부드러운 어린잎이 되고, 나아가 푸른 잎이 된다. 가을에는 빨간 잎, 노란 잎이 되고, 그 다음에 낙엽이 되고, 곧 썩은 낙엽이 되고, 마지막에는 부엽토가 되어 흙으로 돌아간다. '잎사귀'라고 불리는 것에 변하지 않는 '새싹'이나 '어린잎'이나 '단풍'이나 '낙엽'이나 '썩은 잎'이라는 '본성'이 있다고는 말할 수 없다. 부엽토가 되면 이미 '나뭇잎'이라는 성질조차 사라진다. 잎은 '변하지 않고 그 자신의 본성을 가진 것'이 아니다.

예를 들면 같은 풍경이라도 사람에 따라 아름답게 보이거나 그리워지거나 아무렇지도 않거나 지루해진다. 그 사람과의 관계에 의해 성질이 바뀌어 느껴지는 것이다. 그런 의미에서도 변하지 않는 '본성'은 없는 것이다. 이는 '연기이므로 무자성이다.'라고 표현된다. 변하지 않는 본성을

붓다와 아들러의 대화

가진 것은 아무것도 없다. '무자성이므로 공이다.'라고 말한다.

모든 것은 다양하게 변화하는 '현상'이다, 무상과 공

③ 모든 것의 성질은 관계뿐만 아니라 시간에 의해서도 변한다. 예를 들면 전형적인 무상의 상징, 벚꽃을 생각해보자. 겨울 추위에도 가지 끝을 보면 이미 딱딱하고 작은 봉오리가 제대로 달려 봄을 기다리고 있다. 곧 봄이 오면 '봉오리'가 3할이 피고, 반개하고, 8할이 피어 만개한 '꽃'이 된다. 그리고 봄이 깊어지면 팔랑팔랑 흩날리고 '꽃'에서 '꽃잎'으로 변한다. 지면에 떨어진 이후 처음에는 '꽃잎'이지만 점차 누렇게 갈색으로 변색되어 곧 쓰레기가 된다. 그리고 쓸어 모아서 버려지는 경우도 있지만 그 자리에 남아 있으면 부식되어 흙으로 돌아간다.

시간 속에서 '꽃'이 아니었던 것이 '꽃'이 되고, '꽃'이 아니게 되는 것처럼 변화한다. 벚꽃도 '무상이므로 무자성'이다. 단지 변화만이 아니라 '꽃'으로는 존재하지 않게 된다. 온갖 성질 속에서 가장 기본적인 '존재한다.'라는 성질이 '존재하지 않는' 것으로 바뀌므로 '실체'의 세 번째 정의에 반하고 있다. 꽃 역시 시간 속에서 변화하고 실체가 아닌 '무상이므로 공이다.'라고 할 수밖에 없다.

좋든 싫든 상관없이, 즉 우리의 사정이나 바람과 관계없이 모든 것은 변화하지 않는 '실체'가 아니고 다양하게 변화하는 '현상'인 것이다.

이런 식으로 '연기'와 '무자성'과 '무상'이라는 세 개의 개념은 서로 엮여 실체를 부정한다. 오히려 대승불교는 동일한 세계의 한 가지 모습(여如)을 이런 세 개의 확실성으로 분석해 인식하는 것이라고 할 수 있다.

'무명'과 '집착'을 부정할 때 긍정도 가능해진다, 무아와 공

그러면 여기서 '공과 무아는 같은가?'라는 의문을 가질지도 모른다. 확실히 거의 같은 것을 말하고 있지만 뉘앙스가 조금 다르다. 거기에 붓다에서 부파불교, 나아가 대승불교로의 발전이 있는 것이다.

또 하나 '무아이므로 공이다.'라는 일견 동의어 반복이라고 생각되는 정형구가 있다. 나 또한 '왜 굳이 동의어를 반복할까?' 하고 의문이 생겨 여러 문헌을 읽었지만 직감적으로 알 수 있는 설명은 없었다. 그래서 생각한 결과 다음과 같이 해석했다.

'무아, 즉 비실체'는 초기불교에서 부파불교까지 일관된 사고방식이고 용어이므로 그대로 사용하는 것만으로는 대승불교가 독자적이라는 인상을 줄 수 없다. 대승불교는 이전의 불교를 '포함하며 넘어서는' 것이라는 주장이 '공'이라는 용어를 선택한 것의 배경에 있다고 생각된다.

'공'이라는 용어는 '연기', '무자성', '무상', '무아', '고苦'라는 개념을 모두 한마디에 담고 있다.

연에 의지하지 않고 존재하는 것, 변하지 않는 본성을 가진 것, 영원히 존재하는 것, 실체라고 말할 수 있는 것은 '아무것도 없다.'는 강렬한 전체 부정의 사상이 '공=제로'라는 말을 빌려 표현된 것이다. 굳이 동의어 반복으로 들릴 수밖에 없는 '무아이므로 공이다.', 즉 '실체가 아니므로 모든 것은 공이다!'라는 방식으로 말했을 것이다.

거기에는 이전의 것을 철저하게 넘어서고자 하는 매우 래디컬한radical 부정의 정신이 드러나 있다. 래디컬에는 '근원적, 철저한'과 '열렬한, 과격한'이라는 의미가 있다. 선과 악, 공과 죄, 좋고 싫음과는 별개로 래디컬

붓다와 아들러의 대화

함이 대승불교의 매력이다. 그 래디컬함이 우리에게 득실, 행불행을 넘어 자연에서 받아들여지는 한 있는 힘껏 살고, 죽어야 할 때에는 죽는 올곧은 삶의 길, 그것이야말로 일시적인 위안이 아닌 구원이 되는 길을 보여준다.

'무명'과 '집착'을 철저하게 부정할 때 진정하게 살고 죽는 길이 보이고, 삶과 죽음을 통틀어 전체 긍정이 가능해진다는 것이 '공'이라는 용어로 대승 보살들이 우리에게 전하고자 했던 것은 아니었을까 생각한다.[8]

아들러 심리학이나 인본주의 심리학에서의 인간긍정은 대승불교의 공을 매개로 철저한 부정의 끝에서 보이는 긍정에 의해 한층 본격적, 본질적인 것이 될 것이라고 생각한다.

자기 생각대로 되는 것은 아무것도 없다, 고苦와 공

'공'에 관한 정형구로 '고이므로 공이다.', 즉 '[최종적인 의미로] 자기 생각대로 되는 것은 아무것도 없다.'라는 것이 있다.

『헤이케 이야기』의 서두에 "교만한 자 오래 가지 못하니, 그저 봄밤과 같다. 강한 자도 결국 멸망하니, 오로지 바람 앞의 티끌과 같다."라는 말이 있다. 지금의 정계나 재계의 상황을 보면 중세나 현대나 인간은 그리 현명해지지 않은 것 같다. '힘을 써서 강제로, 억지를 부리고, 숨어서 몰래 잘하면 일이 자기 생각대로 된다.'라고 생각하고, 실행하고, 이루어진 것처럼 생각하고, 남의 눈에도 그렇게 보이는 사람이 상당히 많다.

확실히 단기적으로 보면 잘하면 생각대로 되는 것처럼 보이는 경우가 많이 있다. 하지만 중장기적으로 생각하면 안타깝게도 인생은 가장 근본적인 부분에서 자기 생각대로 되지 않는다.

무엇보다 애초에 생각대로 하기 위해서는 생각하는 '자신'이 살아 있어야 한다. 하지만 자신이라는 존재 자체가 아무리 살고 싶다고 생각해도 언제까지나 살 수는 없다. 즉, 생각대로 되지 않는다.

최종적인 의미에서 자기 생각대로 되는 것은 '아무것도 없는' 것이다. 자기 생각에 얽매이는 한 세계는 부조리하다고 생각하게 된다. 이 세상은 어떻게 해도 '생각이 남고', '생각대로가 아니게' 되는 것과 같다.

변하지 않는 것을 붙잡고 계속 가질 수 있는 것은 이 세상에 존재하지 않는다. 일단 '생각을 끊을' 수밖에 없고, 생각을 끊는 게 좋다. 자기 마음대로 생각을 하고, 세계의 있는 그대로의 모습, 여如에 자기 생각을 맞추려고 하면 부조리감이 사라지고 뜻밖에 상쾌한 생각과 삶이 가능해진다는 게 불교의 기본 메시지이다.

우리가 조금 더 현명해져 인생이나 세상을 자기 생각에 맞추려고, 생각대로 하지 않고 세계의 있는 그대로의 모습에 자기 생각을 맞춘다면 자기 인생도 세상도 조금 더 좋아질 것이다.

있는 그대로 바라보라, 여如와 공

'연기', '무자성', '무상', '무아' 그리고 '고苦'라는 말에 공통된 '아무것도 없다.'는 뉘앙스를 한마디로 깊이 있게 요약하면 '공'이다. 그리고 '여', '진여', '법'이라는 말로 표현된 것처럼 세계의 있는 그대로, 진실의 모습을 표현하기 위한 말의 하나라고 생각한다.

'공'은 '여tathātā'나 '법dharma'과 같은 사실을 가리키는 말이다. 세계에는

붓다와 아들러의 대화

분리된 실체는 하나도 없고無我, 모든 것은 끝없이 이어져 있고緣起, 하나이며一如, 다이내믹하게 움직이고 있다無常. 세계의 있는 그대로의 모습如이고, 진리法인 것이다.

반야경전에서도 '제법공상諸法空相'과 '제법실상諸法實相'은 동의어로 사용되고 있듯이 '공'이란 모든 것이 허무하다는 의미가 아니라 모든 것이 이어져 다이내믹하게 움직이는 일체의 우주라는, 극히 긍정적이고 공허하다기보다는 세계에 대한 충실한 파악이다.

철저히 깊어진 '공동체감각', 자비와 공

모든 것이 일체, 일여라고는 해도 저 현상과 이 현상이라는 구별은 뚜렷하다. 그중에서도 이 생물과 저 생물, 다양한 생물은 각각 구별할 수 있지만 근본적으로는 하나이고, 서로 관계를 가지면서 살아간다.

그런 모든 것의 근본적인 일체성을 자각하고 있는 것이 부처이고, 깊이는 다양하다고 해도 그것을 깊이 자각하려고 수행하는 것이 보살이다. 대승의 보살은 모든 것이 공이라는 것을 많든 적든 깨달았고, 그것은 모든 것과의 연기성, 일체성을 깨달았다고 하는 것이기도 하다. 일체성을 깨달으면서 각각의 구별도 인식하는 보살의 마음은 필연적으로 자연스럽게 자신과는 구별된 살아 있는 모든 것에 대한 '자비'가 된다.

다른 것은 구별할 수 있다는 의미에서는 자신이 아니지만 공이라는 세계 속에서는 자신과 일체이다. 깊은 의미로는 자신이라고도 할 수 있다. 그러므로 남의 괴로움은 나의 괴로움이 되고, 나는 나의 괴로움을 내버려둘 수 없는 것이다.

하지만 괴로워하고 있는 타자도, 구제하려는 자신도 본래는 공, 비실체이므로 평범한 인간의 과도한 욕망(갈애)이나 집착(취取)으로부터는 완전히 해방되어 있다. 이런 연유로 보살은 자발적이고 완전히 자유롭게 집착이나 얽매임에서 벗어나 상쾌하게 자신과 일체인 타자를 위한 일을 한다.

대승불교의 '공'과 '자비'의 관계를 굳이 이론적으로 말하면 다음과 같이 될 것이다. 『유마경』에 보살의 자비를 훌륭하게 표현한 부분이 있다. 세존에게 명을 받은 지혜의 상징인 문수보살Mañjuśrī이 유마거사Vimalakīrti를 문병하는 이야기에서 '병의 원인은 무엇인가.'라는 문수의 물음에 유마는 이렇게 대답했다.

> 온갖 중생에게 병이 있는 한, 그만큼 저의 병도 계속됩니다. 모든 사람이 병에서 벗어난다면 그때 저의 병도 가라앉을 것입니다. … 온갖 중생에게서 병이 사라진다면, 그때에는 보살에게서도 병이 사라질 것입니다. 예를 들면 부자의 외아들이 병에 걸렸을 때, 그 병의 탓으로 양친도 병에 걸리는 것과 같은 것입니다. 그 외아들이 병이 낫지 않는 한 양친도 계속 고민할 것입니다. 만주슈리여, 그와 같이 보살은 온갖 중생을 외아들과 같이 사랑하므로 중생이 모두 병들어 있는 한 그도 병들고, 중생의 병이 사라질 때 그도 병이 없습니다. 만주슈리여, 이 병은 무엇에서 생겼는지 물으셨는데, 보살의 병은 대자비로부터 생기는 것입니다.[9]

모든 살아 있는 것, 중생의 병을 자신의 병으로 여겨 함께 괴로워하고,

붓다와 아들러의 대화

괴로움을 계속해서 구제하는 것이 보살의 대자비이다. 다만 사상, 관념으로만 배우면 '공'은 매우 쿨하고 철학적인 인식처럼 느껴지지만 대승의 공은 이렇게 정열적인 '자비'와 하나인 마음이다. 거기에서 필연적으로 자비가 생겨나지 않는 '공'의 깨달음은 대승의 깨달음이라고 할 수 없다. 내가 공, 지혜와 자비라는 대승 사상 그리고 그보다 삶의 방식에 감동한 것은 이런 부분이다.

공과 자비는 어떤 의미로는 철저히 깊어진 '공동체감각', '우주의식'이라고 해석해도 무방하다고 나는 이해한다. 이렇게 해석하면 아들러 심리학의 이론과 기법은 현대의 보살이 자비행, 보시행을 행하는 데 극히 유효한 방편으로 자리 잡을 수 있을 것이다. 또한 아들러 심리학의 심리치료사가 대승불교의 실천을 행하여 자비의 경지에 가까워질수록 내담자와의 일체감이 깊어져 보다 깊이 공동체감각이 길러지고自他不二, 그 결과 놀랄 만한 마음의 치유가 다양하게 일어날 가능성이 높지 않을까. 아마도 틀림없이 대승불교의 다양한 실천 속에서 이런 치유는 일어나고 있다. 예를 들면 내 주변에 좌선의 철저한 실천으로 우울증과 신경증을 완치한 사례가 있다. 그에 대한 체계적이고 임상심리학적인 조사와 확인이 이루어지지 않았을 뿐이다.

미 주

1 羽矢辰夫(1995), 『ゴータマ・ブッダ』, 春秋社; 羽矢辰夫(2003), 『ゴータマ・ブッダの仏 教』, 春秋社.

2 玉城康四郎(1982), 『仏教の根底にあるもの』, 講談社; 玉城康四郎(1985), 『仏教の思想』, 法蔵館.

3 『우다나』 「깨달음의 품」.

4 中村元(1992), 『ゴータマ・ブッダ I 原始仏教 I』, 決定版 中村元選集 第11巻, 春秋社, p.401.

5 岡野守也(2000), 『自我と無我 ＜個と集団＞の成熟した関係』, PHP研究所.

6 岡野守也(2004), 『唯識と論理療法－仏教と心理療法・その統合と実践』, 佼成出版社, pp.146-155.

7 中村元(翻訳)(1978), 『ブッダの真理のことば・感興のことば』, 岩波文庫.

8 대승불교의 '전체 부정에서 전체 긍정으로'라는 순서에 대해서는 다음을 참조할 수 있다. 岡野守也(2004), 『道元のコスモロジー－『正法眼蔵』の核心』, 大法輪閣; 岡野 守也(2005), 『空海の『十住心論』を読む』, 大法輪閣.

9 『유마힐소설경』 「문수사리문질품(文殊師利問疾品)」.

제4장 심층심리학으로서 유식심리학

1. 마음의 모습에 따라 다르게 보인다, 유식심리학

미혹에서 깨달음으로 마음의 변용을 이론화하다

'유식唯識'은 『해심밀경』이나 『대승아비달마경』 등을 정리해 더욱 체계화한 대승불교 이론이다. '식識＝심心'에 대한 상세한 통찰이 있다. 심지어 무의식의 영역, 심층심리에 대한 뛰어난 해명이 이루어졌으므로 나는 '대승불교의 심층심리학'이라고 평가한다. 전문적 학문으로서 유식은 방대한 문헌이 있고 난해하지만 그중 마음의 치유와 성장에 힌트가 되는 포인트는 어렵지 않다.

이 책에서는 가능한 평이하게 임상심리학적으로 적용한 형태의 유식을 '유식심리학'이라고 부르기로 하고, 이하 그 포인트를 소개하면서 서양의 3대 심층심리학의 하나인 아들러 심리학과의 통합에 대해 서술하고자 한다. 우선 필요한 최소한의 역사적 지식을 설명해두겠다.

유식 이론을 체계화한 것은 마이트레야(미륵彌勒, 350~430), 아상가(무착無著, 395~430), 바수반두(세친世親, 400~480) 세 사람의 불교철학자(논사)이다. 마이트레야彌勒는 전통적으로 미륵보살과 동일시되었지만, 현대에는 동명의 논사가 있었다고도 여겨진다.

역사적 실재가 확실한 것은 아상가無著부터이다. 대표적인 저작으로는 『섭대승론攝大乘論』이 있다.[1] 바수반두世親는 아상가의 친동생으로 인도 유식의 대성자라고 불린다. 다수의 저서가 있지만 가장 대표적인 것이 『유식삼십송』이다.[2]

이후 당대唐代의 유명한 경전 번역가인 현장玄奘(602~664) 삼장과 그 제자 규기窺基(633~682)가 인도에서 나온 『유식삼십송』에 대한 열 종류의 주석서를 편집해 한 권으로 정리한 『성유식론』이 중국의 유식학파인 '법상종'의 기본적인 성전이 되었다.[3]

'유식'의 원어는 '위즈냐티vijñapti(인식하는 마음)', '마트라mātra(단지 ~ 뿐)'이다. '단지 마음뿐'이라는 의미이며 학파의 모토이다. 학파는 '위즈냐나와다vijñānavāda'라고 하고 명상, 선정(요가)을 깊이 탐구했으므로 '유가행파, 요가짜라와다Yogācāravāda'라고도 불린다.

여기에서 알 수 있듯이 '유식학'이란 선정이라는 임상체험을 바탕으로 미혹에서 깨달음으로 마음이 변용하는 체험을 극히 명쾌하게 이론화한 것이다.

붓다와 아들러의 대화

'단지 마음의 모습에 따라서', '모든 존재는 마음이 만들어내는 것' 유식의 두 가지 측면

내용에 들어가기 전에 한마디 언급해두고자 한다. 이 책에서는 전통적인 유식의 두 가지 측면 중 하나에 대해서만 다룬다는 것이다.

'유식'에는 '모든 것이 어떻게 보이는지는 단지 마음의 모습에 따라서'와 '모든 존재는 단지 마음이 만들어낸 것'이라는 두 가지 의미가 포함되어 있다.

첫 번째는 현대적으로 말하면 심리학적인 측면, 철학적으로는 인식론적인 측면이다. 이 측면은 현대 우리에게도 매우 설득력이 있고, 어떤 마음으로 살아가면 좋은가에 대한 훌륭한 지침과 힌트가 된다.

또 하나는 '모든 존재는 마음이 만들어낸 것이다.'라는 유심론적 존재론의 측면이다. 철학적으로는 흥미롭지만 현대인의 상식과는 상당히 동떨어져 이해하기가 어렵다. 여기에서 의문을 느끼면 훌륭한 지침이라는 면을 활용하지 못하기 때문에 나는 임상적·실용적인 유효성이라는 관점에서 이 측면을 다루지 않으려고 한다.

'모든 존재는 단지 마음이 만들어낸 것'은 납득하지 못해도 '사물이 어떻게 보이는지는 단지 마음의 모습에 따라서'라고 생각해보면 곧 알게 된다. 그리고 고민하고 괴로워하고 헤매고 있는 인간이 '단지 마음의 모습에 따라서' 상쾌하고 즐겁고 올곧게 살아가도록 바뀌는 것을 극히 체계적·설득적으로 가르쳐주는 부분이 유식의 현대적 포인트라고 생각한다.

심리학적 체계로 구분한 유식의 주요 학설

유식은 매우 체계적인 이론이다. 처음에 전체 체계를 대략적으로 봐두는 편이 이해하기 쉬울 것이다. 전체를 크게 나누면 '이론편', '실천편', '목적론, 결론' 세 부분으로 되어 있다.

'이론편'에는 마음의 움직임을 세 가지 패턴으로 파악한 '심리기능론'이라는 '삼성설三性說', 다음으로 미혹의 마음을 여덟 가지 영역으로 나누고, 깨달음의 마음을 네 가지 영역으로 나눠 명백하게 한 '심리구조론'이라고 할 수 있는 '팔식사지설八識四智說'이라는 학설이 있다. 이어서 마음이 미혹에서 깨달음으로 발달, 변용해가는 다섯 가지 단계를 설명한 '심리발달론'이라는 '오위설五位說'이 있다.

'실천편'에는 미혹에서 깨달음으로 마음을 발달, 변용하기 위한 방법을 설명한 '심리임상론'이라는 '육바라밀설六波羅蜜說'이 있다.

마지막으로 '목적론, 결론'으로 '이론편'과 '실천편'이 결국 무엇을 가리키는지를 설명한 '무주처열반설無住處涅槃說'이 있다. 이하 순서대로 각각 설명하겠다.

2. 미혹과 깨달음의 차이는 무엇인가, 미혹과 깨달음의 분석

구별은 있지만 분리는 하지 않는다, 삼성설

대부분의 사람은 매일 자신이 누구인지, 무엇을 해야 하는지, 사회는 무엇인지 등등 제대로 알고 있다고 생각하며 살아간다. 하지만 '알고 있

붓다와 아들러의 대화

다.'가 깊은 의미로는 '무명'이라고 붓다는 가르쳤다.

애초에 '알다'는 '나누다'라는 것으로 사물을 나누어 다른 것과 다르다고 '구별하는' 것이다. 예를 들면 맞은편에서 걸어오는 사람을 보고 누구인지 안다는 것은 그 사람이 남자가 아닌 여자라거나, 소녀가 아닌 성인 여성이라거나, 모르는 사람이 아닌 친구라는 식으로 구분해 차이를 아는 것이다. 그렇게 우리가 평소에 사물을 별개의 것으로 나누어 '안다'고 하는 마음의 움직임을 '분별'이라고 한다.

하지만 '연기'의 해설에서도 설명했지만 사실 모든 것은 이어져 일어나는 것이지 나뉘어 별개로 존재하는 것이 아니다. 예를 들면 여성은 여성으로서만 분리, 독립해 존재하는 것이 아니라 남성과는 같은 인간이라는 관계가 있고, 남성과 구별할 수 있는 다른 성으로 존재하고 있는 것이다. 구별은 있지만 분리는 하지 않는다. 잘 생각하면 모든 것은 이어짐, 관계에 의해 존재한다. 즉, 연기적으로 존재하는 것이다. 그런 의미에서 '분별'은 깊은 견해로 보면 '무명'인 것이다.

유식에서는 '분별'을 사물을 보는 견해의 하나의 패턴으로서 '분별성分別性' 또는 '변계소집성遍計所執性'이라고 부른다. 그와 달리 이어짐, 관계, 연기를 보는 견해를 '의타성依他性' 또는 '의타기성依他起性'이라 한다. 나아가 모든 것이 이어짐－연계－끝없이 이어져 있어 결국은 하나라고 말할 수밖에 없는 사실을 보는 견해를 '진실성眞實性' 또는 '원성실성圓成實性'이라 한다.

앞 세트는 진제삼장眞諦三藏의 역어, 뒤 세트는 현장삼장玄奘三藏의 역어이다. 앞의 세트 쪽이 알기 쉬우므로 이후 이 책에서는 앞의 세트 쪽을 사용하겠다.

위와 같이 분별성, 의타성, 진실성이라는 사물을 보는 견해의 기본적인 세 가지 패턴을 골라내 미혹의 견해와 깨달음의 견해의 차이를 밝힌 유식 특유의 이론을 '삼성설三性說'이라고 한다. 조금 더 상세히 알아보자.

말을 사용하는 인간의 본성, 분별성

인간은 하루에 깨어 있는 시간 대부분을 말을 사용하며 생활한다. 실제로 말하고 듣지 않을 때에도 마음속에 말이 맴돌고 있다. 어느 정도 '이미지 사고'도 있지만 생각은 주로 말을 사용해 이루어지기 때문이다. 그런 의미에서 인간은 말로 절여진 상태에 있다 해도 과언이 아니다. 때문에 말을 사용해 인식한 세계의 모습 그대로가 세계의 진정한 모습이라고 착각하더라도 웬만해서는 착각이라고 알아차리지 못한다.

전 세계 언어의 대부분이 주어＋술어 특히 명사, 대명사와 동사라는 구조로 사물을 파악한다. 진화의 어느 단계부터 말을 사용한 인간은 하나로 이어진 우주의 특정 부분에 특정 '이름'을 붙여 인식하게 되었다. 일체라고는 해도 전체로서의 우주는 특정 부분과 다른 부분을 당연히 구별할 수 있을 것 같은 모습이다. 그런데 명사라는 것이 각각 분리, 독립되어 있기 때문에 이름을 붙여 인식하면 구별할 수 있는 특정 부분이 다른 부분으로부터 분리, 독립해 존재하고 있는 것처럼 생각하게 된다.

예를 들면 '나'는 스스로 살아갈 수 있는 것이 아니라 내가 아닌 다양한 것에 의해 살아갈 수 있다. 물, 공기, 음식, 태양에너지 등은 상식적으로는 '내'가 아니라고 생각되지만 실은 나를 나로서 살아가게 해주는 것

붓다와 아들러의 대화

이고, 내 속에 집어넣으면 나 자체의 구성요소 일부가 된다. '나는 내가 아닌 것에 의해 나일 수 있다.'는 것은 상식적으로 보면 이상해도 사실이다. 그런데 '나'라는 대명사를 사용해 자신을 인식하면 마치 '나는 스스로 살고 있다.'고 말하는 기분이 들기 십상이다.

다른 것(사람, 사물)에 의지하지 않고 자체로 분리, 독립된 것이 있다고 생각하는 견해를 유식에서는 '분별성', 이 '분별성'이야말로 '무명'의 정체이다. 그리고 분별성, 즉 무명은 말을 사용하는 인간의 본성과 관계되어 있으므로 인간은 무명에서 해방되는 것이 극히 어려운 것이다.

'나'도 '내가 아닌 것'도 아닌 것은 존재하지 않는다

보충적으로 조금 귀찮은 것을 이야기해두자면 고전적인 논리학에서는 사고, 말의 법칙으로 세 가지 원리를 든다. ① 우선 'A는 A이다.'라는 '자동률' 또는 '동일률'이라고 불리는 것이다. 이것을 나에 대입하면 '나는 나이다.'가 된다. ② 다음은 'A는 非A가 아니다.'라는 '모순율'이다. 이것을 나에 대입하면 '나는 네(등 나 이외의 인간)가 아니다.'가 된다. ③ 그리고 'A도 非A도 아닌 것은 존재하지 않는다.'라는 '배중률排中律'이다. 이것을 나에 대입하면 '나도 내가 아닌 것도 아닌 것은 존재하지 않는다.'가 된다.

이러한 말의 법칙으로 나와 내가 아닌 사람을 인식하면, 잘못하면 곧 '나는 나이고, 네가 아니다. 나의 이익은 나의 이익이고, 너의 이익이 아니다. 나의 이익도 너의 이익도 아닌 것은 존재하지 않는다. 이익은 나의 것이나 너의 것 중 어느 것이지, 하나가 되지 않는다.'는 생각에 빠지기 쉽다.

말의 논리와 질서를 바탕으로 한 인간의 인식은 기본적으로 분별지分別智이고, 자칫하면 분열이나 대립에 빠지기 쉬운 경향이 강하다. 이런 걸 보면 진지하게 말을 사용하는 동물, 인간이라는 존재의 성가심을 느끼지 않을 수 없다.[4]

분별성으로 관계의 세계를 볼 수는 없다, 분별성과 의타성

분별적인 견해에 푹 잠긴 평범한 인간도 연기의 세계를 전혀 보지 못한 것은 아니다. 어느 정도 '나는 나이다.'라고 생각하더라도 다른 것(사람, 사물)과 관계없이 살아간다고 생각하는 사람은 마음의 병에 걸린 사람을 제외하면 없다.

하지만 다른 것과의 관계를 생각할 때, 우리는 자신과의 관계로 생각하는 경우가 대부분이다. '나에게 좋은 사람'이나 '내가 싫어하는 사람'이나 '나와는 관계없는 사람', '내가 좋아하는 것'이나 '내가 싫어하는 것'이나 '내가 관심 없는 것'이라는 형태이다. 다른 것과 분리되어 존재하고 있다고 착각한 '나'를 중심으로 하여 거기에서 다른 사람이나 사물을 보는 것이다. 유식의 언어로 정리하면 '분별성에서 의타성'이라는 것이 된다.

아까 "분별성이야말로 무명의 정체인 것이다."라고 말했는데, 정확하게 말하면 "분별성의 견해만으로 의타성의 세계를 볼 수밖에 없다는 것이 무명의 정체이다."라고 말할 수 있다. 쉽게 말하면 뿔뿔이 흩어진 견해로 이어짐·관계의 세계를 보는 것이 모든 잘못의 시작이라는 것이다.

붓다와 아들러의 대화

개체를 보기 전에 이어짐의 세계를 보다, '의타성'

평범한 사람은 어른이 되면 '나는 나다.'라고 생각하게 된다. 그리고 '나는 스스로 살아간다.', '나의 인생은 나의 것이다.', 더 나아가서 '나는 누구에게도 신세지지 않는다.'라거나 '어떻게 하든 내 마음대로잖아.' 하는 생각을 가지기도 한다. 이런 사고방식은 상당히 흔해 이상하다고 생각되지 않는 경우가 많지만 매우 이상한 사고방식이다.

애초에 나는 내가 아닌 사람들, 즉 부모가 낳아주지 않았으면 내가 될 수 없었다. 나는 내가 아닌 사람에 의해 내가 된 것이다. 그러므로 '나는 나다.'라고밖에 생각하지 못하는 것은 생의 출발점, 원점을 잊은 이상한 사고방식이라고 말할 수밖에 없다. 갓난아기 때는 전적으로 타인에게 신세지며 살기 때문에 '누구의 신세도 지지 않는다.'라고 말할 수 있는 사람은 세상에 단 한 사람도 없을 것이다.

그리고 인간은 초기부터 여러 가지로 역할 분담과 분업해 복잡한 고도의 사회생활을 영위해왔다. 모든 것을 스스로 할 수 있는 사람은 없다. 그런 의미에서 많은 사람의 신세를 지고 있는 것이다.

인간뿐만 아니라 음식이 된 식물과 동물, 그것들을 키운 대지, 키우기 위해 불가결한 물과 공기, 생명에너지를 공급하는 태양, 태양을 포함한 은하, 무수한 은하를 포함한 전 우주 덕분으로 내가 나일 수 있다.

그러면 나와 부모 어느 쪽이 먼저일까? 너무나도 당연히 나보다 부모가 먼저 있었다. 부모와 그의 부모 어느 쪽이 먼저일까? 물론 부모의 부모이다. 나보다 먼저 부모나 그의 부모와 조상님이 있었다. 나와 내가 먹는 식물과 동물 중 어느 쪽이 먼저 존재했을까? 식물이나 동물이다.

아무튼 무수한 이어짐 덕분에 내가 태어날 수 있었고, 나는 내가 될 수 있었던 것이다. 즉, 내가 태어나기 전에 내가 태어날 조건이 된 다양한 것의 이어짐이 먼저 있었다. 개개의 것, 즉 사람, 사물이 존재하기 전에 이어짐이 존재한다. 평소 우리가 생각하거나 논의하지 않는 것, 즉 불가사의한 것이지만, 알아차리고 보면 확실한 사실이다.

의타성의 세계가 앞선 사실인 이상 그쪽을 먼저 보는 견해가 바르다고 말하지 않을 수 없다. 뿔뿔이 흩어진 것을 보기 전에 이어짐을 보는 게 바른 견해라고 말하는 것이 불교의 기본 주장의 하나라고 생각한다. 붓다의 용어로 말하면 '연기'라는 것은 전 우주를 관통하는 법칙, 진리이다. 유식은 연기, 이어짐을 추구하는 견해를 '의타성'이라고 부른다.

의타성과 공동체감각, 유식심리학의 필요성

여기부터는 전통적인 유식학에서 확실히 말하고 있지는 않지만, '분별성으로 의타성'을 보는 것은 모두 무명이라고 해도 분별성과 의타성의 어느 쪽에 중점을 두고 있는가에 따라 깨달음의 세계에 멀고 가까움은 확실히 있다고 나는 생각한다.

가령 깨닫지 못해도 항상 자신을 중심으로만 타인과 사물과의 관계를 생각하는 사람보다 다른 사람이나 사물과의 관계, 이어짐을 생각할 수 있는 사람이 좋은 사람이다. 아들러 심리학에서 말하는 '공동체감각이 풍부한 라이프스타일'이 몸에 밴 사람은 불교적 의미에서의 궁극의 깨달음, 유식심리학에서 말하는 '구경위究竟位'에는 도달하지 못했다고 해도 모든 것의 관계성, 연기 이법의 자각이라는 의미에서 깨달음에 어느 정도

다가갔다고 평가할 수 있다.

또한 종교적 천재가 아닌 평범한 인간은 완전히 분별지의 상태에서 돌연 깨달음으로 비약하는 너무나 어려운 경우보다는 우선 가능한 만큼 이어짐을 자각하는, 공동체감각이 풍부한 퍼스널리티를 확립 또는 재확립하는 수순을 밟는 쪽이 용이하다. 또한 마음의 발달단계로서 타당하다고 나는 생각한다.

하지만 전술한 대로 인간은 말을 사용해 살아가는 동물이기 때문에 상당한 공동체감각 또는 의타성에 대한 알아차림을 바탕으로 한 라이프 스타일을 형성했다고 해도 자아를 실체시하는 무명과 거기에서 생겨나는 다양한 번뇌에서 완전히 벗어날 수는 없다. 인간의 고민은 깨달음, 유식으로 말하면 다음에 서술할 '진실성'에 도달해야 근본적으로 해결되는 것이다.

거기에 아들러 심리학을 충분히 포함하고, 나아가 그것을 넘어선 형태의 불교심리학, 즉 유식심리학이 필요하게 된 이유가 있다. 그리고 유식에는 무명에 갇힌 평범한 인간, 즉 범부에서 궁극의 깨달음에 이르는 발달단계론五位說이 있어 단계적 발달의 길을 걷는 데 힌트가 된다.

존재 자체가 부처다, 철저하게 인간을 긍정하다

우리는 이어짐의 세계에서 살아가고 있다. 때문에 누구와도 이어짐이나 관계없이 혼자뿐인 사람은 없다. 내가 아니지만 나의 의지처가 되어준 무수한 것, 즉 사람, 사물이 존재한다. 뿐만 아니라 내가 아닌 것과 나는 다양한 의미에서 이어져 있고, 결국은 일체이다. 나의 존재 이전에 모든 것이 이어져 일체인 전 우주가 있었다. 모든 것은 일체라는 것이 진실의 세계 모습이다. '진실성'이라고 한다. 하나의 세계, 하나의 세계를 보는 견해이다.

유식에 앞선 중관 사상에서는 진실의 세계를 '공'이라고 표현했다. 앞서 서술한 대로 거기에는 깊은 의미가 포함되어 있지만 '공'이라는 말의 인상 때문에 듣는 사람에게 오해를 불러일으키기 쉬웠다. 거기서 유식학파 사람들은 공을 보는 견해를 '진실성', 현장의 번역으로는 '원성실성'이라고 고쳐 표현했던 것이다.

일체의 분리 없는 일체─體의 세계를 보는 것, 하나를 보는 견해가 '깨달음'이다. 상세하게 말하면 일체─體로 있고 이어지면서 각각의 모습을 드러내고 있는 세계를 마음속 깊이 자각하는 게 '깨달음'이라 말하면 틀림없다.

불교에서는 평범한 인간, 즉 범부의 마음 상태를 무명─분별지─분별성에 갇힌 것으로 철저하게 부정한다. 하지만 인간 그 자체를 부정하는 것은 아니다. 오히려 인간에게는 본래 깨달음의 잠재 가능성이 있다고 생각한다. 가령 무명과 번뇌에 갇혀 있어도 존재 자체가 공인 부처, 우주와 일체이므로 그대로 깨달았다고도 말한다. 이른바 '불성'이라는 말에는 이중적인 의미가 포함되어 있다. 그런 의미에서 범부의 무명성을 철저하게 부정하면서 인간 자체를 철저하게 긍정하는 것이 불교의 근본적인 인간관이다.

붓다와 아들러의 대화

미혹과 깨달음은 어떻게 보느냐의 차이

일견 난해하게 보이는 유식도 포인트는 단순하다. 삼성설로 말하면 뿔뿔이 흩어진 것으로 이어짐을 보는 것은 틀렸고, 하나로 이어짐을 보는 것이 바르다는 것이다. 분별성으로 의타성의 세계를 보는 것은 무명·미혹이고, 진실성으로 의타성의 세계를 보면 깨달음이다. 같은 이어짐의 세계를 어느 쪽에서 보는가에 따라 결과는 완전히 달라진다.

보는 방향에 따라 보이는 것이 완전히 다르다. 생각해보면 당연하다. 같은 그림이라도 앞과 뒤에서 보이는 것이 완전히 다르다. 앞에서 보면 아름다운 명화이지만 뒤에서 보면 시시한 액자 뒷면이다. 궁극적으로는 하나의 사물이 이어져 각각의 모습을 드러내고 있다 생각하고 세계를 보면 '이 얼마나 훌륭한 세계인가.'라고 느끼지만 뿔뿔이 흩어진 면을 보면 '이 얼마나 추한 세계인가.'라고 넌더리를 내거나 절망적인 기분이 든다.

이론의 포인트는 단순하므로 머리로 아는 것뿐이라면 그리 어렵지는 않지만 스스로의 마음 깊은 곳에서 실감하고 실천하는 것은 매우 어렵다. 나는 '머리로 아는 것, 마음으로 느끼는 것, 내장에 집어넣는 것은 꽤, 상당히, 매우, 전혀 다른 것이다.'라고 표현한다.

자신과 우주의 일체성을 머리로는 알아도 실감하지 못하는 것은, 마음으로 또는 심신 전체로 실감하는 것은 어떤 것인지를 명백하게 한 것이 다음의 팔식사지설八識四智說이다.

3. 잠재의식으로부터 번뇌는 어떻게 만들어지는가

자신에 집착하는 마음, 마나식

'사람을 가려서는 안 된다.', '사람을 차별하면 안 된다.'는 것은 대부분 배워서 알지만 잘 실행하지 못한다. 안 된다고 생각하면서도 만난 순간 그 사람을 '좋다', '싫다'라고 느껴버린다. 즉, 사람을 가리는 것이다. 옷차림, 외모, 직함, 지위 등으로 상대방에 대한 태도를 바꾸는 건 좋지 않다고 생각하면서도 무심코 차별하게 되는 것이다.

이런 식으로 왠지, 무심코, 아무래도, 엉겁결에, 무의식중에, 이유 없이, 이유도 모르고 … '하면 안 되는데, 해버린다.'거나 '해야만 하는데, 할 수 없다.'는 경험은 누구나 있을 것이다. 이것은 인간의 마음에 바람직하지 않다거나 해서는 안 된다고 이유를 아는 부분과 생각 없이 해버리는 부분이 있다는 것을 보여준다.

프로이트 이후의 심층심리학에서는 스스로 알고 있는 마음의 부분을 '의식'이라고 부르고, 자신도 알지 못하는 마음의 부분을 '무의식'이라고 부른다. '알다', '생각하다'라는 말이 보여주듯이 의식은 이성, 사고, 의사意思에 관련된 부분이다. 그와 달리 무슨 일이 있어도 하고 싶거나 왠지 할 수 없거나, 이유도 없이 그런 기분이 되거나, 무심코 느껴버리듯이 무의식은 욕망, 기분, 감정에 관련된 부분이다.

우리는 숙면 중일 때, 기절했을 때, 만취했을 때를 빼면 스스로 자기를 알고 있는 마음상태에 있다. '의식'이다. 의식은 오감을 통해 들어오는 외부의 자극을 인식한다. 눈으로 보고, 귀로 듣고, 코로 냄새 맡고, 혀로

붓다와 아들러의 대화

맛보고, 몸으로 다양한 신체감각을 느낀다. 의식이 흐릿해지면 눈으로 보고, 귀로 듣고, 보고 들은 것이 무엇인지 모르는 경우가 있다. 의식은 오감을 통해 들어오는 감각을 취합해 그것이 '무엇'인지를 확실히 판단하는 역할을 한다.

즉, '알다'는 '나누다', 분별지이다. 의식은 자신이 누구, 무엇인지 알고, 외부의 것이 누구, 무엇인지를 안다고 하는 움직임이다. 의식은 항상 분별한다고 말해도 좋을 것이다.

불교에서는 오감과 의식을 '육식六識', 초기불교에서 대승불교도 공의 사상까지는 인간의 마음을 '안이비설신의眼耳鼻舌身意'라는 '육식'으로 파악했다.

하지만 수행 중에 '무아'나 '공'을 아무리 의식으로 '아는 것'이 가능해도 정말로 '깨달은' 것과는 다르다는 체험을 한 수행자에게 육식으로 파악할 수 없는 인간 마음의 가장 깊고 어두운 부분을 상정할 수밖에 없다는 자각이 생겨났다.

유식학파의 수행자들은 수행 과정에서 '모든 것은 하나이고 이어져 있는 것이 세계의 진정한 모습이다.', '다른 것과 분리된 실체로서의 자신이 있다고 생각하는 것은 무명이다.'라고 스승에게 가르침을 받고, 배워 알고, 납득해도 어째서인지 무엇을 해도 실감은 솟아나지 않는다. 또한 매일같이 그런 것에 기초해 실행할 수는 없고, 분별지는 무명이라는 것을 알아도 분별지를 그만둘 수 없다는 심각한 체험에 의해 분별지를 움직이는 힘이 의식과는 다른 마음 깊은 곳에 있는 것이라고 알아차린 것이다.

모든 것은 공이므로 집착해도 지나치지 않고 집착할 필요도 없다. 그러나 그렇게 배워도 자기 마음속에서 자신이나 자신의 중요한 것에 집착하는 마음이 무엇을 해도 솟아나온다. 집착하는 자신도, 집착당하는 것(사람, 사물)도 전부 원래 공이라고 해도 실감은 솟아나지 않는다.

마음속에 있고, 자신과 자신이 아닌 것을 나누고, 자신과 자신에게 좋은 것에 얽매이는 생각을 불러일으키는 영역을 유식은 '마나식'이라고 부른다. 산스끄리뜨어의 '마나'는 '여러모로 생각하다.'라는 의미다. '마나식'은 특히 실체로서의 자신이 있다고 생각해 그것에 집착하는 마음이다. 의식으로 간단히 제어할 수 없는 번뇌를 일으키는 마음의 깊은 영역에 대해 유식은 놀랄 만한 통찰을 더하고 있다. 내가 아는 한 세계 종교와 사상 중에 이토록 정확하게 인간의 에고이즘의 깊은 원천을 탐구한 것은 찾지 못할 것 같다.

에고이즘의 원천을 탐구하다, 네 가지 근본번뇌

더욱 놀랄 만한 것은 그 움직임을 상세하고 정확하게 분석하고 있는 것이다. 그것은 모든 현상적인 번뇌의 근본으로 '근본번뇌'라고 이름 지었다. 근본번뇌의 움직임은 4가지로 분류된다.

1) 무아에 무지하다, 아치我癡

평범한 사람은 무엇보다 모든 것이 비실체, 즉 무아에 완전히 무지하다. 그것을 [무]아에 대한 어리석음이라는 의미로 '아치我癡'라고 한다. '아치' 개념은 그때까지의 불교용어로 말하면 '무명'에 해당하지만 자기통찰이 한층 깊어져 있다. 즉, 인간의 무명이나 번뇌가 의미의 세계에서 처리되는 간단한 것이 아니라 무의식의 세계에 깊이 뿌리내린 성가신 것이라는 점을 확실하게 통찰하고 있는 것이다.

이것은 수행자들이 의식으로 '무아'라고 배우기 전은 배워서 알아도, 어떻게 해도 그것을 실감하고 있다고는 생각할 수 없는 반응이 마음속에서 솟아나오는 자신들의 모습을 엄격하게 반성해 생겨난 개념이라고 말해도 좋을 것이다.

나는 마나식 특히 '아치'라는 개념을 접했을 때, 왜 인간은 대부분 에고이즘에서 자유롭지 못한가에 대한 의문이 완전히 풀린 기분이 들었다. 인간의 에고이즘의 원천은 마음속 깊이 뿌리내린 자아의 비실체성에 대한 무지, 즉 아치이었던 것이다.

'무명', '아치', '근본번뇌'라는 말을 들으면 난해하고 추상적이어서 일상생활과는 관계없는 이야기라고 느낄지도 모른다. 하지만 잘 생각해보면 일상적으로 일어나는 크고 작은 다양한 문제에서 범죄, 전쟁, 환경파괴에 이르기까지 모든 것이 에고이즘과 관련되어 있다. 일상적인 여러 가지 문제는 결국 에고와 에고의 충돌이다. 범죄는 말할 것도 없이 '사회의 법률이 어떻게 되든 나는 내가 원하는 대로 하고 싶다.'는 범죄자의 에고이즘에서 생겨난다. 전쟁은 '우리의 이익, 명예, 이념이야말로 절대적으로 중요하다.'는 집단 에고의 대립에서 생겨난다. 환경파괴는 인간의 에고이즘이 인간 외의 자연을 파괴하는 것이다.

그 단어들은 그런 현실의 원인이 되는 '제악의 근원'인 에고이즘의 뿌리를 명백히 하고 있다는 의미에서 인간사회에 매일 일어나는 현실을 확실히 이해하기 위한 열쇠, '핵심 개념'이라고 말해도 좋을 것이다.

'아치'와 '아견我見', '아만我慢', '아애我愛'라는 개념의 의미를 알게 되면 현실 특히 추한 측면의 사정을 알게 되고, 인간의 고민이나 병의 깊은 원인도 알게 된다.

2) 무지할 뿐 아니라 잘못된 믿음에 빠져 있다, 아견我見

유식은 평범한 인간, 즉 '범부'가 단순히 무지한 것뿐만 아니라 더 나아가서는 실체我가 있고, 특히 실체로서의 자아가 있다는 강고한 견해, 믿음을 가지고 있는 것을 통찰했다. 이를 '아견我見'이라고 한다. 진리를 모를 뿐만 아니라 틀린 것을 믿고 있는 것이다.

이러면 현실생활이 자신과 사회 전체에서도 잘되지 않는 것은 어떤 의미에서는 당연하다. 인간의 현실은 인간을 넘어선 거대한 우주의 현실에 어긋난 제멋대로의 믿음으로 영위하기 때문이다. '무엇의 덕도 보지 않은, 나 자체가 언제까지나 있다.'와 같은 믿음이 얼마나 이상한 것인지 반복해 이야기했다. 하지만 그런 이야기를 듣기 이전은 물론 들은 후에도 마음속으로 이어짐과의 일체성을 느끼지 못한다.

그래도 사성제의 경우, 고제나 집제로 이야기가 끝나지 않는 것처럼 여기서 이야기는 끝나지 않는다. 마음의 깊은 병의 원인에 대한 설명은 당분간 이어지지만 곧 "그래도 제대로 수순을 밟아 치료하면 낫습니다."라는 이야기가 된다.

3) 타자와 비교해 자신을 자랑스러워하다, 아만我慢

평범한 인간은 자기를 실체시하고我見, 그것을 근거, 의지, 긍지로 여기기 쉽다. 실체시된 자기를 근거로 타자와 비교해 자신이 위라고 자랑스러워하는 마음을 '아만我慢'이라고 한다. '아만'은 일본어 '참다我慢'의 원어이지만 의미는 반대이다. 참는 것은 좋은 것이지만 '아만'은 근본적인 번뇌이다. 일상어와 구별하기 위해 유식 용어 '아만'은 '만'에 악센트를 주어 높게 발음한다.

'아만'도 일상의 이해에 매우 도움이 되는 개념이다. 경쟁사회에서 살아가는 우리는 마나식을 과도하게 자극하기 쉬워 그만두려 하고, 그만하는 것이 좋다고 생각해도 무심코 남과 자신을 비교해 위아래, 우열을 따지며 마음을 불편하게 한다. '아만'의 움직임에 의해 마음이 괴로워지는, 즉 번뇌이다.

4) 자신에 얽매어 집착하다, 아애我愛

우리의 무의식에 끈질긴 응어리처럼 존재하는 것이 네 가지 근본번뇌이다. 우주와 나의 이어짐, 즉 일체성에 완전히 무지하고(아치), 다른 것과 분리된 실체로서의 자신이 있다고 믿으며(아견), 그런 자신을 의지, 자랑하고(아만), 그렇게 착시된 자신에게 철저히 얽매여 애착, 집착하는(아애) 마음의 움직임이다. 이 의미를 처음 알았을 때, 나는 깊고 정확한 통찰에 크게 감탄했다.

보통 '욕망'이라는 말로 표현되는 성가신 마음의 움직임은 매우 감정적, 정념적인 것으로 이론이나 의지로 어떻게 되는 것이 아니라고 생각하기 쉽다. 확실히 애착, 집착하거나 의지, 긍지라는 마음의 움직임은 분류로 말하면 '감정, 정념'이다. 하지만 그런 감정, 정념은 믿음이나 무지라는 깊은 부분에 응어리진 사고, 인식의 뒤틀림에서 생겨나고, 그 뒤틀림은 마음 깊은 곳에서 바뀔 수 있다는 것이 유식의 통찰이다.

인간은 다양한 것에 애착을 가진다. 종종 과도한 집착을 하고 병적으로 얽매여 자신과 타인을 괴롭게 한다. 하지만 자타를 괴롭히는 번뇌를 알아도 제어할 수 없었던 경험은 누구나 있을 것이다.

그런 번뇌에 대해 종종 "번뇌가 있기 때문에 인간적인 것이다. 번뇌가 사라지면 인생이 지루해진다."라고 말하는 사람이 있다. 하지만 '소중하게 여기는' 것과 '얽매이는' 것은 다르고, '사랑하는' 것과 '집착하는' 것은 다르다.

'아애'가 정화되어 사라져도 사랑은 사라지지 않고, 심지어 더 순수하고 아름답게 감동적이 된다고 대승불교는 주장하고 있다고 생각한다. 마음속, 마나식보다 더 깊은 곳인 알라야식에서 무명, 아치와 아견을 바로잡고, 그것에 의해 아만과 아애도 정화하는 방법이 있다는 것이 유식의 메시지이다.

'구별'과 '분리'는 다르다, 자아확립의 필요성

여기서 언급해두면 '나는 다른 누구도 아닌 나다.'라는 마음속 생각은 자신과 타자의 '구별'이 가능하다는 범위에서는 정상적이고 필요한 것이다. 자신과 타자가 구별되지 않는 마음 상태는 영유아라면 정상적이고 귀여운 것이다. 하지만 어른이 되어서도 그대로라면 질병이다. 불교는 발달심리학이 없는 시대에 생겨난 것이기에 그 부분이 이론적으로 정리되어 있지 않다. 불교 특히 유식의 통찰을 현대에 활용하고 싶다면 이점을 확실히 해둘 필요가 있다.

자기와 타자의 구별이 확실히 가능해지고 '자신은 자신이다.', '자신이란 이런 존재이다.' 하는 생각이 마음속에 제대로 확립되는 것이 서양심리학의 개념으로 말하면 '자아의 확립', '자아정체성의 확립'이고, 아들러 심리학에서 말하는 '라이프스타일'과도 닮아 있다. 인간은 자아, 정체성, 라이프스타일의 확립 없이는 살아갈 수 없다.

그런 의미에서 자아의 확립은 정상적인 발달이다. 그것에 대해 자기를 타자와 분리된 실체라고 생각하는 게 무명, 근본번뇌이다.

이런 문제를 생각하면서 '구별'과 '분리'라는 말을 구분해 사용하는 것은 매우 중요하다. 하지만 말을 사용하는 인간은 자칫 구별을 분리라고 잘못 파악하는 경향이 강하다. 많은 사람들이 구별보다는 분리 쪽에 기울어진다고 말해도 좋을 정도다.

전반에서 서술한 내용의 반복이지만 아들러와 유식을 통합적으로 파악하는 데 극히 중요하기 때문에 다시 지적해두면, 아들러가 '우월성을 향한 노력', '완전, 완성을 향한 노력'이나 '의미(존재의식)를 향한 노력'이라고 표현하고, 일반적인 심리학에서는 '자아확립에 대한 충동'이라고 부르는 마음의 근본적인 움직임은 그 자체로는 선도 악도 아니라고 여겨진다. 또한 유식에서도 마나식의 성질을 '유부무기有覆無記', 즉 번뇌에 가려 있지만 선도 악도 아니라고 파악하고 있다.

그 자체로는 선도 악도 아닌 충동이 행동이나 마음의 문제를 낳는 것을 아들러 심리학에서는 공통감각, 공동체감각이 결여된 사적 논리에 의해 부적절한 라이프스타일을 형성했기 때문이라고 여긴다. 그리고 공동체감각을 키워 라이프스타일을 개선하면 행동이나 마음의 문제는 거의 해결된다고 한다.

이 점에 대해서는 나중에 서술하겠다. 유식에서는 범부라도 선한 마음의 움직임을 일으킬 수 있다. 하지만 근본적으로 아치, 아견, 아만, 아애라는 근본번뇌에 가려 있기 때문에 어떻게 해도 분노, 미움, 질투 등의 부정적인 마음의 움직임이 솟아나는 인간의 근본적인 문제에 대해 깊고 정확하게 통찰했다. 근본번뇌는 마음의 구조 그 자체가 미혹에서 깨달음으로 바뀌어야만 해결할 수 있다고 여겨진다.

만약 이 포인트를 나란히 놓고 보면 아들러와 유식은 근본적 인간관에서 모순, 대립한다고 생각하게 된다. 하지만 발달 단계 관점으로 보면 각각의 단계에서 유효한 것으로 자리매김해 통합할 수 있을 것이다.

4. 의식하지 못하는 깊은 곳, 마음의 심층영역

마음속의 거처, 알라야식

숙면, 만취, 기절, 혼수상태가 되면 의식이 사라진다. 오감도 거의 움직이지 않게 된다. 무의식적으로 자신이 얽매이게 되는 마나식조차 움직이지 않는다. 잠이 얕으면 마나식적 욕망에서 생겨난 것 같은 이상한 꿈을 꾸는 경우는 있지만 팔식 중에 일곱 번째까지는 멈춰버린다. 하지만 눈을 뜨거나 술에서 깨면 의식이 돌아오고, 의식이 돌아오면 마나식의 움직임도 돌아온다.

그러면 숙면, 만취, 기절, 혼수상태일 때의 의식이나 마나식은 어디로 간 것일까? 돌아온 이상 완전히 사라진 것이 아니라 어딘가에서 쉬고 있었다고 할 수밖에 없다. 유식학파 사람들은 그런 일상적인 사실을 바탕으로 거기에서 의식이 나오거나 거기에 틀어박히는, 마나식보다 깊은 마음속을 상정할 수밖에 없다고 생각했다. 역사적으로는 알라야식의 개념이 먼저이다.

비유하자면 아침에 자동차를 내보내고, 밤에 일이 끝나면 다시 넣어두는 차고와 같은 마음의 창고와 거처가 있다는 것이다. 누구나 알고 있는 산맥인 '히말라야'는 '히마=눈', '알라야=거처'라는 의미이고, 그와 같은 말로 마음속의 거처는 '알라야'식이라고 불린다. 의식이나 마나식이 아니라 근원이 되는 것이기에 보다 근원적인 마음, 식이라는 의미에서 '알라야'식이라 불리는 것이다.

이렇게 설명하면 '알라야식'이 유식학파나 불교에서만 통용되는 특수한 개념이 아니라 인간 누구에게나 있는 마음의 심층영역을 가리키는 보편적인 말임을 이해할 수 있을 것이다.

의식하지 못하는 기억의 저장고

평소의 예를 들면 우리(어른)는 초등학교 1학년일 때 일은 의식에 없다. 그러나 생각해내려고 하면 꽤 기억을 떠올릴 수 있다. 의식에는 없었던 것이 의식으로 올라오는 것은 어디에서 올라오는 것일까? 현대 심층심리학으로 말하면 무의식 또는 마음의 심층에서라고 말할 수 있다.

유식에서는 알라야식, 즉 거처의 식은 기억의 저장고라고 말한다. 심지어 태어난 후 기억뿐만 아니라 전생의 기억도 쌓여 있다고 말한다.

나는 전생이라는 것이 개인 단위인지 아닌지도, 즉 윤회가 있는지는 과학적으로 실증도 반증도 되지 않았다고 생각하지만 후기 프로이트와 융은 임상적 견해를 바탕으로 개인의 마음 심층영역에는 가계, 민족, 인류 전체라는 집단의 과거 기억이 잠재되어 있다고 생각했다. 융은 '집단무의식'이라고 불렀다.

전통적인 유식에서는 개인단위의 윤회가 있고, 전생에서 현생으로 그리고 다음 생으로 윤회하는 주체가 알라야식이라고 여겼다. 개인단위의 윤회가 있는지의 실증은 어려워도 '집단무의식'에 대해서는 임상경험적으로 상정할 수 있을 정도로 다수의 경우와 연구가 있다.

어느 쪽이든 마음속에 평소 떠올리지 않는 기억까지 방대하게 쌓아놓은 부분이 있는 것은 틀림없다. 프로이트와 융도 말했듯이 인간의 의식적인 마음은 무의식의 영역에 비하면 빙산의 일각 정도로 작은 부분이다.

확실히 아들러가 지적한 대로 점진적인 알아차림 정도의 차이에 지나지 않는 무의식의 영역이 있다. 아들러 심리학적인 임상실천에서는 그 이상으로 깊고 의식화하기 어려운 특정 영역의 '무의식'은 문제 삼지 않아도 되겠지만 나는 무의식의 영역을 상정하지 않으면 이해하기 힘든 마음의 현상이 있다고 생각한다.

유식으로 말하면 인간은 의식으로 스스로를 제어하려고 해도 압도적으로 마나식과 알라야식에 제어당하고 있다. 마나식과 알라야식은 자신

붓다와 아들러의 대화

과 자신이 아닌 것을 분별하고 생명과 생명 아닌 것을 분별하는 분별지, 즉 무명으로 인해 철저하게 괴로워한다는 것이 유식의 진단이다.

생명과 비생명의 분별, 생명에 대한 집착과 유지

알라야식은 '아다나식'이라고도 불린다. '아다나'는 한역하면 '집지執持', 집착하고 유지한다는 의미이다.

우리는 잠자고 기절해도 심장은 뛰고, 호흡하고, 체온은 유지되고, 면역반응도 한다. 즉, 생명유지를 위한 정보가 움직이고 있다. 유식에서는 생명유지의 '정보'도 어떤 종류의 마음, 식이라고 파악해 생명정보가 쌓여 움직이는 영역을 '유지하는 식'이라고 파악했다. 현대 의학이나 생리학, 뇌과학 등이 완전히 없던 시대에 내성적인 통찰만으로 여기까지 정확하고 깊은 이론을 만들어낸 것은 놀랄 만한 일이다.

'생명을 유지하는' 것은 '생명'과 '비생명'이 구별되어 있다는 것이다. 생명이 비생명이 되지 않도록 유지되는 것이다. 불교적으로 말하면 가장 깊은 차원의 '분별지'라고 말할 수 있다.

나는 '알라야식은 생명과 생명이 아닌 것을 분별해 생명에 얽매이는 마음이다.'라고 설명할 때가 있다. 하지만 정확하게 말하면 알라야식의 생명과 비생명의 분별은 자연스러운 생명유지라고 해도 좋기 때문에 마나식의 움직임과 합해 '얽매이는' 번뇌적인 움직임이 되는 쪽이 좋을지도 모른다.

유식학에서 알라야식은 번뇌에 가려지지 않고 선·악·중성 가운데 어느 성질로도 이야기할 수 없는 '무부무기無覆無記'라고 여겨진다. 즉, 인간 마음속의 부분은 번뇌로 굳어져 있지만 더 깊은 부분은 선도 악도 아니라는 것이다.

나는 이 마음 가장 깊은 곳인 알라야식이 '무부무기'라는 통찰은 인간이 번뇌, 악에서 해방될 수 있는 결정적 근거를 보여주고 있다고 생각하고 종종 상품창고와 재고품에 비교한다.

불량재고가 가득해 출고하는 물품 전부가 불량품인 창고를 상상해보자. 그 경우 불량한 것은 창고인가 재고인가? 말할 것도 없이 불량한 것은 재고이지 창고가 아니다.

그러면 언제나 불량품만 출고하는 창고에서 우량품이 출고될 수 있게 하려면 어떻게 해야 할까? 창고를 부수고 다시 지어야 할까 아니면 불량재고를 치우고 우량재고로 다시 채워 넣으면 되는가? 말할 것 없이 창고는 그대로 두고 재고만 바꿔 넣으면 우량품이 출고된다.

지금으로서는 평범한 사람(범부)의 알라야식, 즉 장식藏識은 번뇌라는 불량재고로 가득 차 있기 때문에 번뇌만 출고되고 있다. 하지만 창고가 있기에 재고가 있듯이 알라야식이 있기에 번뇌, 선, 지혜도 저장할 수 있다. 알라야식이 있는 채로 번뇌를 폐기처분해 선이나 지혜로 재고를 물갈이하면 인간은 인간인 채로 부처가 될 수 있다.

인간은 헤매고 있지만 마음속에 알라야식 영역이 있기 때문에 깨달을 수 있다고 유식의 대표적 고전『섭대승론』은 확실히 말하고 있다.[5] 이른바 성악설과 성선설 각각의 타당한 통찰을 망라해 뛰어넘은 깊고 정확하고 희망적인 인간통찰이라고 평가할 수 있다.

붓다와 아들러의 대화

까르마의 저장고

인도사상에 '까르마'라는 독특한 개념이 있고, 불교에도 이어졌다. 한역하면 '업業'이다. '업'은 매우 어두운 울림을 갖게 되었다. '인연'이나 '인과'도 그렇다. 하지만 까르마, 즉 업이라는 개념은 원래 어둡지도 밝지도 않은 중립적이고 공평한 개념이었다.

행실, 행위는 반드시 나중에 영향을 남긴다. '까르마, 업'은 보통 행위와 그 영향력을 분리해 파악하기 쉬운 것과 달리 행위와 그 잔존영향력을 하나로 파악한 독특하고 타당한 개념이라고 생각한다.

좋은 까르마 즉 선업은 좋은 영향, 나쁜 까르마 즉 악업은 나쁜 영향, 중성적인 까르마 즉 무기업無記業은 중성적인 영향을 남긴다. 그리고 남겨진 영향은 식물의 씨앗처럼 계절이 되면 싹을 틔우는데, '인과'라고 한다. 원인이 있으면 당연히 결과가 있고, 나쁜 원인이 있으면 나쁜 결과가 있지만 좋은 원인이 있으면 좋은 결과를 얻을 수 있다.

생각해보면 당연한 것으로 어둡지도 밝지도 않다. 악인악과惡因惡果라는 면을 보면 어둡고, 선인선과善人善果라는 면을 보면 밝은 이야기이다.

과거 불교는 악인악과의 면을 강하게 말해 왔다. "부모의 인과가 자식에게 돌아온다."는 속담과 "지금 불행한 것은 전생에 나쁜 짓을 했기 때문이다."라는 말도 남아 있다. 좋은 의미로는 으름장으로 효과적이고, 서민을 성실하게 만들었다는 효용도 확실히 있었다. 하지만 인습적인 편견을 낳았다는 부정적인 면도 컸다.

불교 본래의 취지에서 보면 선인선과의 면, 더 나아가 인간은 깨달음의 까르마를 쌓으면 깨달음에 도달할 수 있다는 긍정적인 면, 즉 밝은

면을 강조했어야 하는 것이 아닌가 생각한다.

까르마는 알라야식에 쌓이고 남아서 까르마에 어울리는 싹을 틔우고 결과를 얻는 것이다. 까르마는 나중에 싹을 틔우므로 식물의 씨앗에 빗대어 '종자'라고도 부른다. 알라야식은 미혹의 종자를 쌓아두는 저장고이지만 깨달음의 종자를 쌓을 수도 있는 곳이다.

요컨대 포인트는 우리가 금생에서 어느 정도 미혹의 종자를 폐기처분하고, 깨달음의 종자를 입고해 물갈이까지는 아니라도 불량재고와 우량재고의 균형을 맞춰 나가는지에 있다.

알라야식 - 마나식의 악순환 구조와 죽음에 대한 불안

영유아를 보면 '타고난 것'이 있다는 것을 느낀다. 물론 '환경'이나 '교육'에 의한 것도 있다. 아들러는 그것에 더해 자신의 주관적 해석이 가장 중요하다고 지적했다. 어쨌든 이떤 것'뿐'이라는 것은 없는 것 같다.

유식에서는, 알라야식에는 타고난 마나식을 낳는 종자가 있는 동시에 다른 것에게 언어로 배운 분별지가 종자로서 알라야식에 모여 마나식이 생겨나는 면도 있다는 것을 정확하게 파악하고 있다.

아무튼 인간은 평균적으로 평범하게 태어나고 자라 어느새 마음 깊은 곳의 알라야식으로부터 마나식이 발생한다. 그 결과 아치, 아견, 아만, 아애라는 근본번뇌를 품게 된다. 그리고 다른 것과 분리된 자신이 있다는 생각에 얽매이는 마나식이 생기면 그 마나식이 알라야식을 보고 생명이 아닌 것과 분리된다. 심지어 다른 것과 분리된 '자신의 생명'이라고 생각하기 시작한다.

붓다와 아들러의 대화

자신이라는 것의 실체시와 그것에 대한 집착 그리고 자신의 생명이라는 것의 실체시와 그것에 대한 집착이 악순환 구조가 되었다고 말한다.

생명을 '나의 생명'이라고 실체시하고 집착하는 것에서 '죽음에 대한 공포와 불안'이 생긴다. 자신의 생명을 실체시하고 집착하면 그것이 생멸유전生滅流轉하는 과정이고 무상을 자연스러운 것으로 받아들일 수 없게 된다. 뿐만 아니라 죽고 싶지 않은데 죽어야만 하는 '죽음'이 절대적인 부조리라고 생각하게 된다. 마음 깊은 곳의 메커니즘을 정확하게 통찰했다고 할 수 있다.

원인을 알면 해결 목표도 따라온다. 마음 깊은 곳의 알라야식과 마나식의 악순환이 죽음에 대한 불안, 죽음에 대한 부조리감을 낳으므로 그 악순환을 끊을 수 있으면 불안, 부조리감은 해결할 수 있다. 사고팔고四苦八苦에 대해서도 완전히 같아 유식을 배움으로써 죽음에 대한 불안을 포함한 사고팔고와 그 외의 병, 번뇌의 원인을 알고 치유하는 방법도 알게 된다. 그 방법을 철저하게 실천하면 사고팔고는 극복된다.

이런 마음의 표층과 심층 또는 의식과 무의식이라는 층 구조에 대한 통찰은 프로이트와 융에게는 있지만 아들러에게는 없다기보다 오히려 부정적이다. 아들러는 의식인지 무의식인지 하는 것은 점진적인 정도의 문제이고, 분리된 층 구조로 이루어져 있다고 생각하지 않았다. 그러므로 아들러가 말한 것은 전부 수정불가이고 그대로 답습해야 한다는 의미에서의 '아들러 원리주의자'에게는 당연히 유식의 의식-마나식-알라야식이라는 층 구조의 이론도 받아들여지지 않을 것이다.

하지만 마음의 병, 고민에 가능한 한 종합적으로 대응하려는 아들러

학파 임상심리학자의 경우, 유식의 팔식 구조론의 깊고 타당한 인간통찰을 배워 도입하는 것에 저항이 없는 것 같다. 그리고 양자의 통찰은 일부 수정하고 통합적으로 해석해 임상에서 활용할 수 있다고 생각한다.

인간 마음 깊은 곳에서 알라야식-마나식의 악순환 구조가 생겨나면 제어된 형태로 의식과 오감이 움직이기 시작한다. 드디어 여기서 진정 다양한 번뇌가 실제 표면에 드러난다. 질병에 비교하자면 증상 발현이다.

의식 속 번뇌와 선善의 움직임, 선과 번뇌

유식이 공정하고 타당하게 파악하고 있는 것은 의식에서 번뇌의 움직임이 드러날 뿐만 아니라 선의 움직임도 드러나는 것이다. 앞에서 설명한 대로 마나식은 확실히 네 가지 근본번뇌에 가려져 있지만 그것 자체는 선악 어느 쪽도 아닌 '유부무기'라고 여긴다. 마음속에는 자아의 실체시와 집착은 있지만 그것 자체가 선도, 악도 아니라는 것이다.

그러므로 의식은 마나식에 의해 제어되고 있어도 항상 나쁜 일만 하는 것은 아니고 선을 행할 수도 있다. 뿐만 아니라 인간은 좋은 사람인 자신에게 얽매여 열심히 선을 행하는 경우도 있다. 아들러 심리학으로 말하면 공동체감각이 풍부해 타자와 협력하면서 행복해질 수 있는 극히 사회적응적인 라이프스타일을 형성할 수도 있다.

하지만 의식의 가능성은 그것에 머물지 않고 진리의 가르침 다르마를 만나면 그것을 이해할 수도 있고, 의식은 진리의 가르침을 이해하는 것뿐만 아니라 그 이해를 바탕으로 깨달음에 도달하는 까르마, 즉 수행도 할 수 있다. 연기의 이법이나 공의 가르침을 접하지 못한 채 어른이 된 평범한 사람의 의식은 번뇌투성이가 되기 쉽지만 운 좋게 접하게 되면 이해와 수행도 가능하다.

이해와 수행도 까르마이고 업이다. 그것은 종자가 되어 알라야식에 쌓인다. 깨달음의 종자는 의식에서 알라야식으로 쌓이는 과정에서도 마나식을 정화하고, 곧 싹을 틔워 의식으로 뻗어나가는 과정에서도 마나식을 정화한다. 그것에 의해 알라야식 – 마나식의 악순환이 서서히 끊어지는 것이다. 의식은 깨달음의 까르마를 행할 수 있고, 알라야식은 깨달음의 종자를 쌓을 수 있다. 거기에 인간의 깨달음 – 구원의 확실한 기반이 있다고 말해도 틀림없을 것이다.

5. 선한 마음의 움직임

선한 마음과 아들러의 공동체감각

마나식의 네 가지 근본번뇌에서, 나중에 서술하겠지만 의식에 여섯 가지 근본번뇌가 생겨나고, 거기에서 스무 개의 수번뇌가 파생된다. 번뇌 이야기는 그것만으로 끝난다면 절망적일 정도로 심각하지만 인간의 부정적인 면에 대해 정확하게 통찰하고 있다.

하지만 인간의 의식에는 선한 마음의 움직임도 있다. 유식은 마음의 긍정적인 면도 공평하게 보고 11 종류를 들고 있다. 진심(신信), 내적 반성(참慚), 대타적 반성(괴愧), 탐내지 않음(무탐無貪), 화내지 않음(무진無瞋), 어리석지 않음(무치無癡), 노력(정진精進), 상쾌함(경안輕安), 게으르지 않음(불방일

不放逸), 평정함(행사行捨), 상처받지 않음(불해不害)이다. 깨닫지 못해도 인간은 선한 마음을 일으킬 수 있다.

이 선한 마음 중 특히 진심이라고 번역한 '신'과 어리석지 않음이라고 번역한 '무치'는 아들러의 '공동체감각'에 잘 맞아떨어진다고 생각한다.

진심을 신뢰하고 실행하다, 신信

선한 마음의 첫 번째로 들고 있는 게 '신'이다. 종래 오해받아 온 것처럼 거짓말이라도 '믿는다'는 의미가 아니다. '신'이란 자기 형편이나 편견을 떠나 진실한 것은 진실, 거짓된 것은 거짓이라고 솔직하게 인정하고, 진실이라고 인정했으면 신뢰하며 나아가 진실한 것을 성실하게 실행하는 것을 의미한다.

현대어로 '진심真心'이라고 번역했지만 불충분하다. 이성, 심정, 의사의 모든 면에서 성실하게 진실한 것에 직면하는 것이므로 '성실함'이라 번역할 수 있을지도 모른다. 불성실한 게 멋지다고 오해해 '상관없다.', '알지 못 한다.', '진지해지지 마.'라고 말하는 요즘에 가장 유행하지 않았던 '성실함'이야말로 선한 마음의 첫 번째이다.

인간은 공동체감각이 풍부해지고 나아가 세계 전체가 연기의 이법, 이어짐으로 이루어졌다는 사실을 자각하면 성실해지고 진심으로 자타를 위해 살아갈 수밖에 없기 때문이다. 삐딱한 자세로 '상관없다.'고 큰소리치는 게 멋지게 보이는 것은 단지 시대 분위기에 의한 착각이고, 이미 오래된 것이다. 물론 아무렇게나 믿어버리는 것은 더 오래되었지만 진정한 의미의 '신'은 지금부터 훨씬 오래되고 새로운, 아름다운 마음 스타일로 인정받게 될 것이다.

내적 반성과 대타적 반성, 참慚과 괴愧

신 다음으로는 참, 내적 반성, 즉 자신의 생각, 삶의 방식, 행동을 스스로 돌이켜봐서 양심에 반하는 부분이 없는지를 반성하는 마음을 들 수 있다. 안타깝지만 이런 마음을 가지는 것도 요즘은 유행하지 않는다. 하지만 '아무도 보지 않으면 들키지 않으니까 상관없다.'는 사고방식은 결정적으로 인간이 자의식적, 자기반성적인 존재라는 것을 간과하고 있다.

나쁜 짓을 하면 누가 보지 않아도 자기 자신이 보고 알고 있다. 나쁜 짓을 하면서 '나는 훌륭한 인간이다.'라며 긍지를 가지는 경우는 없다. 물론 스스로 자신을 속이는 게 인간이다. 속여서 긍지를 가지기보다 오만해질 수는 있지만 마음 깊은 곳에서 스스로 자신, 즉 자기신뢰를 가질 수는 없다. 자기를 속이고 타자에게 "나를 신뢰해 줘."라고 말하는 건 무리이다.

이런 사고방식의 온갖 행위는 까르마이고, 좋든 싫든 알라야식에 영향력, 잠재적인 기억을 남긴다는 것을 알아차리지 못한다. 악업은 알라야식에 고이고, 고인 나쁜 종자는 마음 깊은 곳을 부패시킨다. 마음 깊은 곳이 썩어버리면 상쾌하고 좋은 마음이 솟아나지 않는다. 마음 깊은 곳이 썩으면 울적한 기분이 솟아나 의식적인 마음도 썩기 때문이다.

단지 법률적이고 윤리적으로 좋은 행동을 하기 위함이 아니라 정말로 자신을 긍정적으로 생각하기 위해서도 마음 깊은 곳에서 좋은 기분으로 살아가기 위해서라도 내적 반성(참)은 반드시 필요하다.

예전에는 정, 관, 재계에서 불상사를 일으킨 인간이 "참괴의 마음이 그지없습니다."라고 말했다. 진심으로 그렇게 생각한다고는 보이지 않았지만, 최근에는 변명하는 사람이 많아졌고, 정해진 대본일지라도 이런 말은 들을 수도 없다.

'참괴'는 참慚(=慚)과 괴愧로 이루어져 있다. 참은 내적 반성, 괴는 대타적 반성, 즉 타인과 사회에 대해 부끄러움을 아는 마음이다. 스스로 돌이켜보고 타인에게 비추어 어떻게 생각해도 좋지 못한 일을 저질렀다, 어째서 예상하지 못했을까, 어째서 저질러 버렸을까 하는 알아차림으로 어찌할 바를 모를 정도의 마음, 생각이 '참괴의 마음'이다.

인간은 다른 것과의 이어짐과 관계없이는 존재하지 못한다. 자기 자신일 수도 없다. 때문에 다른 것과 좋은 관계없이는 좋은 자신이 될 수 없다. 어릴 때는 좋은 관계를 만드는 건 부모와 어른에게 맡기면 되지만 차차 스스로 좋은 관계를 만드는 노력을 할 필요가 있다. 바로 어른이 된다는 것이다.

그러므로 어른이 된다는 것은 스스로 좋은 관계를 만드는지, 아니면 오히려 나쁜 관계로 만드는 행위를 하는지 반성하는 마음이 자라는 것이기도 하다. 타인에 대한 감사, 다른 것에 대한 배려를 잊지 않았는지, 남에게 보여 부끄러운 짓을 저질렀고 심지어 남에게 폐를 끼친 건 아닌지 하는 반성, 그렇게 타인에게 비추어 스스로를 돌이켜보는 마음은 인간이 성장하기 위한 필수조건이다. 자기 자신이 좋은 인생을 살아가기 위해서라도 '괴', 즉 부끄러움을 아는 마음은 반드시 필요한 선한 마음이다.

하지만 참은 자기비난의 마음이 아니다. 더 성장하기 위해 스스로 돌

붓다와 아들러의 대화

이켜보고, 타자에 비추어 '나는 아직 멀었구나, 더 성장하고 싶다, 더 수행하자.'라고 반성하는 마음이다. 아무리 미숙해도 우주는 우리에게 놀랄 만큼 큰 성장가능성, 잠재력을 맡기고 있다. 자기비난에 빠지지 않고 참과 괴의 마음을 잊지 않으며 성장해 나가고자 하는 것이다.

무탐無貪, 무진無瞋, 무치無癡와 삼독三毒

불교에서는 탐냄(탐貪), 성냄(진瞋), 어리석음(치癡)을 '삼독三毒', 대표적인 번뇌라고 여긴다. 그런 것이 없는 무탐無貪, 무진無瞋, 무치無癡가 선한 마음이다. 탐내지 않고, 화내지 않고, 어리석지 않은 것이 선이라는 것은 누구나 납득할 수 있을 만한 것이다.

하지만 그것이 아무런 욕망이 없다, 어떤 일을 당해도 화내지 않는다, 모르는 것이 아무것도 없다는 의미라면 훌륭하지만 실제로는 거의 아무도 할 수 없는 이야기이다. 무탐, 무진, 무치는 실행할 수도 없는 이상을 설명하는 것은 아니라고 생각한다. 불교가 현대의 우리에게 생생한 의미가 있으려면 이 부분이 결정적으로 중요한 지점이라고 생각하기 때문에 하나하나 짚어볼 필요가 있다.

탐내지 않는 것, 무탐無貪

탐과 무탐에 대해 생각해보자. 탐낸다는 것은 과도하게 이상한 욕망이다. 자연스럽고 적당한 욕구와는 구별할 필요가 있다.

예를 들면 '식욕'이다. 너무 많이 먹는 것은 병의 근원으로 몸에 좋지 않고, 과식증이면 이미 질병이다. 하지만 아무리 '무욕'이 좋다고 해도 식욕이 완전히 없어지면 인간은 죽음에 이르게 된다. 자연스럽고 적당한 식욕은 건강하게 살아가는 데 반드시 필요한 요소이다.

단어에 얽매이면 '무욕'은 오히려 '소욕少欲'이라고 할까. 왠지 부정확한 것 같은 느낌이 들어 새로운 말로 '적욕適欲', 즉 적당한 욕구라고 표현하는 게 좋지 않을까 생각한다.

또 하나 예를 들자면 성욕은 가장 많은 오해를 받아온 것이라고 생각한다. 많은 종교가 성적인 금욕 자체가 선善인 것처럼 생각해 왔다. 확실히 마나식에 오염되기 쉬운 성욕은 타자의 인격을 무시하고 자기중심적이며 과도하고 이상한 쾌락을 추구하기 쉽다. 그런 현상이 너무 많아 성 자체의 부정과 금욕을 좋은 것, 깨끗한 것이라고 오해한 것은 이해하지 못할 바도 아니다.

하지만 모든 사람이 그런 의미로 깨끗해져 성적으로 금욕하고, 나아가 무욕이 되면 자손을 늘려 생명을 이어가는 행위의 동기가 사라지고 인류는 절멸할 것이다.

적당하고 정상적인 성욕은 남녀가 사랑하는 멋진 체험의 기초가 되는 에너지이다. 심지어 생명을 이어가는 원동력이다. 성은 자연이 창조한 훌륭한 행위의 하나이다. 이를 부정하는 것은 생명을 낳고 이어나가는 자연의 행위를 인간의 윤리로 부정하는 엄청난 교만이다. 그 외에 나쁜 것의 전형처럼 생각하기 쉬운 재산욕, 명예욕, 지위욕 등도 적당하고 정상적인 범위라면 건전하고 활력 있는 사회생활에 필요한 것이다.

그런 이유로 나는 인본주의 심리학자인 매슬로우의 견해를 따라 과도하고 이상한 욕망, 즉 '신경증적 욕구'와 적당하고 정상적인 '자연스러운 욕구'로 단어를 구별해 사용하고 있다. 무탐이란 바로 탐냄, 즉 과도하고 이상한 욕망이 없는 것으로 자연스러운 욕구까지 없어진 것은 아니라고 이해하면 좋을 것이다.

탐냄에서 해방되어 적당하고 정상적인 자연스러운 욕구를 원동력으로 하여 자타의 행복을 추구하면서 활기차게 살아가는 것은 아들러적으로 말하면 '공동체감각이 풍부한 라이프스타일'이고, 깨달음은 아니라고 해도 선이다.

성내지 않는 것, 무진無瞋

진은 '성냄', 무진은 '성내지 않는 것'이라고 번역할 수 있다. 하지만 성내지 않는 것이 선善이면 '잘못된 것을 보고 화내지 않아도 괜찮은가?', '정당한 자기방어를 위해 화내는 것도 안 되는가?'라는 의문이 생긴다.

하지만 그것이 확실하지 않았기 때문에 무진, 성내지 않는 것은 수행을 잘 한 훌륭한 스님이나 인격자, 바보같이 착한 사람만 행할 수 있다고 생각했다. 확실히 그런 면도 있지만 모두 그런 건 아니다.

진, 즉 성냄이 번뇌라 여겨지는 건 마음속 근본번뇌에서 발생하는 것이기 때문이다. 우리는 화를 낼 때 보통 자신은 옳고 상대방은 틀렸다고 생각한다. 심지어 나와 상대방은 완전히 분리된 별개의 존재로 생각하고, 대립한다고 믿는다. 실체적인 자신에 대해 실체적인 타인이 실체적인 나쁜 것을 했다고 믿는 게 바로 화를 내는 것이다.

참고로 아들러는 성냄에 대해 "이 정동은 공동체감각의 거의 완전한 파괴를 보여준다."고 말했다.[6] 여기서 '그렇게 말해봤자 … 누구나 그렇잖아.'라고 반발하고 싶을지도 모른다. 실제로 그렇다. 하지만 여기가 큰 분기점이다. 초심자인 자신의 실감을 믿을 것인가, 유식이라는 마음 전문가의 진단을 믿을 것인가. '누구나 그렇잖아.' 말 그대로이다. 범부라면 누구나 그렇다. 하지만 모든 존재는 이어져 하나인 것이다. 나에게 나쁜 짓을 한 상대방은 실은 나와 이어진 넓은 의미의 나이기도 하다. 그렇다고 해도 상대방과 자신의 구별은 확실히 있다. 심지어 상대방도 자신도 역동적으로 변화하는 무상의 존재이다. 어떻게 변화하는가는 어떤 까르마, 업, 행위를 하는지, 그 잔존영향력에 따라 결정된다.

그것을 알면 상대방과 자신을 실체시하고, 절대로 분리되어 대립한다고 믿으면서 성냄, 격노하는 것과는 다른 마음이 생겨날 것이다. 물론 '절대로 용서할 수 없다. 죽여버리겠다!'는 과도한 분노는 사라질 것이다. 자기를 절대시하는 정의감에서 생겨나는 성냄만큼 위험한 것은 없다.

하지만 나쁜 까르마는 주위에 악영향을 끼칠 뿐만 아니라 당사자에게도 반드시 나쁜 영향을 초래한다. 즉, 인과의 이법이다. 불교를 배우고 수행해도 나쁜 까르마는 나쁘다고 판단하고 그만두려는 마음이라는 의미에서의 '의분義憤'은 사라지지 않는다. 오히려 강해진다고 말해도 좋다. 그것을 표현하고 있는 것이 밀교의 부동명왕不動明王 등 분노의 형상을 한 부처의 존재다.

'무진'이란 '무슨 일이 있어도, 무슨 일을 당해도 화내지 않는다.'는 의미가 아니라 마나식적인 자기절대시에서 발생하는 필요 이상으로 과도하고 이상한 분노가 없다는 의미로 해석할 수 있다.

붓다와 아들러의 대화

어리석지 않은 것, 무치無癡

유식에 의하면 마음은 알라야식에 전생과 금생에 쌓인 분별의 종자로부터 실체로서의 자신이 있다고 생각하는 마나식이 발생하고, 그것에 제어되어 의식과 오감이 움직이는 기제로 이루어져 있다. 그런 의미로 알라야식에서 마나식, 의식, 오감에 이르기까지 분별지, 무명이 움직이게 되는 것이다.

그런데 다행인 점은 인간의 의식은 운 좋게 좋은 스승을 만나 배울 수 있으면(성문聲聞), 세계의 있는 그대로의 진실을 스스로 통찰하면(독각獨覺) 우주의 이법, 다르마를 이해할 수 있다. 달리 말하면 인간 이성의 가능성이다.

연기와 공에 대해 분별지로 이해하는 것은 진정한 깨달음이라고 말할 수 없다. 그렇다 하더라도 이론상으로는 모든 것이 실체라는 착각은 사라진다. 때문에 '지혜'가 아닌 '어리석지 않은 것'이라고 불리는 것이다.

앞서 이야기했듯이 인간의 마음 깊은 곳, 알라야식에 선이나 깨달음의 종자를 쌓을 수 있는 것이 인간의 깨달음, 구제의 근거이다. 하지만 그것에 대해서 의식이 배워서 점차 어리석지 않게 되는 것도 결정적인 희망의 근거이다.

독자도 지금 분별지뿐인 무명의 상태에서 의식상의 무치에 도달했을지 모른다. 의료에 비유해 말하자면 인폼드 콘센트informed consent의 인폼inform(정보 제공) 부분에서 '그렇구나, 나는 역시 병에 걸렸다. 그래도 나을 것이다. 낫고 싶다.'라고 생각하기 시작한 단계일 것이다.

그런데 '무치'의 순서는 열한 가지 선한 마음의 움직임의 중간에 있다.

단순한 우연일까, 아니면 '무치'가 선한 마음의 중심축, 요체라는 의미도 포함하고 있는 것일까. 나는 후자라고 해석한다. 이성, 이론으로 확실히 이해하는 것이 선善에서 깨달음까지 마음이 성장하는 데 매우 중요한 포인트이다.

여기서도 보충적으로 언급을 해두면 무치는 아들러가 말하는 '공통감 각'이 더욱 깊어진 것이다.

자신과 타인의 행복을 위한 노력, 정진精進

살아가는 것은 누구에게나 중요하다. 천지자연이 준 인생의 시간은 싫든 좋든 유한하고 무상이다. 이를 제대로 자각하면 최선을 다해 할 수 있는 것을 하며 살아갈 것이다.

심지어 다행스럽게도 자신과 타자의 행복을 추구하는 것은 모순되지 않고, 오히려 현명하게 행동하면 조화할 수 있다는 연기의 이법을 배우면 누구에게 부탁받거나 강제되지 않아도 스스로 노력할 수 있게 된다. 그리고 자리리타自利利他를 위해 노력하고 정진하면 좋은 인생을 살아갈 수 있다는 것도 우주의 법칙, 이법이다.

인간은 좋은 것이지만 재미없는 것, 쓸데없는 것, 나쁜 것을 위해 노력하기도 한다. 불교에서는 특히 후자를 '악정진惡精進'이라고 부르고 '정진'과 확실히 구별한다.

붓다와 아들러의 대화

정진하여 마음의 평안을 구하다, 경안輕安

불안한 마음은 번뇌이고 가볍고 평안한 마음(경안)이 선이라는 것은 실제로 느끼기 쉬운 이야기이다. 하지만 매일 자신의 마음이 그러한가를 물으면 좀처럼 그렇게는 되지 않는 게 우리 범부이다.

스스로 자신에게 자신自信을 가지지 못하면, 즉 자기 자신과의 관계가 좋지 않으면 가볍고 평안한 마음을 가질 수 없다. 타자와의 관계가 좋지 않고 사회 전체나 자연 전체와의 관계가 좋지 않아도 그렇다. 자각했든 자각하지 못했든 우리가 가볍고 평안한 마음을 가지려면 여러 사람, 여러 사물과 관계를 잘 이루고 있는 연기의 이법에 합당할 때일 것이다.

반대로 말하면 가볍고 평안한 마음이려면 모든 것과의 관계, 이어짐의 개선이 필요하다. 그리고 관계 개선의 토대는 모든 것은 관계되어 있다, 관계가 있다는 연기의 이법이다. 연기의 이법을 자각하고, 자신과 다른 것의 관계가 연기의 이법에 따르도록 정진하면 마음은 가볍고 평안해진다. 그런 의미로 '경안'이 선이라는 것은 단순한 주관이나 취미의 문제가 아니다.

게으르지 않는 것, 불방일不放逸

선한 마음의 아홉 번째는 '불방일'이다. 한마디로 의미를 적확히 표현할 수 있는 적당한 번역이 떠오르지 않아 '게으르지 않은 마음'으로 번역했다. '방일'은 마음 내키는 대로 놀이에 빠지고 게으름을 피워 해야 할 것을 하지 않는다는 의미이고, '불방일'은 그렇게 하지 않는 것이다.

우리의 마나식에는 아만과 아애가 제대로 있기 때문에 자기가 편한 것, 자기가 즐거운 것, 자기가 기분 좋은 것 … 을 자기 생각대로, 자기 좋을 대로, 자기 마음대로 하는 것이 인생의 의미라고 생각하는 강한 경향이 있다.

심지어 편함, 즐거움, 기분 좋음도 극히 눈앞밖에 생각하지 못하는 사람이 많은 것이 문제다. 눈앞의 편함, 즐거움, 쾌락 추구라는 원인은 종종 매우 고통스러운 결과를 낳는다. 정말로 편하고 즐거우며 기분 좋은 인생을 살고 싶다면 필요할 때 필요한 일을 하는 것에서 도망가지 않는 쪽이 진정한 의미에서 자신에게 득이다.

연기의 이법, 이어짐이라는 법칙성으로 성립되는 이 세계에서는 자신의 이익과 타자의 이익은 궁극적으로는 이어져 하나이기에 긴 안목으로 보면 자신을 위한 것도, 타인을 위한 것도 아니다. 긴 안목으로 자신과 타인에게 이익을 가져오기 위해 지금 할 수 있는 것을 게으름 피우지 않고 하는 것, 즉 불방일이라는 것은 자타에게 선임에는 틀림없다.

평정한 것, 행사行捨

과도하게 흥분한 것도 아니고 심하게 침울해진 것도 아닌 평정한 마음, 행사는 선善이다. 마음의 고요함은 과도한 흥분처럼 자극적이고 중독성 있는 쾌감은 아니지만 독특하게 좋은 기분이다.

유식불교에서는 마음의 병을 낫게 하려면 다르마, 세계의 있는 그대로의 진리를 깨닫는 게 필수라고 생각했기에 있는 그대로가 보이지 않는 마음상태는 번뇌로 분류되고, 있는 그대로가 보이기 쉬운 마음이 선善이라고 여기는 것은 당연하다.

흥분상태나 침울 상태에 있으면 사물을 자기의 그때 기분으로 왜곡해 보기 쉽다. 즉, 주관적이 되는 것이다. 세계를 있는 그대로가 아니라 자기 주관, 그때의 기분으로 보면 사실과는 달라도 멋지다고 (조증상태) 생각하거나 사실과 다른 처참한 것이라고 (우울상태) 생각한다.

그것에 대해서 자신의 상황이나 기분을 일단 내려두고 평정한 마음으로 보면 세계의 있는 그대로의 모습이 보이기 쉬워진다. 있는 그대로의 세계는 이어짐(연기), 일체(일여一如)의 세계다. 이어져 하나인 세계는 선과 악, 행과 불행, 손해와 이득, 창조와 파괴라는 이항대립을 초월한 그래도 멋지고 아름다운 세계이다.

그런 아름다운 세계가 보일 때 우리 마음에는 고요하고 깊은 기쁨과 감동이 솟아난다. 과도한 흥분에 익숙해진 현대인이 오해하는 것과 달리 평정한 마음, 행사行捨는 따분한 게 아니라 고요한 기쁨으로 가득 찬 마음이다.

상처 주지 않는 것, 불해不害

신信으로 시작한 선한 마음의 리스트는 불해에서 끝난다. '불해'라고 번역된 산스끄리뜨어의 원어는 '아힘사ahiṃsā'이다. 마하트마mahātmā (위대한 영혼)라고 불린 인도 독립의 아버지 간디의 신조어이기도 했다. '비폭력'이라고 번역되어 안타깝지만 불교용어와의 대응이 그리 알려져 있지 않다.

간디의 '비폭력'이 악에 대한 허약하고 무력한 무저항이 아니라 영국의 식민지 정책이라는 악에 대한 불타오르는 '비폭력, 적극적 저항'이었던 것처럼 본래 불교의 불해도 표현은 절제해 '상처 주지 않는 것'이 되었지만 매우 적극적이고 능동적이다. 나는 '상처 입게 두지 않는 것'이라는 번역도 더하고 싶다.

'아무것도 하지 않으면 상처 주지 않는다─상처받지 않는다.' 같은 허약한 자기방어의 자세는 사회 전체에서 많은 사람이 상처받는 것을 방치, 묵인하는 것이다. 넓은 시야로 보면 오히려 '상처 입히는 것'을 돕는 것이다. '상처 주지 않는 것'이라는 절제된 표현을 해도 본래의 정신은 '적극적·능동적으로 치유나 누그러짐을 가져오는 것'이라는 의미를 포함하고 있다. 바로 '선善'이라고밖에 말할 수 없다.

하지만 마나식 때문에 자신에게 얽매이기 쉬운 우리 인간은 자칫하면 '치유나 누그러짐, 좋은 것이라고 자기가 생각하는 것'을 억눌러 반대로 상처받는 경우가 있다. 타인을 돕고 싶다고 생각할 때에도 우선 한 걸음 물러서서 자신의 마나식을 잘 통찰하고, 정말로 상대방에게 치유나 누그러짐, 도움이 되는 것인지를 생각하고, 좋은 것을 해주지 못하면 적어도 상처 입히지 않도록 유의해 행동해야 한다. 우리는 종종 표정, 언어, 태도, 행동으로 타인을 상처 입히기 때문이다.

그런 것이 사라지는 것만으로도 인간으로서는 상당히 훌륭한 수준에 도달했다고 말할 수 있다. 신信에서 행사行捨까지의 선한 마음이 충분히 몸에 배기 시작하고, 매일 남에게 상처 주지 않는 언행이 가능해지고, 나아가 타인을 도울 수 있다. 선한 마음이 신信으로 시작해서 불해로 끝나는 것은 단순한 나열이 아니라 순서에도 의미가 있는 것으로 생각된다.

붓다와 아들러의 대화

열한 종류의 선한 마음을 의식적으로 일으켜 그것을 바탕으로 행동(까르마)하도록 유의하면(의식) 서서히 마나식을 정화하면서 종자로서 알라야식에 고일 때, 싹틀 때에도 마나식을 정화하면서 의식으로 뻗어나간다. 그런 선한 마음의 까르마가 호환하고 계속 이어지면 우리는 진정한 의미의 선인, 좋은 사람이 될 수 있다.

미 주

1 岡野守也, 羽矢辰夫 共訳(1996),『摂大乗論－現代語訳』, コスモス·ライブラリー; 岡野守也(1999),『大乗仏教の深層心理学－『摂大乗論』を読む』, 青土社.

2 岡野守也(1990),『唯識の心理学』, 青土社.

3 보다 상세한 것은 다음을 참조할 수 있다. 岡野守也(1998),『唯識のすすめ－仏教の深層心理学入門』, ＮＨＫ出版; 横山紘一(1976),『唯識思想入門』, 第三文明社.

4 상세한 것은 다음을 참조할 수 있다. 八木誠一(1980),『自我の虚構と宗教』, 春秋社.

5 岡野守也, 羽矢辰夫 共訳(1996),『摂大乗論－現代語訳』, コスモス·ライブラリー; 岡野守也(1999),『大乗仏教の深層心理学－『摂大乗論』を読む』, 青土社.

6 A. アドラー(著), 高尾利数(翻訳)(1987),『人間知の心理学』, 春秋社, p.311.

제5장 의식상의 근본번뇌와 수번뇌

1. 의식상의 근본번뇌

여섯 가지 근본번뇌

의식에는 안타깝게도 선한 마음만이 아니라 번뇌의 마음도 움직이고 있다. 평범한 인간의 마음은 번뇌 쪽이 많고, 번뇌투성이라고 말해도 좋을 정도다. 우리는 마나식의 네 가지 근본번뇌에서 생기는 의식상의 여섯 가지 근본번뇌도 품고 있고, 거기에서 생겨나는 스무 종류의 수번뇌가 있다고 유식은 통찰했다.

아래의 부분을 배우면 완전히 자신이 싫어질지도 모른다. 하지만 여기가 사전 동의가 역할을 할 지점이다. "이러한 증상이 있지 않습니까? 증상이 있다면 당신은 질병에 걸린 것입니다."라는 충격적인 진단이 내려지지만 그 후에 "그래도 제대로 치료하면 낫습니다."라고 이야기한다.

이것이 매우 중요하기에 이미 '의타성에 중점을 둔 견해와 공동체감각'의 부분에서 설명한 것을 약간 방향을 바꾸어 반복하고자 한다.

이하에서 설명할 의식상의 근본번뇌도, 거기에서 생겨나는 수번뇌도 유식적으로 말하면 마나식과 알라야식이 지혜, 즉 나중에 설명할 '평등성지平等性智'와 '대원경지大圓鏡智'로 대전환하지 않는 한 완전히 없앨 수는 없다.

하지만 아들러학파의 임상심리학적 실천에서 보면 다른 사람이나 사물과의 관계, 이어짐을 생각할 수 있는 '공동체감각이 풍부한 라이프스타일'을 획득하고 재획득하면 행동과 마음의 문제는 상당 정도 경감하거나 완화할 수 있다고 생각한다. 경우에 따라 일상적인 의미로는 이미 아무 문제가 없을 정도로 자타를 조화시킨 뛰어난 라이프스타일, 즉 성격 형성도 가능할 것이다.

하지만 유식의 눈으로 보면 자아를 실체시하는 무명과 거기에서 생겨나는 다양한 번뇌의 경향에서 완전히 벗어나는 것은 아니다. 인간의 마음 고민, 번뇌는 6장의 '네 가지 지혜로의 전환'에서 설명할 팔식八識이 사지四智로 전환할 때에만 근원적으로 해결되는 것이다.

이런 아들러 심리학과 유식의 차이는 대립적인 것이 아니라 상호보완적인 차이다. 아들러 심리학으로 대처할 수 있는 범위의 문제는 아들러 심리학으로 대처하고, 대처하지 못한 문제는 유식으로 대처하는 임상적 전략을 채용하고 있다.

유식에서는 의식상에도 근본번뇌가 있다 여기고, 탐貪, 진瞋, 치癡, 만慢, 의疑, 악견惡見의 여섯 가지를 꼽는다. 인간의 마음이 품고 있는 심각한 문제를 정확하고, 철저하고 엄격하게 통찰했다고 통감한다. 나는 이러한 번뇌가 공동체감각만으로 완치된다고 생각하지 않는다. 만약 이 이야기만이라면 인간에게 절망스러울 정도로 철저하고 정확하다. 하지만 극히 정확한 진단이라고 생각하기에 그 다음에 오는 치료법도 신뢰할 수 있고, 필수라고 생각한다.

과도한 성냄, 진瞋

마나식은 자기를 실체시하고, 그것에 얽매이므로 자기방어가 종종 과도해지기 쉽다. 과도한 자기방어는 자기 생각대로 하는 것, 자신의 이익, 자신의 체면 등을 위협하는 것에 대해 과도하고 불건전한 분노를 낳기 쉽다.

나아가서는 자신을 위협하는 것에는 과도하게 반응하는 잠재적인 가능성을 항상 품게 된다. 세계에서 가장 소중한 [실체로서의] 자신과 그 물질적·정신적 소유물을 반드시 지켜야만 하고, 그것을 자신의 [실체로서의] 권리라고 믿고 있기 때문에 당연할 것이다.

근본번뇌로서의 '진瞋'은 과도한 분노, 언제라도 화낼 잠재성이 있는 것으로 해석할 수 있다. 과도하고 불건전한 분노는 자신과 타자에게도 극히 유해하고 성가신 것이라고 생각하지만 웬만해서는 그만둘 수 없다. 끈질기고 심각한 만성질환과 같은 것이다.

하지만 그것은 실체가 아니라도 현상으로서는 뚜렷하게 존재하고, 절대적이지 않아도 상대적으로는 어떤 권리를 가지기 때문에 적당하고 정당한 자기방어와는 다르다고 생각한다. 또한 실체가 아니라도 현상으로는 매우 소중하고 사회정의를 실현하기 위한 '의분義憤'은 있어도 좋은 것이다.

건전하고 정당한 분노와 불건전하고 과도한 분노를 제대로 구별하면서 근본번뇌로서의 '진, 성냄'은 반드시 치유하고, 극복하고 싶은 것이다. 그렇지 않고서는 세계에서 가정까지 그리고 개인의 마음에 평화가 찾아오는 일은 없을 것이다. 평화를 바란다면 진瞋이라는 마음의 병은 치유해야만 한다.

우주의 이치에 대한 무지와 몰이해, 치癡

'치癡'는 연기, 공의 이법에 대한 무지, 몰이해, 어리석음이다. 현대적으로 바꿔 말하면 우주의 이치에 대한 무지, 몰이해라고 말해도 좋을 것이다. 자신이 연기, 공의 세계, 우주 한가운데에서 살아가면서 그것을 알지 못하고 이해하지 못하는 것이다. 자신이 스스로 자신으로 언제까지나 살아갈 수 있을 것 같은 착각이다. '무명'과 거의 동의어이다.

하지만 유식의 특별한 장점은 무명을 마나식의 네 가지 근본번뇌, 그 중에서도 '아만'과 의식의 '치' 두 가지로 나누어 파악하고 있는 것이다.

다행스럽게도 의식상의 어리석음은 배우면 쉽게 극복할 수 있다. 하지만 무의식에 잠겨 강고한 시스템이 되어버린 '아치'는 간단하게 극복할 수 없다. 그래도 '간단하지는 않지만 극복은 가능하다.'는 것이 불교의 기본적 메시지이다. '극복은 가능하지만 간단하지 않다.'라고 앞뒤를 바꿀 수도 있다. 그리고 어느 쪽의 순서로 말할지는 선택의 문제이다.

붓다와 아들러의 대화

과도한 우월감, 만慢

나와 다른 사람과는 확실한 구별이 있다. 나는 나이고 당신이 아니며, 당신은 당신이지 내가 아니라는 면은 확실히 있다. 하지만 깊은 곳에서는 이어져 하나인 것이다.

그런데 마나식은 다른 것과 분리된 실체로서의 자신이 있다고 착각하게 된다(아견我見). 그런 자신을 근거로 의지하고, 긍지로 삼는다(아만我慢). 그런 자신에게 과도하게 애착을 갖는다(아애我愛). 그 때문에 의식에서도 다른 것과 분리된 실체적 자신이 있다고 생각하고, 그런 자신을 의지처로 하여 그것에 애착을 가지고 살아간다(아취我取).

그러면 왠지 어떻게 해도, 즉 의식에 의한 윤리적인 제어가 소용없이 자신과 타인을 비교하고 싶고, 남보다 자신이 낫고, 뛰어나고, 위에 있고 싶다는 강한 마음이 생겨난다. 그렇게 자신을 비교하고 다른 것보다 우월하고 싶은 마음의 움직임을 '만慢'이라고 부른다. 분리되어 비교하는 마음의 움직임이 우선 있고, 거기에 우월하고 싶다고 생각하는 것이다.

그런데 비교한 결과, 어떻게 해도 우월하지 않고 열등하다고 생각하지 않을 수 없는 경우도 종종 있다. 그러면 자기를 비하하고, 침울해지고, 열등감에 괴로워하고…. 물론 우월하다고 생각하면 대개 오만해지고, 건방져지고, 남을 불쾌하게 만드는 등 여러 가지 폐를 끼치곤 한다.

타자와 자기를 분리하고 비교하는 마음, 즉 만慢은 자신과 타인도 괴롭히는 '번뇌'이다. 우월감과 열등감의 업다운은 매우 헛되지만 너무나도 흔하고 평범한 우리의 근본적인 고민이다.

이 번뇌는 필사적으로 남과 경쟁하고 발목을 잡으면서 우월성을 추구하는 방법이 아니라 남과 자신이 하나이기에 위도 아래도 없고, 비교할 수 없고, 할 필요도 없다는 것을 깊이 알아차리는 것에 의해서만 근본적으로 해결된다고 불교는 가르치고 있다.

또한 여기서도 아들러의 열등감과 열등 콤플렉스, 우월감과 우월 콤플렉스에 대한 통찰은 유식의 '만慢'과 뒤에 나올 수번뇌 '교憍(교만)'의 통찰과 크게 겹친다. 그리고 마음의 미묘한 기제에 대한 임상적 이해와 대처법이 완비되어 있다는 의미에서 유식을 대폭 증보하는 것이라고 파악할 수 있다.

자기 믿음에 의한 자기방어, 의疑

우리 평범한 인간은 자신이 실체적인 존재라고 깊게 믿고 있다. 복습적으로 말하면 '실체'에는 ① 다른 것과 관계없이 그 자체로 존재하고 있다, 존재할 수 있다, ② 변하지 않는 그 자체의 성질이 있다, ③ 언제까지나 존재한다, 존재할 수 있다는 의미가 있었다. 인간은 자신이 실체적인 존재라는 생각으로 아이덴티티(자기동일성, 자신이 자신이라는 심층의 신념, 안정감)를 확립하고 유지한다고 말해도 좋을 정도이다.

그런 실체로서의 자기를 믿고 있는 상태를 '아견我見'이라고 한다. 아견이 있으면 당연히 다른 것의 영향으로 자신이 변하는 것을 극도로 꺼리는 경향이 생긴다. 다른 것의 영향으로 변하는 것은 ①, ②, ③의 어떤 의미로도 실체적인 자신을 잃는 것이 되기 때문이다. '나는 나다. 남의 의견은 관계없다.', '나에게는 나의 신념이 있다.', '나의 신념은 변하지 않는다.', '나의 신념을 바꿀까 보냐.'라고 말하는 것이다.

'의疑'는 그런 식으로 실체로서의 자기와 신념을 방어하기 위해 불교가 전하고자 하는 것에 반발하고, 의심하고, 부정하는 마음의 자세이다.

우선 자신과 자신의 생각을 바꾸고 싶지 않다는 것이 기본적인 동기이기에 전해지는 것이 올바른지 아닌지는 아무 상관없는 것이다. 경직된 아견이 있는 인간에게 여태까지 자신이 생각하고 믿어온 게 틀렸고, 전해진 것이 진리라는 것 따위는 있을 수 없고 있어서도 안 되는 것이다.

하지만 여기서 다시 한번 생각해보자. 지금까지 이야기했던 것처럼 연기, 무상, 무아, 일여, 공이라는 개념으로 가리키고 있는 것은 특정 사상이라기보다 있는 그대로의 우주의 이치, 누구에게나 해당하는 것이라고 생각한다. 그렇지 않으면 '그것은 단지 불교의 가르침이고, 그것도 하나의 생각에 지나지 않는' 것일까?

이미 설명한 대로 불교의 핵심에 있는 것은 특정 종교라기보다는 보편타당한 철학과 영성이라고 이해할 수 있다. 때문에 불교의 핵심은 의심할 수 없는 진리에 도달하기 위해 의심되는 것은 전부 의심하는 데카르트적, 철학적 방법으로서의 회의懷疑는 부정하지 않는다고 생각한다. 철저하게 의심하면서도 인정하지 않을 수 없는 있는 그대로의 진실이 아니면 다르마, 법이라고 말할 수 없기 때문이다.

불교가 전하고 있는 것이 다르마, 우주의 이법이라면 그것이 자신의 지금까지 생각에 맞지 않기 때문에 반발하고, 의심하고, 부정하는 것에 의해 삶의 방식이 다르마에서 벗어나게 된다. 우주의 이법에서 벗어나면 인생을 헤매고 고민하며 실패해 낭패를 보게 되는 것은 당연하다. 그런 의미에서 '의疑'도 확실히 근본번뇌이다.

그렇다고는 해도 임상적으로 말하면 아견의 경직도는 사람에 따라 다양하고, '의疑'라는 번뇌에 대해서도 그리 강하지 않고 상당히 유연한 사람도 있다. 필요에 응해서 자신을 바꾸는 유연한 마음을 가지고 있고 '의疑'의 마음은 그리 없는 사람 쪽이 아무래도 상쾌하고 올곧게 살아갈 수 있을 것이다.

아我의 실체시에 대한 집착, 악견惡見

인간은 다른 동물과 달리 선천적으로 갖춘 능력, 즉 본능으로 살아갈 수 없다. 대부분 후천적으로 만들어진 문화에 의해 살아간다. 문화의 기초가 된 것은 언어와 언어로 체계화된 가치관, 세계관, 즉 코스몰로지 cosmology이고, 인간은 특정 코스몰로지를 바탕으로 한 견해 없이는 살아갈 수 없다. 때문에 무의식도 의식도 이어짐 코스몰로지에 무지할(아치→치) 뿐만 아니라 뿔뿔이 흩어진 코스몰로지를 믿고 있는(아견→악견) 것이다.

유식에서는 '악견'도 더 상세하게 분류한다. 신견, 변견, 사견, 견취견, 계금취견 다섯 가지이다.

1) 신견身見

'신견'은 외계나 타자와 분리 독립된 신체가 실체로서의 '나'라고 생각하고 집착하는 것이다. '이 몸이 나라는 것은 당연하지 않은가, 어디가 틀렸는가?'라고 생각하는 사람이 많을 것이다. 이런 견해는 현대인에게는 당연한 것이라고 믿어진다.

붓다와 아들러의 대화

하지만 잘 생각해보면 '신체=나'인 것은 아니지 않을까. 몸, 즉 생명체는 세포로 이루어져 있고, 세포도 외계와 구획은 나누어져 있지만 이어져 있어 신진대사라는 형태로 외계와 교류하지 않으면 살아갈 수 없으며 곧 세포분열해 원래의 세포가 아니게 된다. 세포는 실체가 아닌 것이다. 실체가 아닌 세포의 집합이고, 심지어 세포도 끊임없이 죽어 새로운 세포로 대체되고 있기에 신체는 실체가 아니다. 뿐만 아니라 몸과 마음도 전부 '나는 내가 아닌 것에 의해 나일 수 있다.'라는 것에 대해서는 반복해 이야기한 대로이다.

잘 생각해보면 '신체로서의 몸이 실체로서의 나이다.'라는 것은 명백하게 틀린 믿음, 즉 악견惡見이다. 하지만 물질과학주의의 교육을 받아왔기 때문에 현대인 다수가 이 '신견身見'을 강하게 품고 있는 것이다.

2) 변견邊見

거기에서 생겨나는 것이 '변견'이다. 이 몸이 나라고 생각(신견)하면 그것에 수반된 편향된 견해(변견)가 생겨난다. 편향된 견해는 두 가지로 '단견斷見'과 '상견常見'이다.

이 몸이 나라고 하면 몸은 어떻게 해도 결국은 죽기 때문에 나는 사라진다. '무'가 되는 것이다. '[몸이] 죽으면 전부 끝나고 무無가 된다.'는 사고방식이 '단견'이다. 단절되어 끝난다는 견해이다. 현대 언어로 말하면 '허무주의'다. 물질로서의 신체가 나의 전부라고 생각하면 필연적으로 허무주의에 빠지는 것을 유식은 수백, 수천 년 전에 간파하고 있었다는 게 놀랍다.

하지만 내가 가장 중요하다고 생각하면(아애我愛) 그것이 무無가 되는 것은 견딜 수 없는 것이다. 거기서 또 하나의 편향된 견해가 발생한다. 몸은 실체로서의 내가 아니라 몸에 머무는 영혼이 실체로서의 나이고, 영혼은 영원히 죽지 않는다는 사고방식으로 '상견常見'이라고 부른다. 또는 '금생의 몸은 죽은 몸이지만 다음 생에서는 죽지 않는 몸이 되어 되살아난다.'고 하는 것, 상견의 변형된 예라고 해도 좋을 것이다.

'영혼의 영원'도, '몸의 소생, 부활'도 불교의 관점에서는 영혼이나 새로운 몸을 실체라고 생각한다는 점에서 잘못된 견해, 변견으로 여겨진다. '영혼'도 '새로운 몸'도 다른 것과 관계없이 그 자체로는 존재할 수 없다는 의미에서 실체가 아니라고 생각된다. 확실히 실체로서의 영혼이나 새로운 몸에 얽매이는 것은 변견이 되지 않을 수 없을 것이다.

다만 나는 실체가 아니라도 현상으로서 신체와는 다른 종류의 '영혼'이 존재할 가능성을 반드시 부정할 수 없다고 생각한다. 하지만 영혼이 존재하는가보다 인간이 금생에서 깨달을 수 있는가가 더 중요하다고 생각한다. 이는 미묘한 문제로 이 책에서는 모두 설명할 수 없기에 이 이상은 놓아두려고 한다.

3) 사견邪見

잘못된 견해의 세 번째는 사견, 즉 이어짐을 부정하는 견해이다. 나를 포함해 모든 것은 실제로 다양한 이어짐 덕분에 존재할 수 있다(연기緣起). 그 이어짐은 시간적으로 말하면 과거의 셀 수 없이 많은 사건이라는 원인이 지금의 결과를 낳는다는 '인과의 이법'이 된다. 공간적으로 말하면

붓다와 아들러의 대화

온갖 것이 지금 특정한 것(사람, 사물)을 존재하게 한다는 것이다. 그런 시간적·공간적 이어짐(인과, 연)이라는 진리를 무시한 견해가 '사견', 즉 부정한 견해이다.

인간은 본래 분별지의 경향이 있다. 현대인은 극단적으로 뿔뿔이 흩어진 코스몰로지에 빠진 사람이 많고, 다른 것과 관계없이 스스로 존재하는 것이 있다고 생각하기 쉽다. 특히 자신에 관해서 '나는 나다. 타인은 관계없잖아.'라고 생각하는 사람이 많은 것 같다. 그 결과 타인에게 얽매이지 않는다는 의미에서 보면 자유를 얻은 것처럼 보여 다른 것과의 이어짐을 놓치고 고독에 빠진다. 자유롭게 행동하려 하지만 다른 것과의 이어짐을 잊고 있기 때문에 종종 제멋대로가 되어 타자에게 폐를 끼친다.

그런 견해는 모든 것은 이어져 하나라는 우주의 사실에 반하고, 자기 자신을 고독감으로 괴롭히고, 타자에게 폐를 끼친다는 3중의 의미에서 '번뇌'라고 말할 수밖에 없다.

4) 견취견見取見, 계금취견戒禁取見

악견의 네 번째와 다섯 번째는 자신의 견해, 사상에 얽매이는 견취견과 특정 계율이나 금기사항에 얽매이는 계금취견이다.

불교에서는 말할 것도 없이 바른 견해(정견正見)와 계율을 매우 중요시한다. 그러나 자신(들)의 견해, 사상, 종교나 계율에 집착하고 얽매이는 것은 근본적인 번뇌로 여긴다. 이것을 처음 배웠을 때 매우 놀라웠다. 모든 종교와 이데올로기가 빠지기 쉬운 자기절대화의 위험을 훌륭할 정도로 확실하게 알아차리고 엄격하게 경고하고 있는 것이다.

일반적으로는 자신(들)이 믿고 있는 가르침은 절대적으로 옳고, 지키고 있는 계율은 지켜야 한다고 믿는 것이 바로 종교이다. 그렇게 해야 확신, 안심, 안정, 아이덴티티를 확립할 수 있다고 생각하는 것이 아닐까.

그런데 유식불교에서는 자기절대화를 근본번뇌라고 여긴다. 알기 쉽게 말하면 잘못되었다는 것이다. 매우 유연하지만 어떤 의미로는 '자기상대화'라고도 말할 수 있는 관점을 갖고 있다. 내가 아는 한 이런 종교는 불교 외에는 없다. 그런 점에서도 불교는 보통의 '종교'를 초월한다.

유식불교는 왜 견취견과 계금취견을 부정할까? 인간이 마나식, 자신에게 얽매이는 마음을 품고 있기 때문이다. 하는 일마다 어떻게든 자신과의 얽매임으로 이어져 버리기 쉽기 때문이라는 통찰이 있다. 다른 부분에서도 조금 다루었지만 우리는 자신에게 얽매이기 때문에 '자신(들)이 믿고 있으니까, 자신(들)이 지키고 있는 것이니까 이것은 올바른 것이 당연하다.', '이것을 믿고 지키는 것이 바로 인간으로서 바른 것이다.', '이것을 믿지 않고 지키지 않는 자는 인간이 아니다.' 같은 사고패턴에 빠지는 경향이 있다.

그렇게 되면 종종 십자군 등으로 대표되는 종교전쟁, 내부의 종파 간 투쟁, 이단재판, 마녀사냥 같은 무서운 사태가 발생하게 된다. 종교, 신앙, 이데올로기의 위험뿐만 아니라 과거에서 현재에 이르기까지 다양한 곳에서 일어나는 너무나 비참한 손실은 집단적인 자기절대화에서 나온다.

그러나 자기를 절대시하는 것이야말로 무명이라고 알아차리는 불교에서는 아무리 올바르게 보이는 가르침이나 계율이라도 절대시하면 이미 잘못이라고 말한다. 앞에서도 설명한 것처럼 아무리 훌륭한 가르침도

붓다와 아들러의 대화

계율도 인간이 구원받아 깨닫기 위한 방법, 즉 '방편'에 지나지 않는다는 것이 불교의 기본 입장이라고 나는 이해한다.

그렇다고 해도 '모든 의견은 각각의 주관에 지나지 않으므로 무엇이 옳은지는 말하지 않는다.'라는 가치상대주의와는 완전히 다른 것이다.

연기, 무상, 무아 … 라는 개념이 가리키는 사실은 개념이 무엇이든 사실 자체일 것이다. 예를 들면 관계성, 시간성, 비실체성이라고 바꾸어 말해도 가리키는 진실은 변하지 않는다. 즉, 가르침은 절대적이지 않지만 그것이 보여주고 있는 사실은 절대이다.

그러므로 의심스러우면 스스로 몇 번이고 다시 생각하고 확인할 수 있다. 머리로 믿지 않아도 되는, 뿐만 아니라 믿으면 안 되는, 잘 보고(정견正見), 잘 생각하고(정사正思), 몇 번이고 다시 생각하고 확인하면서 확신을 더할 수 있다는 것이 불교적인 '신信'의 특징이다.

이런 사실에 눈뜨기 위해서는 해야 하는 것, 하지 말아야 하는 것이 있다는 점도 정말 그런지 임상적으로 확인할 수 있다. '효과가 확인되었든 확인되지 않았든 간에 교단에서는 이 계율을 지키게 되어 있기에 반드시 지켜야 한다.'고 말하는 것은 대승불교, 유식의 사고방식이 아니다. 계율을 지킴으로써 마나식이 정화되어 상쾌하고 따뜻한 마음이 되는 효과가 있는지 다시 확인해도 좋은 것이다. 효과가 있다면 계속 지키고, 없으면 그만둬도 된다는 게 대승이 계율을 대하는 기본적인 자세이다.

그런 의미에서 본래 불교는 절대주의도 가치상대주의도 아닌 '임상적 실증주의'라고도 말할 수 있는 입장을 취하고 있는 것이다. 거기에 과학으로서 심리학과의 대화와 통합이 가능한 원리가 포함되어 있다고 생각된다.

2. 타고난 인간의 성질, 범부의 성性

근본번뇌에서 비롯되는 고민들, 수번뇌隨煩惱

지금까지 마나식의 네 가지 근본번뇌, 의식의 여섯 가지 근본번뇌에 대해 배웠다. 이미 이것만으로도 인간 마음의 부정적인 면을 확실하고 정확하고 끈질기다 할 정도로 보았다. 하지만 유식은 질병에 관한 정보를 더욱 상세하게 제공한다. 대부분의 평범한 사람, 즉 범부의 일상 어디에나 있는 부수적인 고민, 즉 '수번뇌'가 20종류나 있다고 말한다.

근본번뇌라는 병의 원인이 있기에 다양한 증상이 나오는 게 당연한 것이지만 너무나 상세하게 말하면 상당히 충격적이다. 이 번뇌의 리스트는 나도 읽을 때마다 내 일상의 마음 상태에 너무나 들어맞아 맥이 풀려 기운이 없어질 정도이다.

노여움(분忿), 원한(한恨), 속임(부覆), 괴로움(뇌惱), 시샘(질嫉), 인색(간慳), 속임(광誑), 아첨(첨諂), 상처 주는 것(해害), 교만(교憍), 내적 무반성(무참無慚), 대타적 무반성(무괴無愧), 들뜸(도거掉擧), 의기소침(혼침惛沈), 진심 없음(불신不信), 게으름(해태懈怠), 제멋대로 함(방일放逸), 잊음(실념失念), 마음이 흐트러짐(산란散亂), 바름을 모름(부정지不正知)이다.

이 리스트를 정성껏 읽으면서 스스로 진단해보라. 이 중 하나도 해당이 안 되는 사람은 없을 것이다. 여기서 중요한 것은 '그렇게 심하지는 않다.', '그 정도로 빈번하지는 않다.'를 마음속에서 '없다.'로 바꿔 스스로를 속이지 않는 것이다. 가벼운 증상이라도 있는 것은 있는 것이고, 최소한 있는 것을 없다고 판단하고 진단하면 질병을 놓치게 된다. 놓치면 당

붓다와 아들러의 대화

연히 치료되지 않는다.

마음 깊이 건강해져 생기 있는 인생을 살고 싶다면 마음 병의 증상을 놓치지 않고 제대로 자각할 필요가 있다. 만성질환인 채로 우물쭈물, 투덜투덜, 불쾌감이나 아픔은 있어도 귀찮고 무서우니까 치료하고 싶지 않다는 사람을 강제할 수는 없지만 그래도 치료하는 게 좋다고 생각한다. 그러기 위해서는 증상을 체크하고 자각해야 한다.

이런 번뇌의 근본적인 치료는 나중에 서술할 육바라밀의 실천에 의한 마음의 여덟 가지 영역(팔식八識)이 네 가지 지혜(사지四智)로 전환하는 것밖에 없다. 하지만 풍부한 공동체감각을 기르면 상당 정도 완화되는 것은 이미 서술한 대로이다. 수번뇌 각각에 대해 설명하겠지만 각각의 수번뇌에 대해서도 '이어짐의 감각, 이어짐의 눈뜸'에 의해서 경감, 완화하는 기제를 독자 스스로 실험해보면 감사하겠다.

자신과 타자가 분리되어 있다는 믿음에서 일어나는 성냄, 분忿

수번뇌의 첫 번째는 성냄이다. 우선 화내고 있는 본인도 불쾌하고, 화를 받는 상대방도 불쾌하기에 '번뇌'이다. 우리는 자신에게 얽매여 자기 생각대로 되지 않는 것에 화를 낸다. 자신, 자신, 자신 … 이다. 원어는 산스끄리뜨어이지만 한자로 쓰면 의미가 더욱 확실해진다. '분'이란 글자 그대로 읽으면 나뉜分 마음心이다. 자신과 타자가 분리되어 있다는 믿음으로 취향, 이해, 신념, 입장 등이 대립한다고 생각해 화를 내는 것이다.

나뉘어 있다고 생각하지 않으면 대립할 방법도 없다. 대립하지 않으면 화를 낼 수 없다. 무엇 무엇이라는 것은 이론이지만 감정은 그렇지 않다. 이 경우 '이론'과 '감정'의 불일치는 왜 일어나는 것일까?

성냄, 즉 '분'은 자신이 다른 것과 분리되어 대립하고 있다고 생각할 때 일어나는 마음의 현상이다. 자신이 아닌 다른 것(사람, 사물)이 자기 생각대로 되지 않으면 아무래도 어쩔 수 없이 화가 나는 것이다. 이는 질병의 가장 눈에 띄는 증상에 비유할 수 있다. 우리의 의식은 원래 자기 생각대로 되지 않으면 언제라도 화를 낼 가능성, '진瞋'이라는 근본번뇌를 품고 있기 때문이다. '나의 생각대로 되지 않는 경우, 내가 화를 내는 것은 마땅하고, 당연한 권리가 아닌가?'라는 깊은 믿음이다. 진이라는 기본적인 마음의 모습은 계기가 있으면 언제라도 분憤이라는 현상을 낳게 되는 것이다.

그리고 그것에는 마나식의 아치, 아견, 아만, 아애라는 보다 근본적이고 무의식적인 뿌리가 있다. 내가 가장 사랑스럽고, 내가 모든 것의 의지처이며, 나는 나이고 다른 것과는 관계없다고 믿으면 당연히 모든 것이 나를 중심으로 돌아가야 하고, 모든 것은 나의 생각대로 되어야 한다는 마음이 된다.

성냄이라는 증상의 깊은 곳에는 마나식과 알라야식의 무명과 번뇌라는 근원적인 병의 원인, 병원病原이 있다. 그리고 마나식과 의식이 공동으로 만들어내는 까르마, 즉 공동작업은 알라야식에 쌓이고 달라붙어 대부분 풀리지 않을 것 같은 굴레가 되고, 거기에서 새로운 번뇌의 까르마가 또 생긴다.

선善의 경우와 다음에 이야기할 깨달음을 위한 여섯 가지 방법, 육바라밀의 경우도, 번뇌의 경우도 알라야식-마나식-의식의 순환 메커니즘

붓다와 아들러의 대화

은 기본적으로 동일하다. 성질은 선순환과 악순환으로 완전히 반대이지만 말이다.

이 메커니즘을 생각하면 이론과 감정이 일치하지 않는 이유를 확실히 파악하게 된다. 감정은 어디에서 오는 것일까? 그렇다. 마나식과 알라야식이라는 심층에서 솟아나는 것이다. 그것은 의식상, 이론적으로 조금 아는 정도로 해소하고, 정화할 수 있는 것이 아니다. 의식의 표면으로 조금 아는 정도의 이론으로는 감정은 어떻게도 되지 않는다.

하지만 조금 아는 이론으로는 감정을 누를 수 없지만 확실히 알면 감정을 변화시킬 수 있다.[1]

'성냄'을 종자로 싹을 틔워 원망을 쌓는다, 한恨

우리는 자기 생각대로 되지 않는 게 있으면 화를 내고 계속 기억한다. 성냄이라는 까르마가 '기억'이라고 바꿔 말할 수 있는 '종자'가 되고, 알라야식에 고여 언제까지나 사라지지 않고, 종종 싹을 틔운다. 즉, 생각나면 또 화가 나서 미움의 감정이 솟아오른다.

남을 원망하고, 세간을 원망하고, 가볍게 삐치고, 심통 부리고, 비뚤어지고, 못되게 굴고, 계속 미워하고, 지독한 원념을 품고, 저주한다.

성냄 이상으로 원망은 원망하는 사람 자신이 극히 불쾌하고 기분이 나빠져 괴로운 것이다. 바로 자신에게 '번뇌'이다. 원망을 말, 표정, 태도로 드러내면 상대방도 불쾌해지고, 원망의 결과로 복수를 당하게 되면 더욱더 싫은 눈치를 당하게 된다. 상대방에게도 '번뇌'이다.

성냄처럼 원망에는 '자신은 옳다.'는 믿음이 있다. "핑계 없는 무덤이 없다."라는 속담처럼 자기가 나쁜 짓을 했다는 것을 알고 있어도 나쁜 짓을 한 '자기 나름의 이유, 옳음'이 있다고 생각하는 게 인간이다. 하물며 '어떻게 생각해도 자신이 절대로 옳다.'고 믿고 있으면 원망은 결코 해소되지 않는다.

그것에 대해 유식은 절대絕對, 즉 '대對＝관련성'을 '끊은絕', 즉 완전히 다른 것과 분리된 실체적인 '자신'이 있다는 생각 자체가 무명이고, 착각인 것을 지적한다. 원망하고 있는 자신도, 원망받는 상대방도 깊은 곳, 진정한 부분에서는 이어져 일체, 일여인 것이다.

그리고 자타를 함께 괴롭히는 것, 즉 번뇌라는 것을 지적한다. 원망은 자타 모두를 불행하게 한다. 자기만이 아닌 상대방도, 상대방만이 아닌 자신도 불행하게 한다. 이 두 가지를 마음 깊은 곳에서 알면(지혜) 원망은 해소되어 무엇보다 우선 자신의 마음이 상쾌해진다.

하지만 성냄도, 원망도 공동체감각이 풍부하면 완전 해소까지는 아니라도 상당히 완화되고 경감되어 용서할 수 있게 된다. 아들러 이후의 개인심리학에서는 그런 부정적인 감정을 제어하는 방법이 더욱 개발되었다.[2] 또한 아들러에게 큰 영향을 받아 만들어진 논리요법은 감정의 제어법 그 자체라고 말해도 좋을 것이다.[3]

집착에서 비롯된 속임, 부覆

뉴스를 보고 있으면 정, 관, 재계에 이르는 다양한 부정이 보도된다. 뉴스는 알려진 것을 보도할 뿐 아직 많은 것이 은폐되고 있을 것이라고 추측된다. 나는 이런 은폐 체질이 뿌리가 깊다는 것에 절반은 놀라서 탄

붓다와 아들러의 대화

식했지만 절반은 '당연하구나.' 하고 고개를 끄덕였다.

어째서 실패나 결함이나 범죄를 '은폐'하는 것일까? '자신'을 지키려 하기 때문이다. 옳든 그르든 자기방어를 하고 싶기 때문에 자기의 실패나 자기 제품의 결함이나 자기(들)의 부정, 범죄를 은폐하고 속이려고 하는 것이다. 그 경우 '자신'에는 자신의 입장, 자신의 지위, 자신의 명예, 자신의 체면, 자신의 수입, 자신의 기득권 등 자신의 '소유'와 '속성'도 포함되어 있다.

물론 윤리적으로는 당연히 하면 안 되지만 범부의 성性, 범부의 상相, 흔히 있는 이야기로 잘 알 수 있다. '자신'과 '자신의 것'을 실체라고 믿고 집착한 나머지 잃고 싶지 않아서, 더 늘리기 위해서 몰래 나쁜 짓이라도 하고, 숨기고, 속이고 싶어지는 것은 '부覆'라는 수번뇌이다.

신화적 불교를 믿었던 시절 '숨어서 나쁜 짓을 해도 어딘가에서 부처님, 신령님, 조상님이 보고 있다.', '정직하게 살지 않으면 죽어서 좋은 곳에 가지 못 한다.'고 생각했다. 그런 신앙을 잃은 현대인은 '나쁜 짓 좀 해도 들키지 않으면 된다. 음지에서 하면 된다. 감추면 된다.'고 내심 생각하는 사람이 증가하고 있다.

그래도 양심이 조금이라도 있으면 찔려서 아프고, 거의 없어도 들키지는 않을까 불안하고, 들키지 않을 거라고 생각해도 언제나 들키지 않도록 더 신경 써야 하기에 마음이 괴롭다. 물론 은폐, 속임은 남에게 폐를 끼친다는 의미에서도 번뇌이다. 남에게 신뢰와 사랑을 받고, 스스로 자신에게 긍지를 가지고서 가슴을 펴고, 정정당당하고 상쾌하게 살아가고 싶다면 속임, 은폐는 없는 게 좋은 것은 너무나도 명백하다.

하지만 '자신'과 '자신의 것'을 실체시하고 집착하는 한 그런 체질, 마음의 움직임은 사라지지 않는다. 이 번뇌를 치료하는 약은 '신信(진심, 성실함)'과 '마나식의 정화'이다.

괴롭힘에서 비롯되는 괴로움, 뇌惱

유식의 '뇌'라는 말에는 타자를 괴롭힌다는 의미와 자신이 괴롭다는 의미 둘 다 들어 있다. '괴롭다'를 보면 우리가 괴로운 것은 내용이 무엇이든 전부 기본적으로는 '자신의 생각대로 되지 않아서' 괴로운 것이다. 그리고 그 속에는 '전부 자신의 생각대로 되길 바란다. 그렇게 되어야 한다.'는 에고이즘적 무명에 대한 강한 믿음이 있다고 생각한다.

'괴롭히다'에 대해 말하자면 화를 내고 원망하면 나쁜 표정이나 태도, 더 격렬한 태도, 불쾌한 말과 행동, 심술, 독한 말 등으로 남을 괴롭히고 싶어진다. 못된 장난, 치근거림, 험담, 욕설, 무시 … 범부가 고안해낸 남을 괴롭히는 업은 놀랄 만큼 다양하다. 치癡, 즉 어리석음은 무지가 아니라 '악한 지혜'의 다른 이름이 아닐까 하는 생각이 들 때가 있다.

어리석음의 근원에는 괴롭힘을 당했으니 상대방을 괴롭히는 것은 당연한 권리라는 믿음이 있을 것이다. '괴롭힘을 당했다.'라는 느낌에는 극단적인 경우 '아무튼 주는 것 없이 밉다, 즉 나의 감각에 맞지 않기에 기분이 나빠졌다.', 그러므로 '못되게 굴고 싶은 것은 당연하다.'는 것까지 포함된다. 왕따가 문제가 될 때 '왕따 당하는 쪽에도 그 나름의 이유가 있다.'는 말이 나오는 것도 이런 이유 때문이다.

범부 중에도 물론 비교적 나은 범부, 선인이라고 말할 수 있는 범부,

즉 아들러 식으로 말하면 건전한 라이프스타일을 형성한 사람도 있다. 하지만 상당수의 범부는 왠지 '자신의 권리'라고 생각해 일견 아무렇지도 않게 남을 괴롭힌다. 이런 경우 남을 괴롭히기는 하지만 자신은 괜찮으니까 '번뇌'라는 말에 해당되지 않는 것 아닐까 하는 의문이 일어날지도 모른다.

그 점에 대해 유식은 성내고 원망하고 괴롭힐 때에는 '열뇌熱惱'라거나 '폭렬暴熱'이라는 말로 표현되는 자신에게도 극히 불쾌한 감정이 수반된다고 지적한다. 물론 근본에 괴롭히는 자신과 괴롭힘 받는 상대가 분리되어 있다는 믿음과 망상이 있다는 의미에서도 번뇌이다.

이것에 대해선 현대의 심층심리적인 통찰을 더할 수 있을 것이다. 확실히 남을 괴롭히고 따돌리면서 태연하고, 오히려 기뻐하는 것처럼 보이는 사디즘적인 성격도 있다. 하지만 의식적으로만 보면 그렇게 보이는 것이다.

생각해보라. 타인로부터 인정받거나 사랑받지 못하는 인생이 즐거울까? 성격에 따라서 인정받지 못하고 사랑받지 못해도 전혀 아무렇지도 않고, 오히려 즐거운 사람이 있을까? 그렇지는 않다. 인생의 본성상, 인정받고 사랑받는 것은 보편적으로 절실한 욕구라고 생각한다.

다만 있는 그대로 인정받고 사랑받는 것을 마음속, 무의식으로는 갈망하면서 동시에 그런 것은 불가능하다고 절망하는 사람은 마음의 방어기제로 '인정받지 못해도 괜찮다.', '사랑처럼 물러 터진 것은 필요 없어.', '내가 강하면 남은 싫어도 나를 인정할 것이다.'라고 말하고 행동할 뿐이다. 정신분석적으로 '부인'이나 '반동형성'이라는 방어기제이다.

그런데 자신을 괴롭히는 사람, 못되게 구는 사람을 좋아하는 사람이 있을까? 없을 것이다. 당연하지만 타자를 괴롭히고 사랑하지 않는 사람은 영원히 타자에게서 사랑받거나 인정받지 못한다. 남을 괴롭히는 것은 법칙적으로 남에게서 인정받지 못하고 사랑받지 못한다는 결과를 가져오기 때문이다. 그러므로 자기 무의식의 절실한 바람은 결코 채워지지 않는 절망적인 것이다.

그러면 절망은 가장 깊은 괴로움일까? 아직 통증 같은 자각증상이 나오지 않았어도 시한부인생인 질병은 아프지 않아도 틀림없이 질병이다. 그처럼 자각하지 못하는 절망 또한 실존철학자 키에르케고르Søren Kierkegaard의 말을 빌리자면 '죽음에 이르는 병'이다. 정신적으로 죽음에 이르는 병은 괴롭다는 자각이 없다(억압되어 있다) 해도 병이다. 남을 괴롭히는 것은 괴롭히기만 하고 자신은 괴롭지 않으려는 본인에게도 깊고 복잡한 의미로 틀림없이 무서운 마음의 병, 번뇌이다.

말할 것도 없이 '괴로움', '괴롭힘'은 공동체감각이 풍부해지면 대부분 사라지고 연기, 공, 진실성에 눈뜨면 완전히 사라질 것이다.

분리의식, 분별지가 키우는 시샘, 질嫉

수번뇌는 질병으로 비유하면 가장 표면에 드러난 증상이다. 예를 들면 발열, 통증, 허약, 부종 등이다. 의식상의 근본번뇌에 해당한다고 말할수 있을지도 모른다. 그리고 증상의 배후에는 질병이 있다. 예를 들면 감기, 감염증이나 당뇨병, 생활습관병, 암 등이다. 질병의 배후에는 바이러스, 흐트러진 생활, 체질 등이 있다. 마나식의 근본번뇌에 해당한다.

붓다와 아들러의 대화

'질투'는 현대의 중대한 주제 가운데 하나이다. 근현대의 이른바 선진국이라는 다수는 자유주의, 자본주의 나라이다. 근대적 이성이라는 분별지에 기초한 자유경쟁 사회이다. 거기서 사람은 개개인으로 분리되어 있고, 서로 비교하고 경쟁하는 존재이다. 비교하고 경쟁하면 당연히 우열이 갈린다. 경쟁하는 자체가 비교해 우열을 가르는 것이다.

인간의 열등감과 우월감 사이에서 괴로워하는 마음의 문제를 날카롭게 분석한 아들러 심리학은 그런 '근대사회'에 들어선 오스트리아에서 필연적으로 태어난 심리학이라고 말할 수 있다.

물론 거기서는 항상 우월한 것이 좋은 것이라고 생각된다. '큰 것은 좋은 것이다.' 하지만 모두가 경쟁하고 있기 때문에 모두 우월할 수는 없다. 우월하다고 말할 수 있는 것은 감각적으로 말하면 한 집단 속에서 10퍼센트 정도일 것이다. 예를 들면 '공부를 잘하는 아이'는 40명 학급이라면 4, 5등 안에 든 아이. 10등 이내면 '그럭저럭 하는 아이'이다.

이런 비교, 상대평가가 좋다고 생각하지 않는다. 현대는 자유주의 경쟁사회이고, 사회의 온갖 부분에서 철저하게 비교, 상대평가가 이루어진다는 사실을 말하고 있을 뿐이다. 나는 한 사람 한 사람 본질적으로 절대평가를 하고 싶다고 생각하고, 현대사회를 용인하는 것이 아니라 본질적으로 비판하는 것이다.

아무튼 분리의식 → 비교·경쟁 → 우열 → 우월감을 느끼는 소수와 열등감을 느끼는 다수가 발생한다는 흐름은 필연적이다.

그러면 많든 적든 열등감을 느끼는 사람은 우월해 보이는 사람에게 어떤 감정을 품을까? 그렇다. '질투'이다. 어느 시대에나 비교경쟁과 우열,

질투가 있었지만 현대에는 이런 것들이 극단적이다. 분별지에 기초한 근대사회는 필연적으로 질투라는 수번뇌를 거대화시킨다. 그리고 질투는 말할 것도 없이 불쾌하고 괴로운 감정이다. 사회 시스템 자체가 우열과 질투를 부채질하는 본질을 가지고 있기에 자칫하면 누군가를 질투하고, 그 결과 자신이 괴로워하게 된다.

그런 수번뇌에서 회복하기 위한 약은 '공동체감각'이고, 나아가 타자와 자기의 근원적인 이어짐과 일체성을 우선 머리로 이해하는 '지혜'이다. 이어져 하나라면 비교할 필요도 없고 비교할 수도 없다. 때문에 질투할 필요도 없고 질투가 있을 수도 없다. 예를 들면 하나의 몸이라면 못생긴 다리가 예쁜 눈을 질투하는 일은 일어나지 않는다.

더 근본적으로 치유하기 위해서는 마나식을 정화하고 '평등성지平等性智'라는 지혜로 전환할 필요가 있지만 그에 대해서는 조금 뒤에 설명하겠다.

정신분석적인 발달심리학에서는 갓난아기는 자신과 타자와 세계가 완전히 융합되어 있는 심리상태에 있다고 여긴다. 타자미분화이기 때문에 여태까지 종종 '깨달음'과 혼동되었다. 하지만 자아 이전(프리퍼스널prepersonal)과 자아 이후(트랜스퍼스널transpersonal)는 자아상태가 아니라는 것이 닮았을 뿐 대부분은 거의라고 해도 좋을 정도로 발달단계가 다른 것이다. 아기의 마음은 미분화된 자기중심성의 상태에 있고, '나르시시즘'이라고 말한다. 곧 자신과 모친이 별개의 존재라는 것, 자신과 세계가 별개의 존재라는 것을 차차 학습하고, 긴 성장기간을 거쳐 드디어 '자아'를 형성한다. 하지만 마음속, 심층에 나르시시즘의 핵은 남아 있다.

자아는 자신과 타자, 세계가 분리되어 있다는 것을 자각하면서 자신의 나르시시즘적인 경향이 있는 욕구와 타자, 사회, 세계의 요구 사이에서 조정, 적응하는 마음의 기능이다. 유식이 '마나식'이라고 부르는 것은 마음속에서 '나르시시즘'이라는 핵을 남기고 실체시 된 '자아'가 형성된 상태라고 생각해도 좋을 것이다.

'질투'에는 우열에 관한 질투만이 아니라 애정에 관한 질투가 있다. 우리에게는 마나식이 있고, '아애'라는 근본번뇌를 품고 있기 때문에 세계와 타자가 자신을 위해 자신을 중심으로 존재하길 바란다. 그래야 하며 그럴 것이라는 나르시시즘적인 믿음을 정도의 차이는 있어도 가지고 있는 것이다. 애정으로 말하면 주위 (자신에게 중요한) 사람은 나를 사랑해야 한다, 누구보다도 나를 가장 사랑해야 한다, [가능하다면] 나만을 사랑해야 한다고 애정에 대한 과도한 욕구, 갈망을 가지기 쉽다.

가족 내에서 발생하기 쉬운 문제를 예리하게 지적한 것이 아들러의 '우월성을 향한 노력'이나 '출생 순위'에 대한 분석이라는 것은 말할 것도 없다.

하지만 부모든 연인이든 반려자든 친구든 나를 중심으로 나를 위해 살아가고 있을 리 없고, 나만을 사랑하는 것은 무리한 요구이다. 물론 관계의 멀고 가까움은 있을 수밖에 없기에 나에게 중요한 사람이 가능한 만큼 나를 사랑해주기를 바라는 것은 부자연스럽지도, 부당하지도 않다. "자연스러운 욕구"이다. 어느 정도까지는 '권리'라고 말해도 좋다. 하지만 나는 '애정을 독점할 권리'는 없다고 생각한다. 애정을 독점하고 싶다는 것은 정도에 따라 허용될 수도 있다고 생각하지만 지나치면 "신경증적인 욕구"가 된다.

질투 역시 특히 남녀 관계에서는 정도가 가볍다면 안정되고 성실한 관계를 유지하는 데 도움되는 면도 있다. 논리요법에서는 '건전한 질투' 와 '불건전한 질투'를 구별하고 있다.[4] 가벼운 '건전한 질투'라면 애정관계 의 양념이 되거나 관계지속의 보충제가 될 것이다.

하지만 과도한 독점욕에서 생겨나는 '불건전한 질투'를 겪어본 사람은 누구나 알 것이다. 우선 자신을 심하게 괴롭힌다. 냉정하게 보면 상대방 을 매우 괴롭히는 것도 확실하다. 그 결과 두 사람이 행복해지느냐면 반 드시 행복해지지는 않을 것이다.

과도한 독점욕은 마나식의 아애에서 생겨나는 '탐냄', 즉 과도한 욕망 이다. 과도한 욕망에서 생겨나는 수번뇌인 '질투'는 자신도, 상대방도 괴 롭게 만들기 때문에 틀림없이 '번뇌'이다.

불건전한 '질투'를 다스리는 약은 자신도, 상대방도, 누구도 행복하게 하지 않는 '번뇌'라는 것을 확실히 이해하고 알아차리는 것이다.

자신의 것에 얽매이는 마음, 간慳

다음은 '간'이다. 일단 인색, 치사한 마음이지만 보다 깊게는 '자신의 것에 얽매이는 마음'으로 번역할 수 있다. 지금 자신에게 남는 것을 어려 운 남에게 주려고 생각하지 않는 것은 남을 자신과는 분리된 타인, 다른 사람이라고 생각하기 때문이다. 자신의 것을 자신의 오른손에서 왼손으 로 옮기는 것이라면 아무런 망설임도 없을 것이다. 한 몸이라고 생각하 지 않으니까 자신의 것을 남에게 주면 자신에게는 없다고 생각해 치사한

붓다와 아들러의 대화

마음이 생긴다.

거기에서 자신이 실체이고, 실체이길 바란다고 생각해 자신을 지키고 싶어지는 것이다. 실체로서의 사물이 실체로서의 자신을 지켜준다고 생각하기에 얽매이고 집착해 인색하게 군다. 즉, 탐냄이라는 근본번뇌에서 인색이라는 수번뇌가 발생하는 것이다. 그 속에는 자신을 실체시하고 과도하게 자기방어적이 되는 마음인 아치나 아애가 움직이고 있다.

하지만 과도한 자기방어는 필연적으로 불안을 수반한다. 불안은 말할 것도 없이 자신을 깊은 곳에서 괴롭히는 번뇌이다. 게다가 치사하게 굴어 남에게 미움을 받는다는 의미에서도 인색함은 번뇌를 가져오는 것이다. 자신을 지키기 위해 인색하게 구는 것이지만, 인색하게 굴수록 안심이 되는 것이 아니라 불안만 심해지고 남에게 미움을 받을 뿐이다. 하지만 우리는 꽤나 그것을 알아차리지 못한다.

안온하고 상쾌하게 살아가고 싶다면 자기 혼자 소유, 보존하는 것에 얽매이지 말고 우주의 것을 우주의 각각의 부분(자타)을 위해 그때에 어울리게 활용한다는 마음가짐을 갖는 쪽이 좋을 것이다.

'그런데 사유제도를 대전제로 한 자본주의사회에서 가능한가? 그러면 손해를 보지 않을까?'라는 의문이 있을 것 같다. '우리가 진정한 의미로 현명하다면 불가능한 것은 아니다. 그렇게 하는 쪽이 깊은 의미로 유리한 인생이다.'라고 말하는 것이 그에 대한 나의 대답이다. 상세한 것은 이 책의 범위를 넘어서기에 여기까지 하겠다.

자신의 이득을 위한 속임, 광誑

남을 속이는 것은 윤리적으로 나쁘고, 사기가 되면 범죄라는 것은 누구나 알고 있을 것이다. 하지만 알고 있다고 해서 행하지 않는 것은 아니다. 사기를 치는 인간은 범죄라는 걸 알면서 하는 것이다.

어째서 범죄라는 것을 알면서 하는 것일까? 사기를 쳐서 남에게서 돈을 빼앗으면 자신이 덕을 보고, 이득이 된다고 생각하기 때문이다. 거기에는 남과 자신이 분리되어 있고, 타인이 손해를 봐도 자신은 손해 보지 않을 뿐만 아니라 득을 본다는 생각이 있다.

아들러 심리학 식으로 말하면 모든 범죄의 근본에서는 공동체감각의 결여가 결정적으로 발견된다. 유식적으로 말하면 분별지, 무명이 있고, 자신의 이익을 위해서라면 무엇이든 하기 쉬운 아애의 마음이 있고, 자신의 것을 가능한 한 많이 원하는 탐냄의 마음이 있기 때문이다.

특히 다수의 현대인은 죽으면 끝이다, 지옥도 극락도 없다고 생각하기에 아무도 보지 않고 들키지 않는다면 그만이라고 생각하는 것 같다. 노인의 보험금이나 연금을 노린 사기, 가족의 기분을 이용한 보이스피싱 같은 이전에는 상상하지 못했던 유형의 범죄가 증가하는 이유는 신화적 불교를 믿지 않게 된 것에서 큰 영향을 받았다. 잘 속여서 들키지 않으면 금생에서의 보복은 없고, 죽으면 끝이니까 물론 내생의 보복도 없다고 믿는 것이다.

하지만 정말로 그럴까? 그렇지 않다. 아무리 잘 숨겨도 자신의 마음은 알고 있다. 아무도 몰라도 자신은 알고 있고, 아무도 보지 않아도 자신의 마음의 눈은 보고 있다. 무엇보다 한 일의 잔존영향력, 즉 까르마는 자신의 마음속, 즉 알라야식에 반드시 고이게 된다. 진흙탕처럼 더럽고 답답하고 질척질척하게 고인다. 고인 까르마는 영혼, 알라야식을 썩게 한다. 지금은 통증을 자각하지 못해도 영혼이 썩는 것은 바로 병이고, 그런 의미에서 번뇌이고, 틀림없이 중대하고 심각한 보복을 받는 것이다.

아첨하는 마음, 첨諂

'첨', 아첨하는 마음이다. 인류가 경직된 계층, 계급이 있는 사회―나는 '무명의 피라미드'라고 부른다―를 형성하게 된 이래 아마도 일만 년 이상 동안 집단에 속한 인간이 계속 괴로워해 온 번뇌이다.

자기방어를 위해서는 자신보다 강한 인간에게 아부하고 아첨하지 않으면 살아갈 수 없다. "긴 것에는 휘감겨라(힘 앞에는 굴복해라).', '기대려면 큰 나무의 그늘"이라는 속담도 있다. '평등'이 명분이 된 민주주의 국가나 사회에서도 아부하고, 저자세로 굴고, 억지웃음을 짓고, 인사치레나 아첨을 하고, 윗사람이 틀렸어도 예스맨이 되지 않으면 살아남지 못하는 일이 빈번하다. '첨'은 아부하기 위해 진실을 왜곡한다는 의미이다. 상세하게는 '첨곡諂曲'이라고도 한다.

개개의 경우에 대해 여기서 이야기할 수는 없지만 일반적인 원칙만은 말할 수 있다. 인간 사회 전체가 분별지, 무명을 토대로 영위하는 범부의 사바세계에 있는 한 거기서 살아남기 위해서는 어쩔 수 없는 타협, 허용 범위 내의 '자기방어'는 괜찮지만 그 이상은 좋지 않고, 지나친 '자기보신'이라는 단계가 되면 가능한 한 그만두는 것이 좋다.

정당하고 허용 가능한 범위 안에서의 '자기방어'와 과도하고 비겁한

'자기보신'은 실제로는 한없이 연결되어 있기에 경계선을 확인하는 것이 상당히 어렵다. 하지만 원칙만이라도 제대로 붙잡으면 결단의 힌트가 될 것이다.

타인을 부정함으로써 상처를 주다, 해害

또 하나의 수번뇌 '해害는 선善의 '불해不害'와 정반대의 마음의 움직임이다. 사람은 남에게 다양한 형태로 해를 끼치려 하고, 실제 해를 끼친다. 괴롭힘이나 폭력, 살인에서 전쟁까지 정도에 따라 큰 차이가 있지만 사람이 남을 부정하는 마음이 있다는 점은 완전히 같다. 심지어 능동적이고 적극적으로 타인을 부정한다.

왜 타인을 부정하는 것일까? 개개의 경우 다양하고 복잡한 사정이 있지만 기본은 완전히 같다. 우선 해를 끼치는 마음은 공동체감각이 근본적으로 결여된 것에서 생겨난다. 게다가 다른 수번뇌인 성냄, 원망, 괴롭힘과 이어져 있다. 그 배후에는 의식상의 근본번뇌 대부분이 관련되어 있다.

우선 남과 자신이 분리되어 있다는 믿음, 일체성에 대한 완전한 무지, 어리석음, '치癡'가 근본이다. 그리고 자신의 형편이 나쁘면 언제라도 화를 낼 가능성인 '진瞋'의 마음이 있기에 약간의 계기만 있으면 바로 성내고 괴롭히고 해를 끼치려는 마음이 일어난다. 자신의 이익에 과도하게 집착하는 '탐貪'의 마음이 있기에 조금이라도 자신의 이익에 해를 입으면 철저하게 해를 돌려주겠다는 마음이 생기기 쉽다. 또한 남과 자신을 비교해 자신이 위라고 생각하고 싶은 '만慢'의 마음이 있기에 자존심이 상처

붓다와 아들러의 대화

받았다, 체면을 구겼다, 바보취급 당했다 등으로 화를 내고, 상처 받았으니까 상처를 돌려줄 권리가 있다고 생각한다.

하지만 이 정도는 개인의 문제이기에 유식이 아니라도 아들러 심리학의 공동체감각을 풍부하게 키우는 것으로 상당 부분 개선 내지 완화가 가능하다. 또한 실제 상황에서는 유식보다는 아들러 심리학으로 대처하는 쪽이 더 효과적인 경우가 많다. 하지만 아들러 심리학만으로는 대처할 수 없는 곤란하고 깊은 번뇌가 있다.

잘못된 믿음의 '악견惡見', 특히 특정 견해에 대한 집착인 '견취견見取見'과 특정의 계율, 금기사항, 도덕 등에 대한 얽매임인 '계금취견戒禁取見'이 있기에 자신의 의견, 사상이나 윤리에 맞지 않는 사람에게는 '용서할 수 없다.', '그러한 사고방식은 있을 수 없다.', '이런 생각을 하는 인간은 사라져야 한다.'에서 시작해 '존재하면 안 된다.', '존재하지 않게 하고 싶다.', '존재하지 않게 하겠다.'는 완전부정과 살의에까지 이르게 된다.

그 속에는 자신과 타자가 이어져 일체의 우주인 것에 대한 근원적 무지 즉 아치, 자신이 실체라는 믿음 즉 아견, 자신이야말로 모든 것의 의지처라는 생각 즉 아만, 자신이 가장 중요하고 사랑스럽다는 집착 즉 아애라는 네 가지의 마나식의 근본번뇌가 틀림없이 움직이고 있다.

마나식을 품은 인간은 아애의 연장, 확대로서 자신에게 좋은 사람을 사랑할 수는 있지만 나쁜 사람은 어떻게든 부정하고 싶어진다. 그리고 모든 사람이 자신에게 좋을 수 없기에 언제까지라도 서로 해를 끼치고 싸움이 끊이지 않는다. 마나식을 품은 인류가 역사 이래 또는 역사 이전부터 이쪽은 우리로 저쪽은 우리가 아닌 그룹으로 나누어 서로 상처 입히고 전쟁을 해온 것은 당연하며 멈출 수 없는 것이고, 어쩔 수 없는 것으로 생각한다.

불교, 그중에서도 유식을 배운 후 나는 어린 시절부터 가졌던 '인간은 왜 전쟁을 하는가? 왜 그만두지 못하는가?'라는 절실한 의문에 대한 명쾌한 답을 얻었다. '인간은 마나식이 있기에 전쟁을 한다. 마나식이 있는 한 전쟁은 그만둘 수 없다.'고. 평화조약을 맺어도, 평화운동을 해도, 국제연맹을 만들어도, 국제연합을 만들어도 매우 안타깝지만 마나식이 있는 한 영속적인 평화는 오지 않을 것이다.

하지만 마나식을 정화할 수 있다면 영속적 평화는 가능하다. 적어도 심리적 조건은 마련된다. 그 외에 정치, 경제, 문화, 사회 등에서의 조건도 필요하다. 유식은 '방식에 따라 마나식은 정화할 수 있다.'라고 말하기에 머리로 믿을 필요는 없지만 진심으로 평화를 바란다면 우선 왜 그렇게 말하는지 배워볼 가치는 있다고 생각한다. '지금 대충 평화로우니까, 그런 귀찮은 것은 됐어.'라고 하찮게 여기거나 '세계 전체의 영속적 평화 따위는 불가능하다.'고 포기하기 전에 영속적인 평화를 가능하게 하는 마음의 조건에 대해 많은 사람이 생각해주기를 바란다.

자신이 우월하다는 믿음, 교憍

자타가 분리되었다고 생각하면 자타의 비교가 일어난다. 비교할 경우 물론 자신이 위라고 생각하고 싶은 건 당연하다. 비교해 위라고 생각하고 싶은 기본적인 마음(만慢)이 있으면 매일매일 실제로도 그런 감정이 일어난다. 바로 수번뇌의 하나인 '교憍', 현대식으로 말하면 '우월감'이다.

붓다와 아들러의 대화

우월감이 경직되면 '오만'이 된다. 객관적인 근거 없이 우월감에 빠져 있는 것을 '자만', 객관적인 근거는 있어도 자신 외에는 인정하지 않는 것을 '나르시시즘'이라고 한다. 그런 과도한 자신감은 상황에 따라 무너지기 쉬운 것, 실은 마음속에 불안을 숨기고 있는 것, 중장기적으로는 남에게 미움 받게 되는 것이다. 때문에 흔들리게 되는 것, 흔들려버리는 자신감은 '진정한 자신감'이라고 말할 수 없다.[5]

하지만 '좋은 기분이 된다.'는 말이 정확하게 표현하고 있는 대로 거들먹거리는 중에는 본인의 의식상에 확실히 쾌감이 있기에 인간은 복잡하고 성가시다. 번뇌가 '번뇌', 즉 괴로움인 것은 당사자의 의식만 보면 상당히 납득하기 힘들다. 주위 사람과의 관계 속에서 오랜 시간 무의식의 영역까지 봤을 때, 진정한 마음의 평안함이나 만족이라는 척도로 쟀을 때 처음에는 극히 당연하게 여겨 '그것으로 좋지 않은가.', '어쩔 수 없잖아.' 하고 생각하는 인간의 감정이 실은 번뇌이고 마음의 병인 것이 확실해지는 것이다.

번뇌는 곧 '죽음에 이르는 병'인 심각한 만성질환으로도 비유된다. 긴 역사 속에서 인류사회 전체의 치유를 위한 대처가 이루어지지 않았던 것은 그런 증상을 자각하기 힘들었기 때문이라고 나는 추측하고 있다. 하지만 본격적으로 치유에 대처하지 않으면 이미 인류 전체가 말기 증상을 보이고 있기에 때를 놓칠 수도 있다. 때를 놓치기 전에 자각하고, 모두가 치유에 대처하는 쪽이 좋을 것이다.

자신을 바꾸고 싶지 않다, 무참無慚과 무괴無愧

　무참과 무괴는 선한 마음인 참과 괴의 정반대의 마음이다. 복습해보면 참은 스스로 돌이켜 반성하는 마음, 괴는 다른 것에 비추어 반성하는 마음이다. 자아도 포함해 모든 것은 끊임없이 역동적으로 변화하고 있는 존재이지만 마나식은 변하지 않는 실체로서의 자아가 있다고 믿는다(아견). 때문에 심리학 용어로 말하는 '정체성', 아들러가 말하는 '라이프스타일'은 일단 완성되면 극히 변하기 어렵다. 완성된 라이프스타일의 패턴, 즉 성격이 자신 자체라고 생각하고, 그것을 의지처, 기댈 곳, 긍지로 하고(아만), 그것에 집착해 버린다(아애). 그처럼 마나식에 제어된 의식은 어떻게 해도 자신에게 얽매이게 되는 경향을 강하게 가진다.

　얽매이는 것에는 '자신은 이런 인간이다.', '자신은 이것으로 좋다.', '자신을 바꿀 필요는 없다.', '자신을 바꾸고 싶지 않다.'고 생각하는 것이 포함된다. 사실로서 좋든 나쁘든, '좋은' 것에는 윤리적인 선, 사회적 적응, 행복이라는 세 가지 의미가 포함된다고 생각한다. 때문에 인간은 '자신은 이것으로 좋다.', '왜 자신을 바꿀 필요가 있나.' 하고 생각하는 것이다. 때문에 스스로 자신의 모습을 돌이켜보고 '지금 자신의 모습이나 행동은 좋지 않다.'고 반성하기 어렵다. 이쪽에서 보면 명백하게 윤리적으로 나쁘거나 사회적으로 적응하지 못하거나 본인 자신이 불행한 라이프스타일의 패턴을 가지는 사람이 그래도 변하고 싶어하지 않는 것은 이상하지만 흔한 현상이다.

　거기에서 사회의 상식이나 에티켓이나 윤리에 비추어 '부끄러운 일을 했다.'고 반성하는 것은 자신을 부정하는 것 같아 좋은 기분은 아니기에 인정하고 싶지 않게 된다.

하지만 사실은 자아 또한 무상하고 변화하는 것으로 심지어 좋은 방향으로도 나쁜 방향으로도 변화할 가능성이 있다. 지금까지의 자신의 행동, 즉 까르마가 지금의 자신을 만들고, 지금부터의 까르마가 다음의 자신을 만들어간다. 좋은 까르마는 좋은 새로운 자신, 나쁜 까르마는 나쁜 새로운 자신을 만든다.

'자신'이 변화한다는 것을 자각하고, 그 변화의 선악을 정하는 것은 자신의 까르마라는 것을 알아차리면 반성하기 쉬워질 것이다. 까르마의 집적으로서의 자신이 다양한 의미에서 나쁘다고, 즉 윤리적으로 나쁘거나 사회적으로 적응하지 못하거나 불행하다고 자각해도 '나는 안 돼.'라고 실체적으로 결정할 필요는 없다. 자신도 무상, 안 되는 것도 무상이므로 변화할 수 있는 것이다. 여태까지가 나빴다고 자각한다면 지금부터 나쁘지 않은 쪽으로 방향 전환하면 되고, 변화할 수 있다.

반성은 좋은 방향으로 전환, 변화하기 위한 출발점이다. 반성할 수 없으면 자신과 타자를 위하지도 않는 삶을 계속 이어갈 수밖에 없다. 그런 의미로 무참, 무괴는 자신과 주변 사람에게도 틀림없는 번뇌이다.

무참, 무괴라는 마음의 병에 대한 처방은 단순명쾌하게 참, 괴이다. 참괴, 즉 반성이라는 약이 때로는 조금 괴롭지만 확실히 앞으로의 자신을 좋게 회복시켜주는 것이기에 먹는 것이 몸에 좋다.

만일을 위해 과거 지향적으로 '그렇게 하지 말 것을 그랬다.'고 후회하는 것과 일단 뒤를 돌아본 후에 다시 앞을 향하게 되어 '그것은 좋지 않았다. 그렇게 하는 것은 그만두자. 지금부터는 이렇게 하자.'고 반성하는 건 완전히 다르다. 반성은 도움이 되기 때문에 가능한 만큼 하고, 후회는 도움이 되지 않기 때문에 그만두는 것이 좋다. '반성하더라도 후회 없이'는 나의 좌우명 중 하나이다.

들뜸과 의기소침, 도거掉擧, 혼침惛沈

도거, 즉 들뜨는 것과 혼침, 의기소침한 것은 짝이 되는 수번뇌이다.

우리는 상황이 자신에게 좋게 돌아갈 때에는 주변이 불행한지 아닌지 관계없이 좋은 기세가 되거나 마음이 들뜨게 된다. 상황이 자신에게 나쁘면 자신이 세상에서 가장 불행한 것 같은 기분이 들어 의기소침해진다. 어느 쪽이라도 '자신'이 원인이다. 그 경우 의기소침이 번뇌인 것은 누구나 납득할 수 있을 것이다. 의기소침은 '가벼운 우울', '우울'이라는 상태까지 이르면 '마음의 병'이고, 심각한 번뇌이다.

보충적으로 언급하면 우울은 '마음'의 병이라고 말해도 뇌 생리적인 면도 크고, 지금은 매우 좋은 약이 나와 있기 때문에 실제 치료로는 약물치료와 심리치료, 그중에서도 인지치료나 논리치료를 병용하는 방법이 좋다. 물론 아들러 심리학의 '용기 주기'도 예방과 초기 대처로서 유효하다.

사람에 따라 정도의 차이와 어느 쪽이 크고 작은지의 차이는 있지만 대체로 누구나 매일 들뜨고 의기소침한 감정의 사이를 왔다갔다 동요하는 것은 아닐까. 감정의 큰 부침이 번뇌인 것도 납득 가능할 것이다.

단지 들뜰 뿐, 좋은 기세가 될 뿐이 가능하다면 들뜸은 남에게 폐는 끼쳐도 자신에게는 번뇌가 아니라고 생각할지도 모르겠다. 하지만 그런 행복을 축하하는 사람은 극히 적을 것이다.

붓다와 아들러의 대화

우리가 자신(의 상황)을 중심으로 살아가는 한 인생에는 의기소침할 거리가 잔뜩 있다. 사고팔고四苦八苦가 그러하다. 때때로 좋은 것이 있다고 해도 들뜸과 의기소침의 부침은 피할 수 없다. 물론 적절한 업다운이라면 인생의 맛이지만 과도한 부침은 번뇌이다.

의기소침이나 과도한 부침이라는 감정에 괴로워하는 사람에 대한 유식심리학적인 처방은 지혜에서 생겨나는 '평정'이다. '평정'이라는 것은 지루하고 평탄한 무감정, 무감동이 아니라 인본주의 심리학의 매슬로우가 말하는 '고원체험plateau experience'나 칙센트미하이가 말하는 '플로우 체험flow experience'과 닮았다. 적절하게 느슨한 상하의 리듬이 있고, 다소 상기된 기분의 상쾌한 상태가 지속되는 것이다.

진심이 없음, 불신不信

수번뇌는 아직 여섯 종류가 있다. 우선 '진심 없음'이라고 번역된 '불신'은 선한 마음인 '신信'의 정반대다.

불신은 불교라는 종교단체에 입신하지 않거나, 붓다나 특정 종조宗祖 등을 숭배하지 않거나, 불교의 교의를 신봉하지 않는 것을 말하는 게 아니다. 마나식에 제어되고 있기 때문에 어떻게든 자신이 중심이고, 자신의 상황이나 편견으로 사물을 보고, 사실과 진실을 솔직하게 인정하려고 하지 않고, 그것에 진지하게 직면하지 않는다는 의미로 성실하지 않고, 직면하지 않기에 당연히 성실하게 실행하지도 않는 마음이다.

물론 그 결과 '연기'라는 사실을 인정하지 않고, 자신이 스스로 살아가는 것 같은 기분이 들어 '연기의 가르침'이라는 의미에서의 불교를 들어도 믿지 않는 일이 일어난다. 그 경우 중요한 것은 '사실'이다. 가르침은 사실을 가리키는 한 믿을 만한 것이다.

사실에 반하는 사고방식이나 삶의 방식을 취하면 당연히 사실로부터 보복을 받는다. 무엇보다 인생을 올곧고 기분 좋게 살아갈 수 없기 때문에 불신은 물론 번뇌이다.

자신만 편하고자 하는 마음에서 비롯된 게으름, 해태解怠

자신만이 사랑스러우면 당연히 자신에게 편안함을 주고 싶어 한다. 자신이 편안해 남에게 고생이나 폐를 끼치게 되어도 '알 게 뭐람, 상관없어.' 하고 생각해버리는 것이다. 정말로 관계, 이어짐이 있고, 책임이 있음에도 불구하고 무지하기 때문에 멋대로 게으름을 피우는 것이다. 나태한 마음, 즉 '해태'이다.

심지어 지금의 자신을 실체시하고, 자신도 무상이고 변화하지 않을 수 없다는 게 계산에 들어 있지 않기에 지금의 자신에게 편안함을 주면 미래의 자신에게 외상값이 돌아온다는 것도 계산에 들어 있지 않다. 하지만 나 또한 무상이고 변화하는 것이기에 좋은 언동, 까르마는 좋은 변화, 나쁜 까르마는 나쁜 변화를 초래한다. 주변에 폐를 끼치고 자신에게도 나쁜 결과를 가져오는 것이기 때문에 해태는 확실히 번뇌이다.

자기 좋을 대로 하는 마음, 방일放逸

자기 좋을 대로 하는 마음, '방일'도 기본적으로는 같다. 자기 좋을 대로 하는 것은 주변 사람에게 폐를 끼치는 경우가 많고, 곧 관계 속의 자신에게도 나쁜 결과를 가져온다. 좋을 대로 하고 있으면 당장은 기분이 좋을지도 모르지만 곧 남에게 미움 받고, 꺼려지고, 묵살당하고, 나아가 배척되고 심하면 말살될 수도 있다. 때문에 방일은 번뇌인 것이다.

자신과 남에게 좋은 것을 잘 조화시켜 서로에게 좋은 것이 되어 서로를 위하는 삶과는 완전히 다르다. 자기만 좋을 대로가 아니라 서로, 모두 좋은 것과 자신의 좋은 것을 훌륭하게 조화시켜 살아가게 되는 것을 인본주의 심리학에서 '자기실현'이라고 한다. 불교의 '자리리타원만自利利他圓滿'과 거의 같은 것이다.

완전히 사라져버린 마음, 실념失念

'모든 것은 이어져 하나'라는 것은 누구나 배우면 알고 납득할 수 있다. 하지만 배운 사람 대부분이 체험하는 것은 그때는 안 것 같은 기분이 들어도 보통은 까맣게 잊어버리는 것이다. 언제나 알아차리고 있고, 언제나 의식에 있는 사람은 거의 없다. 있다면 그 사람이야말로 깨달은 사람, 즉 붓다이다.

일단 '잊음'이라고 번역했지만 '실념'은 정확하게 말하면 연기, 공이라는 사실이 마음속에서 완전히 사라져버린 마음 상태이다. 마음속이나 의식에 떠오르는 것이 망상, 잡념뿐인 상태는 잘못되었다는 의미에서도, 당연히 괴로워하게 된다는 의미에서도 번뇌이다.

구체적으로 스스로의 일상을 생각해보기를 바란다. 무언가 고민에 사로잡혀 있다. 그때는 100퍼센트라고 말해도 좋을 정도로 연기, 공 또는 자신과 우주가 일체라는 것을 잊고 있다.

자신이 우주와 일체이고 고민의 씨앗, 문제도 우주 속 사건이라는 것이 확실히 의식에 있으면 고민하더라도 죽을 정도로 과도하게 고민하지는 않는다. 고민이나 문제를 큰 스케일의 시야로 다시 보면 그 정도로 큰일은 아니라고 생각하게 된다. 그러면 냉정해져 '어떻게 하면 이 문제를 해결할 수 있을까?' 하고 생각하게 될 것이다. '될 것'이 되지 않아 곤란하지만 될 것이 되지 않는 것은 긴요한 때에 생각나지 않기 때문이다.

언제 토대까지 가지 않아도 필요할 때, 긴요할 때 제대로 생각나기 위해 제대로 기억해두고, 알라야식에 저장해 둘 필요가 있다.

마음이 흐트러짐, 산란散亂

'산란'은 좁은 의미로는 좌선 중에 마음이 흐트러져 집중할 수 없는 것이다. 실제로 해보면 알겠지만 우리 마음은 이것저것 다양한 것에 관심이 있어 상당히 집중하기 힘들다. '관심'은 기본적으로 자신에게 득실, 오호 등 어느 쪽과 관련이 있는지를 신경 쓰는 마음이다. 자신을 중심으로 분별하는 마나식에 지배되고 있다는 것은 이 경우도 확실하다.

게다가 넓은 의미로 말하면 어느 쪽이라도 좋은 것, 아무래도 좋은 것, 그리 좋지 않은 것 등 여러 가지 관심과 흥미가 있어 인생의 우선사항에 집중하지 못하는 것도 포함될 것이다. 이른바 '변덕'이다. 변덕스러운 사람은 무상이라는 것, 인생의 시간은 유한하다는 것에 대한 자각이 부족하다. 이것저것 재미있어 보이는 것을 전부 맛볼 수 있을 만큼 시간이 잔뜩 있다고 착각하는 것이다.

붓다와 아들러의 대화

청춘일 때에는 시간이 무한한 것처럼 착각하기 쉽다. 청춘의 특권이기도 하기에 그리 흠 잡으려는 것은 아니다. 신란親鸞 같은 종교적 천재라면 어릴 때 이미 다음과 같은 시를 짓고, 결심한 그날 밤이라도 출가하는 것이다. '내일 있다고 생각하는 마음의 덧없는 벚꽃 한밤중 폭풍우 불면 흩날릴지도 모르는데' 평범한 인간이 이 정도로 절실한 무상관을 갖기는 어렵다.

그렇다고 해도 많은 시간을 낭비하고 나이가 상당히 든 후에 '그렇게 할 걸 그랬다.'고 후회하지 않기 위해서는 빨리 산란, 변덕이라는 번뇌를 반성하고 극복할 필요가 있다.

'변덕스러운' 것과 '관심이 넓은' 것은 일견 닮았지만 결실이 있는가의 여부에 따라 구별이 가능하다. 넓은 관심을 가지는 것은 좋다. 쓸데없는 것에 마음이 흐트러지는 것은 그만두고 싶은 것이다.

바름을 모름, 부정지不正知

수번뇌 리스트 마지막은 '부정지'이다. 선한 마음이 '신, 성실함'으로 시작해 '불해, 상처 주지 않는 것'으로 끝나는 의미를 헤아려 보았듯이 수번뇌의 마음이 '분, 성냄'으로 시작해 '부정지, 바름을 모르는 것'으로 끝나는 것에도 단지 나열뿐은 아닌 의미가 있다고 생각한다.

즉, 일상적인 번뇌의 가장 결정적이고 최종적인 것은 세계와 자신의 있는 그대로의 모습(여如, 연기, 공)을 모르는 것이라고 말하는 것이다.

지금까지 보았듯이 인간은 자신을 중심으로 사물을 보기 때문에 자신의 견해를 바르다고 믿는 강한 경향이 있다. 그렇지 않으면 확신을 가지고 미혹 없이 제대로 살아갈 수 없기 때문이다. 자신의 사고방식이나 삶의 방식이 바르다는 자신감을 가지지 않고 헤매는 상태는 매우 괴로운 것이다.

인간이 자신감을 가지고 안심하고 살아가기 위해 건전하고 안정된 정체성이나 그것을 지탱하는 세계관, 즉 코스몰로지cosmology를 필요로 하는 것 자체는 선도 악도 아니다. 하지만 마나식에 아치, 아견이라는 근본번뇌가 있기 때문에 의식의 기본에 치癡와 악견이라는 근본번뇌가 발생하고, 의식의 표면에는 부정지不正知라는 수번뇌가 현상하는 것이다.

많든 적든 자신이 스스로 자신만을 위해 살아가고 있는 것처럼, 언제까지라도 살 수 있는 것처럼, 자신의 중요한 면은 변하지 않을 것처럼 생각하기 쉬운 경향이 있는 사람이 대부분일 것이다.

하지만 본래 일체인 우주가 분화해 통합된 채로 이어져 있고, 역동적으로 변화하고 진화하면서 그때그때에 각각의 모습을 드러내고는 사라지고, 사라졌다가 나타난다고 하는 것이 있는 그대로의 세계 모습이다. 또한 그럼에도 그런 바른 것을 알지 못하고, 바르지 못한 것을 엄청나게 알고 있는 분별지는 평범한 인간의 기본적인 모습이다.

그것에 의해 형성된 정체성은 자기중심적이고 경직된 것이 되기 쉽고, 거기에 있는 코스몰로지는 뿔뿔이 흩어진 코스몰로지적 경향이 강한 것이 된다. 거기에서 다양한 바르지 못한 행위, 즉 까르마도 생겨난다.

그러므로 반대로 말하면 연기의 이법, 이어짐, 겹침 코스몰로지를 배워, 가령 의식의 표면에서라도 부정지가 치유되어 무치로 변화하고, 그것이 마나식을 어느 정도 정화하면서 알라야식에 쌓이고, 그것이 충분히 쌓이면 다시 마나식을 정화하면서 의식에 올라오는 선순환이 시작된다.

　그것을 위해서는 마음을 흐트러뜨리지 않고 집중하는 것, 잊지 않도록 잘 기억하는 것, 마음대로 하거나 게으름 피우지 않고 노력하는 것, 과도한 자기방어를 하지 않고 솔직한 마음이 되는 것, 들뜨거나 의기소침하지 않고 고요한 마음이 되는 것 등이 필요하다.

미 주

1 자세한 것은 다음을 참조할 수 있다. 岡野守也(2004), 『唯識と論理療法－仏教と心理療法・その統合と実践』, 佼成出版社.

2 ドン ディンクメイヤー, ゲーリー・D. マッケイ(著), 柳平 彬(訳)(1996), 『感情はコントロールできる－幸福な人柄を創る』, 創元社.

3 岡野守也(2004), 『唯識と論理療法－仏教と心理療法・その統合と実践』, 佼成出版社; アルバート エリス, レイモンド・C. タフレイト(著), 野口京子(訳)(2004), 『怒りをコントロールできる人, できない人－理性感情行動療法(REBT)による怒りの解決法』, 金子書房.

4 岡野守也(2004), 『唯識と論理療法－仏教と心理療法・その統合と実践』, 佼成出版社.

5 상세한 설명은 다음을 참조할 수 있다. 岡野守也(2002), 『生きる自信の心理学 コスモス・セラピー入門』, PHP研究所.

제6장 치료법으로서 유식심리학의 시스템

1. 네 가지 지혜로의 전환

번뇌의 악순환을 선善과 깨달음의 선순환으로 변화시키다

지금까지 번뇌에 대한 이야기를 했다. 지금부터 드디어 '그래도 낫는다.'라는 이야기로 옮겨갈 것이기에 마음이 밝아질 것이다. 우선 번뇌의 악순환의 구조를 생각해내고, 반대로 선善이나 깨달음의 씨앗을 선순환시키면 깨달음에 가까워진다는 포인트를 복습해두자.

우선 알라야식은 선악 어느 쪽도 아니지만 거기에 번뇌의 씨앗이 고여 있고 그것이 마나식을 발생시킨다. 마나식은 반드시 네 가지 근본번뇌 아치, 아견, 아만, 아애와 함께 발생한다. 거기에서 의식상의 근본번뇌가 발생하고, 나아가 수번뇌가 발생한다.

의식상의 근본번뇌나 수번뇌는 씨앗이다. 마나식을 한층 오염시키면서 알라야식에 고인다. 씨앗은 곧 싹을 틔우고, 다시 마나식을 오염시키면서 의식상에서 발생하고, 그것이 다시 씨앗이 되어 마나식–알라야식으로 악순환을 계속한다.

하지만 다행스럽게도 의식은 바로 의식적이 되면 선이나 깨달음의 행동, 업, 까르마를 일으킬 수 있다. 의식적으로 일으킨 선과 깨달음의 까르마는 씨앗이 되어 마나식을 정화하면서 알라야식에 고이고, 고인 씨앗은 마나식을 정화하면서 의식으로 올라와 선과 깨달음의 까르마를 일으키는 선순환을 한다.

그러므로 원리는 극히 단순하다. 마음을 번뇌에서 깨달음으로 변화시키려면 번뇌 씨앗의 악순환을 선과 깨달음 종자의 선순환으로 변화시키면 되는 것이다.

그렇다고 해도 처음에는 악순환의 힘이 강해 선순환은 잘 되지 않고, 빈번히 역류하거나 원래대로 돌아와버린다. 하지만 역류하는 일이 줄어들면서 최종적으로는 일방적인 선순환이 된다.

즉, 길고 긴 시간 만성화된 질병은 금방 낫지 않고, 증세가 오락가락하거나 종종 악화되지만 참을성 있게 치료하면 서서히 좋아지는 것과 닮아 있다. '참을성 있는 노력'이 싫은 사람에게는 그리 좋은 뉴스는 아닐지도 모르지만 그래도 '낫는다'는 좋은 뉴스라고 생각한다.

팔식이 바뀌어 사지四智의 지혜를 얻는다, 전식득지轉識得智

우리 인간, 즉 평범한 사람은 모두 마음의 표면에서 깊은 곳까지 많든 적든 번뇌로 더럽혀져 있다고 유식은 지적하고 있다.

하지만 유식은 우리가 번뇌투성이인 것은 번뇌를 쌓는 알라야식을 가지고 있고, 알라야식은 선악 중성의 이른바 씨앗을 쌓는 창고와 같은 것으로 거기에 선과 깨달음의 종자를 다시 쌓을 수 있다는 것이기도 하다며 인간의 근본적 변용의 가능성을 말하고 있다.

창고와 재고품의 비유를 떠올려보기를 바란다. 불량재고만 출고하는 창고가 있을 때 나쁜 것은 재고이지 창고가 아니다. 창고는 그대로 두고 불량재고를 우량재고로 바꿔 채울 수 있다. 재고가 다르면 같은 창고라도 맡는 기능이 완전히 다르다. 같은 창고가 불량재고를 출고하는지, 우량재고를 출고하는지는 재고에 따른 것이다.

그러면 창고의 재고를 전부 바꿀 수 있고, 전부 우량재고가 되었다고 하자. 알라야식에 선과 깨달음의 씨앗만이 남으면 어떻게 되는지에 관한 것이다.

알라야식은 우주로부터의 대량주문에 실수 하나 없이 완벽하게 대응해 훌륭한 재고를 내놓는 이른바 보고寶庫로 바뀐다. 그런 식으로 기능이 완전히 바뀐 상태를 '대원경지大圓鏡智'라고 한다. 거대한 우주의 진리를 있는 그대로 비추는 맑은 거울과 같은 지혜라는 의미이다.

우주 진리의 씨앗으로 철저하게 정화되면 마나식은 모든 것의 일체성, 평등성을 마음속 깊이 알아차리는 '평등성지平等性智'로 대전환을 이룬다.

철저하게 정화된 대원경지와 평등성지로 의식도 철저하게 정화되어 변용하고, 세계가 일체이고 이어져 있으면서 각각의 구별 가능한 모습이 있으며, 각각 구별 가능한 모습은 있어도 어디까지라도 이어져 있어 결국 하나라는 것을 언제나 알아차리는 훌륭한 관찰의 지혜, 즉 '묘관찰지妙

觀察智'로 전환한다.

정화된 무의식과 의식에 의해 기능하는 오감은 그때에 가장 어울리는
것을 보고, 듣고, 냄새 맡고, 맛보고 체감하는 지혜, 이루어야 할 것을
이루고 얻는 지혜, 즉 '성소작지成所作智'로 전환한다.

팔식이 대전환해 네 가지 지혜 '사지四智'가 된다. '팔식이 바뀌어 지혜
를 얻는다.'는 의미로 '전식득지轉識得智'라고 한다.

인간은 확실히 번뇌투성이지만 방식에 따라서는 깨달을 수 있다는 게
유식과 불교의 메시지이다. 자기 자신의 현상을 보면 그런 것은 매우 불
가능하다고 생각할지도 모른다. 하지만 순식간은 아니라도 수순을 밟아
단계를 따라가면 차츰차츰 깨달음, 사지四智의 세계에 가까워지는 것이
인간의 본성이다. 사지四智의 각각에 대해 살펴보자.

마음 깊은 곳까지 우주와 하나가 되다, 대원경지大圓鏡智

선禪의 표어로 '불립문자, 이심전심', 깨달음은 문자나 말로 할 수 없으
며 직접 마음에서 마음으로 전할 수 있는 것이 있다. 선에는 특유의 알기
어려운 수사, 표현방법이 있어 나도 예전에 선수행을 시작했을 즈음에는
'깨달음이란 말로 표현하기 어려운 것'이라고 생각했다.

하지만 유식을 배운 후 깨달음은 확실히 최종적으로는 스스로 체험할
수밖에 없는 것이지만 아슬아슬한 곳까지는 말로 표현하고, 설명할 수
있다는 것을 알았다. 그렇다고는 해도 설명은 설명일 뿐이지 깨달음 자
체는 아니다. 아무리 설명을 알아도 체험을 대체할 수는 없다.

'건강이란 이러한 상태이다.'라는 설명을 아무리 잘 이해해도 건강해

붓다와 아들러의 대화

지지 않는 것과 같다. 하지만 설명을 이해하면 어떻게든 질병을 치료해 건강한 상태가 되고 싶다는 마음이 든다. 깨달음에 대한 설명도 마찬가지이다. 번뇌라는 마음의 병을 낫게 해서 궁극의 건강한 마음이 되고 싶다는 마음을 일으키기 위한 수단이고 방편인 것이다. 어디까지나 설명이지만 설명해보겠다.

알라야식에는 모든 것을 뿔뿔이 흩어서 봐버리는 타고난 경향이 있다. 또한 태어나서부터 말로 가르침을 받은 분별지가 제대로 고여 있다. 게다가 매일 말을 사용해 영위하는 생활의 체험이 분별지로 집적된다. 그것이 알라야식 – 마나식 – 의식 – 마나식 – 알라야식 … 으로 악순환한다. 때문에 그것만이라면 인간은 평생 분별지의 악순환에서 해방되지 못할 것이다.

하지만 모든 것이 이어져 있고 결국은 하나이며, 비교할 것도 없을 정도로 철저하게 하나이고 공, 제로라고 표현할 수 있다는 진리의 말을 듣고 배우면 그것도 제대로 고인다. 더구나 단지 듣는 것만이 아니라 스스로 생각해내고, 잘 생각해 납득하는 작업을 반복하면 까르마도 씨앗이 되어 고인다.

또한 말을 초월해 세계를 체험하는 방법으로서의 선정禪定을 실천하면 그 체험도 깨달음의 씨앗으로서 알라야식에 고인다. '훈습薰習'이라고 한다. 이 훈습이 재고를 모두 바꾸는 단계에까지 도달하면 거울이 사물의 모습을 있는 그대로 비추듯이 대우주의 진리를 그대로 비추는 완벽한 거울과 같은 마음, 즉 '대원경지'로 변한다. 우주와 나의 일체감이 마음 깊은 곳까지 철저해진 것이다. 스즈키 다이세츠鈴木大拙는 '우주적 무의식

Cosmic Unconscious'이라고 표현한다.

자리와 이타가 조화하도록 행동할 수 있다, 평등성지平等性智

알라야식에 고인 번뇌를 소재로 해서 구성된 무의식의 심리시스템 마나식은 소재가 전부 선善과 깨달음의 씨앗으로 바뀌면 완전히 다른 심리시스템으로 변용한다. 모든 것과 자신과의 일체성, 즉 평등성을 끊임없이 알아차리는 놀라운 무의식 시스템인 '평등성지'가 된다.

그때까지 다양한 사람과 사물을 만났을 때 '어쩐지', '뜻밖에', '어떻게 해도' 자아 중심적으로 반응했던 것, 즉 마나식 반응을 자연스럽게 있는 그대로, 완전히 무리 없이, 자리리타적으로 대응할 수 있게 되는 것이다.

마음 깊은 곳이 변용하면 마음속에 있는 실체적 자아에 대한 집착도 해소되고, 해방되며, 부드럽고 느긋하고 자연스러운 자타의 조화를 꾀할 수 있는 마음으로 변용하기 때문이다.

이미 이야기했지만 중요하기 때문에 반복하자면 자타의 분리의식이 있는 채로 '자신을 타자를 위해 희생한다.'는 것과 자타의 일체감이 있기 때문에 '자리와 이타가 조화하도록 행동할 수 있다.'는 것은 언뜻 보면 비슷하지만 다르다. '자기를 희생한다.', '자기를 버린다.'라는 것은 '자기'가 가령 이상을 위해 자신을 마음대로 해도 되는 소유물이라고 착각하는 것일 수도 있다.

희생하거나 버리기 전에 자기와 자기에 의해 성립하는 것도 아니라면 자기의 소유물도 아니라는 사실이 있다. 굳이 말하자면 자기는 그 일부라는 의미에서 우주의 소유물이라고 말해도 좋을 것이다.

　　　　　　　　　　　　붓다와 아들러의 대화

그러므로 평등성지가 열리고 우주의 움직임에 따라 살아가게 되었을 때, 경우에 따라 '타자를 위해 희생한다.'라는 행위를 하는 경우도 있을 것이다. 하지만 어떤 경우는 '자유자재, 자기 좋을 대로 살아가고 있다.'는 행동을 하는 경우도 있다. 그때그때 우주가 움직이는 방향으로 자연스럽게 따라가고 있을 뿐인 것이다. 그런 마음 깊은 곳에서 솟아나는 자연스러운 행동이나 감정의 원천이 '평등성지'라 불리는 것이라고 말해도 좋을 것이다.

물론 가장 전형적인 경우로는 타자의 괴로움을 자연스럽게 자신의 괴로움이라고 느끼기 때문에 누구에게 부탁받지 않아도 자신이 하고 싶으니까 타자를 위해 움직이는 '자비'가 되어 나타난다.

하지만 평등성지가 열린 사람은 괴로움이나 불행도 기쁨이나 행복도 전부 우주의 일이기에 절대적인 대립으로 파악해 어느 한쪽이어야만 한다고는 생각하지 않는다. 모든 것은 '있는 그대로' 좋다고 느낀다. 하지만 무상한 우주에서는 고정되어 바뀌지 않는다는 의미의 '있는 그대로'는 아니기 때문에 '될 대로'라고 바꿔 말해도 좋다. 우주의 '될 대로'가 마음 속의 '되고 싶다.'는 무의식의 소망과 일치하는 것이다. 거기서 우주가 이루고 있는 게 자신의 하고 싶은 것, 자신의 하고 싶은 것이 우주의 이루고자 하는 것이라는 식으로 자연스럽게 자유자재로 살아가는 것이다.

그러므로 때로는 괴로워하는 중생을 도시와 마을에 내버려두고 홀로 깨끗한 들이나 산에 숨어 '지혜', 즉 우주와의 일체감의 즐거움에 열중하는 경우도 있다. 또는 높은 산에서 맑은 물이 흘러내려 낮은 곳의 마을을 적시듯이 지혜의 즐거움을 사람들에게 전하려고 하는 경우도 있다.

하지만 어느 쪽이든 나쁜 의미에서 윤리적으로 경직되어(계금취견) '자비를 행하지 않으면 안 된다.'라거나 '명상을 해서 지혜를 얻지 않으면 안 된다.'라거나 '얻은 시혜를 중생에게 전하지 않으면 안 된다.'라고는 되지 않는다.

우주가 이어져 있음을 통찰하고 관찰하다, 묘관찰지妙觀察智

마음 깊은 곳, 즉 마나식과 알라야식까지 변용해버리면 당연히 표면의식도 철저하게 변용한다. 자신을 포함한 우주 전체가 일체이지만 그 속의 각각에는 선명하게 구분이 있는 것, 구분은 있더라도 한없이 이어져 있어 결국은 일체라는 멋진 사실을 언제나 자연스럽게 깨닫고, 언제나 통찰할 수 있다는 마음의 상태이다. 멋진 사실을 통찰, 관찰하는 지혜라는 의미로 '묘관찰지'라고 불린다.

이것은 우리와 같은 머리, 의식으로 배워 알고 생각하고 또는 생각하도록 힘쓰는 상태와는 질적으로 완전히 다르다. 예를 들어 말을 하면 철저하게 내장贜에 들어가므로 끊임없이 심장心에 실감이 선명하고 확실하게 머리頭도 포함한 모든 심신으로 눈뜨고 있다는 느낌일 것이다.

자신과 남, 자신과 사물, 자신과 우주가 일체이면서 구별 가능한 각각의 형태를 가지고 존재한다고 알아차리는 것을 '진실성에서 의타성, 하나에서 이어짐으로'라고 말했다. '분별성에서 의타성, 뿔뿔이 흩어진 것에서 이어짐으로'라는 방향으로 사물을 보면 생각하는 것, 느끼는 것, 하는 것, 모두 번뇌가 되는 것이었다.

가장 알기 쉬운 인간관계로 생각해보자.

개개인이 뿔뿔이 분리되어 존재하고, 거기에서 이어짐, 관계를 만든다고 생각하면 우선 자신에게 좋은 이어짐이 있으면 그것에 과도하게 애착, 집착해 '애별리고愛別離苦'로 괴로워하게 된다.

또한 자신에게 좋은 이어짐이 없으면 고독으로 괴로워한다. 나쁜 관계에도 얽매임을 느껴 '원증회고怨憎會苦'로 괴로워하고, 화내고, 원망하고, 질투하고, 상처 주고 상처받고 … 한다. 애별리고나 원증회고로 마음이 흐트러지는 게 싫어 타인은 관계없다고 틀어박히면 '고독지옥'에서 괴로워하는 것이 된다.

하지만 본래 모든 것은 이어져 하나라는 것을 깊이 알아차리면 고독으로 괴로운 일은 없다. 애초에 순수한 고독 같은 것은 하나의 우주에는 있을 수 없기 때문이다. 가령 현상적으로는 사람과 멀어져 혼자 있어도 본질적으로는 모든 사람이나 사물과 언제나 이어져 있다는 것이 깊은 사실이다.

형태로는 이별이 있어도 깊은 속 부분, 전체로서는 우주가 분리되는 일은 있을 수 없다. 모든 것이 같은 우주의 부분으로 항상 같이 있는 것이다. 마음 속 깊이 그렇게 생각하면 남을 깊이 사랑해도 이별을 두려워하거나 과도하게 슬퍼하지 않는다. 물론 적절한 슬픔은 있다.

같은 우주의 일부이면서 각각의 형태로 나뉘어 있기 때문에 만날 수 있다는 것을 허락된 무상한 시간의 범위에서 상쾌하게 기뻐하고 즐길 뿐이다. 남과 대립하고, 불이익을 입어도 과도하게 미워하거나 상처 주려 하고, 죽이려고 생각하는 경우도 없다. 그러나 타당한 정의감은 제대로 있다.

본래 하나이고 역동적으로 변화하는 우주 속에서는 서둘러 죽이지 않아도 형태로는 모든 사람이 반드시 죽는다는 것을 알고 있기에 과도하게 원망하지 않는다. 물론 각각 우주의 일부이면서 어리석음 때문에 쓸데없이 대립하고 있는 것을 매우 안타깝게 생각하는 마음은 있다.

묘관찰지의 구체적인 현현은 다양해 글로 표현하는 게 매우 어렵고, 나도 전부를 제대로 알고 있는 것은 아니다. 여기서는 이 세상의 온갖 것에 대해 지금까지와는 완전히 다른 훌륭한 견해가 가능해질 것이라는 점을 배워두면 충분할 것이다.

이루어야 할 것을 이루다, 성소작지性所作智

무의식과 의식이 변용하면 그것에 대응해서 오감까지 변용한다고 한다.

실체로서의 자신에게 얽매이는 중에는 보는 것, 듣는 것 전부를 자신의 취향이나 상황에 따라 판단한다. 자신이 좋아하는 것만을 보거나 들으려고도 한다. 자신이 싫어하는 것은 보거나 듣고 싶지 않기에 의식적, 무의식적으로 피하려고 한다. 하지만 자신과 관련되어 있는 것은 싫어하면서도 신경 쓰게 된다. 자신을 위협하거나 위험한 것에는 불안에 사로잡힌다. 게다가 자신과 관계가 없다고 생각하는 것에는 완전히 냉담, 무시, 모르는 척한다. 관계가 없는 것이 아니라 관심이 없을 뿐이지만 말이다. 우주의 있는 그대로를 자기 사정에 따라 분별하고 선별해 느끼는 것은 평범한 사람의 감성이다. 어디가 잘못된 것일까?

반복해온 대로 우주 속의 모든 것은 일체이다. 하지만 만약 하얗고 밋밋한, 시커먼 심연 같은 또는 질척질척한 혼돈 같은 일체였다면 모든

붓다와 아들러의 대화

것의 구별은 없고 관계라는 것도 없을 것이다. 예를 들어 나 혼자라면 혼잣말, 모놀로그밖에 할 수 없다. 당신과 내가 '구별'이라는 의미로 다른 사람이기 때문에 비로소 관계, 이어지는 것이 가능하고, 대화, 다이얼로그, 소통이 가능하다. 우주도 단지 하나였다면 어떤 관계도, 소통도 없을 것이다. 상상만으로도 지루함 자체인 세계이다.

하지만 매우 즐겁고 다행한 것은 우주는 구별과 이어짐과 소통으로 가득한 곳이다. 우주 전체와 그 속에서 살아가는 우리의 관계를 생각해 보면 우주는 언제나 우리에게 다양한 풍요로운 메시지를 보낼 수 있다. 우주의 일부로서의 오감은 본래 우주의 메시지 수용기관인 것은 아닐까.

그런데 우리는 자신의 관심에 따라 우주의 메시지를 극히 한정해 선택적으로만 수용하고 있다. 심지어 종종 왜곡해 수용하기도 한다. 우선 우주를 있는 그대로 감수感受하고 있지 않다는 의미임에 틀림없다. 게다가 우주의 풍부한 메시지를 듣지 않는다는 의미에서 매우 변변찮고 하찮은 것이다. 즉, 거기가 잘못된 것이다.

그런데 우리의 감성은 우주의 풍부하고 아름다운 메시지를 들을 수 있는 감성으로 변용할 수 있고, 보는 것, 듣는 것, 냄새 맡는 것, 맛보는 것, 체감하는 것 모두 가장 자연스럽고 이루어야 할 것을 이룰 수 있는 지혜로 바뀐다. '이루어야 할 것을 이루는 지혜'라는 의미에서 '성소작지成所作智'라고 불린다.

'감성이 열린다.'거나 '풍부한 감수성'이라는 말이 있지만 성소작지는 세계에서 최고로 열린 감성, 가장 풍부한 감성의 모습이라고 생각한다. 물론 오감이 느껴야 할 가장 자연스러운 것을 느끼게 된다면 오체五體도 이루어질 것을 자연스럽게 이루게 된다. 그렇게 풍부하게 열려 생생하게 오감, 오체로 느끼고 살아가는 세계는 얼마나 아름답고 감동적일까. 편린을 체험할 뿐이라도 멋지다! 완벽해지면 이 위없이 살아가는 기쁨을 느낄 수 있고, 틀림없이 인생의 질quality of life이 높은 인생을 보낼 수 있다.

대원경지와 평등성지가 '우주적 무의식Cosmic Unconscious'에 해당한다면 묘관찰지와 성소작지는 바로 '우주의식Cosmic Conscious'이라고 말해도 좋다.

사지四智의 통찰로 이어지는 공동체감각

위에서 서술한 '사지四智'와 전환 이전의 '팔식八識'에 관한 통찰은 물론 아들러 심리학에서는 충분히 전개되어 있지 않다. 하지만 전반에서 인용한 아들러의 "연대감이나 공동체감각은 ⋯ 기회가 많아지면 가족 구성원 뿐만 아니라 일족이나 민족, 전 인류에게까지 넓어지기도 한다. 나아가 그런 한계를 넘어 동식물이나 다른 무생물에게까지, 급기야 저 멀리 우주에까지 넓어지는 경우도 있다."는 말이 있었듯이 후기 아들러는 '공동체감각'을 '우주의식'에 가까운 뉘앙스로 사용했다.

그러므로 후기의 아들러가 보고 있었던 것을 더욱 확대하고 심화시키면 그대로 유식의 사지四智의 통찰로 이어진다고 해석하는 것이 충분히 가능하다. 그런 해석이 가능하다면 아들러와 불교, 유식의 통합은 극히 자연스럽다기보다 필연적으로 보일 것이다.

2. 마음의 발달단계

마음의 다섯 가지 발달단계, 오위설五位說

인간의 병든 마음의 구조, 마음의 병 원인과 여러 가지 증상, 즉 팔식八識과 번뇌의 이야기 뒤에 궁극의 건강상태가 된 마음, 즉 사지四智의 이야기를 하면 '사지는 훌륭하지만 자신의 현상과는 너무도 차이가 있어 현실성이 없는 이상론처럼 느껴진다.'는 감상이 자주 나온다.

나는 "자리보전하는 환자에게 회복 과정에 대한 주의 깊은 설명 없이 갑자기 당신은 올림픽에 나가 금메달을 딸 수 있게 될 거라고 말하면 믿을 수 없는 이야기겠지요."라고 대답한다.

우선 이부자리에서 일어나고, 침대 난간에 매달려 설 수 있고, 보행기를 의지해 복도를 걷고, 목발을 짚고 걷는 연습을 하고, 제대로 재활하고, 병원의 정원 정도라면 산책할 수 있고, 퇴원해 일상생활로 돌아가고 …. 이와 같은 단계를 밟아 건강을 회복하고, 겨우 가벼운 트레이닝이 가능하게 된다.

단계는 사람에 따라 다양하지만 나름 시간이 걸린다. '자리보전에서 3일째에 기적적인 금메달 …'이라는 일은 일어나지 않을 것이다. 하지만 반년, 일 년, 이 년 걸려 기적적으로 복귀하는 선수도 있다. 금메달까지는 도달하지 못해도 평범하고 건강한 생활이 가능해지는 사람은 많다.

유식에서는 팔식의 범부에서 사지의 부처, 깨달은 사람으로의 성장과 변용은 매우 긴 시간을 들여 단계를 밟아 갈 필요가 있다(점오漸悟)고 한다. 몇 년 동안 열심히 수행하고, 어느 일순간 확 깨달아 그것으로 끝, 완성

(돈오頓悟)이 아닌 것이다.

우선 자각증상이 있어 자신이 병에 걸린 것을 알아차린 후 병원에 가서 진단을 받고, 병과 치료법을 듣는 단계가 있다. 이어서 설명을 제대로 납득할 수 있으면 실제의 치료, 재활을 실행하기 시작하는 단계가 있다. 이 두 가지 단계만으로도 상당히 긴 시간이 걸린다.

가급적 수고와 시간과 비용을 들이지 않고 즉시 낫고 싶다고 생각하는 것은 인정, 즉 범부의 마음이지만 유식 닥터는 '들여야 할 것을 들이지 않으면 낫지 않는다.'고 쿨하게 들리는 친절한 사전 설명informed consent의 절차를 밟아준다.

거기에서 침대를 벗어나 조금씩 휘청휘청하면서도 걷는다는 건강회복의 본격적 첫걸음에 도달한다. 하지만 재활의 시간이 매우 길다. 재활에서 일상생활, 가벼운 트레이닝 그리고 금메달 도전을 위한 하드 트레이닝과 회복의 과정이 끊임없이 이어진다.

그런 네 가지 단계를 전부 밟고 나면 완벽한 건강, 최고의 건강 단계로 갈 수 있을지도 모른다고 말하는 것이다. 그 다섯 가지의 단계를 '오위五位'라고 한다.

그러면 예에서 볼 때 '어차피 금메달까지 갈 수 있을 것 같지 않다.'고 생각한 경우, '그렇다면 계속 자리보전으로도 괜찮다.'는 생각이 드는가? 그렇지 않다. 가령 금메달은 무리라도 열심히 재활해 건강한 일상생활이 가능한 수준까지는 회복하고 싶고, 가능하면 조깅이나 지역의 운동회에서라도 달리고 싶다고 생각한다. 단순한 이상론이 아니라 현실성 있는 도달목표이다. 그런 가능한 도달목표의 저편에 이루어지지 않을지도 모

붓다와 아들러의 대화

르는 아름다운 꿈으로 금메달이 있어도 좋다.

유식에서는 깨닫고 싶다고 생각하는 곳에서부터 궁극의 깨달음을 얻는 곳까지 대략적으로 말하면 5단계가 있고, 그 단계를 '위(位)'라고 말한다. 이 다섯 단계의 흐름은 아들러 심리학의 주제가 끝난 부분에서 시작하는 불교, 유식의 주제의 흐름이라고 말해도 좋다.

이어서 오위의 단계에 대해 설명하도록 하겠다.

첫 번째 단계_배우고, 잘 이해하다, 자량위(資糧位)

첫 번째 단계는 '자량위'이다. 수행을 범부의 미혹의 나라에서 부처의 깨달음의 나라로 가는 여행에 비유하면 여행을 위한 경비와 식량을 준비하는 단계이다.

범부의 나라에서 부처의 나라로 가는 여행은 긴 여행이기에 계획과 준비 및 가이드 없이 출발하면 도중에 헤매게 된다. 자칫 조난당할지도 모른다. 제대로 된 가이드북을 읽고, 멋진 목적지에 대한 설렘과 목적지까지의 코스, 교통수단, 여행 중에 일어나기 쉬운 문제와 위험을 미리 머리에 넣어둘 필요가 있다.

구체적으로 말하면 경전이나 유식의 이론서 등 가이드북에 해당하는 불교의 문헌을 배우고 이해하는 것이다. 물론 가르침의 이론과 수행 행법에 대해서도 배워둘 필요가 있다.

더욱 중요한 것은 경험이 풍부한 리더, 여행가이드에 해당하는 좋은 스승을 만나는 것이다. 그리고 수행의 여행은 즐겁기만 한 것이 아니라 상당히 가혹한 부분도 있기에 서로 격려할 동료가 반드시 필요하다.

불교에서는 좋은 선생, 좋은 동료를 '선지식善知識'이라고 한다. 선지식을 만날 수 있으면 수행의 여행, 인생이라는 여행이 엄격해도 방향은 제대로 알고 있어 노력한 만큼 반드시 보답받는 여행이 될 것이다.

두 번째 단계_수행을 실천하다, 가행위加行位

아무리 준비를 제대로 해도 걸어서 나아가지 않으면 여행은 시작되지 않는다. '여행'이라고 말할 정도로 보행하고 실행하지 않으면 여행이 되지 않고, 목적지에 가까워지지도 않는다. 깨달음으로 가는 여행을 '수행'이라고 하는 이유이다.

수행을 실천하는 단계를 '가행위加行位'라고 한다. 행行을 더하다加, 행에 참가하다, 실천에 관계한다는 의미이다. 구체적으로는 이후에 설명할 여섯 가지의 수행방법인 '육바라밀'을 실천하는 것이다.

'불교를 배우는' 것의 진정한 의미는 행을 실천하는 육바라밀을 실제로 닦는 것이다. 불교 책을 읽는 것은 어디까지나 준비에 지나지 않는다. 공부하고, 연구하는 것 자체도 매우 중요하지만 그것은 자량위에 있는 것이고 가행위를 밟지 않는 단계이다. 불교를 자신의 것으로 만들고자 한다면 가행위에 들어가 수행의 실천에 관계하는 것이 필수이다.

타인에게 '저기는 멋지다. 꼭 가보는 게 좋다.'는 말을 듣고 여행이 가고 싶어지는 경우가 있다. 그래도 여러 가지 사정으로 인해 결국 여행을 못 가는 경우도 종종 있다. 하지만 '역시 가자!'라고 결심해 준비를 시작하고, 실제로 출발하면 어느 정도 시간은 걸려도 목적지 입구에 도달한다.

붓다와 아들러의 대화

세 번째와 네 번째 단계_목적지의 입구에서 목적지로,

통달위通達位와 수습위修習位

이 이야기를 하면 언제나 생각난다. 중국의 꽤나 깊은 곳에 있는 오대산이라는 불교 성지에 갔을 때 일이다.

저녁에 집을 나와 나리타공항까지 간 후 오랜 시간 기다려 야간비행기를 타고 상하이로 향했다. 꾸벅꾸벅 졸다가 깨다 하면서 '역시 멀구나.' 생각하면서 밤을 보냈다. 이른 아침 상하이공항에 착륙했을 때는 '그렇구나, 대륙에 왔구나.' 하고 생각했다. 하지만 거기서부터 오래 걸렸다. 정말 오래 걸렸다.

중국 대륙은 정말 넓다. 질릴 정도로 넓었다. 도중에 다른 여러 불교유적을 본 탓도 있지만 최종 목적지까지는 정말 멀었다. 그래도 용무만 보고 급히 돌아오는 비즈니스만을 위한 여행이 아니라면 목적지에서 일을 마치고 나서 그 후의 여정은 즐겁다.

가장 기억에 남는 건 다퉁大同에서 마이크로버스로 우타이산五台山까지 달린 최종 코스이다. 무섭도록 먼 길이었다. 다퉁 시내를 나오면 고속도로임에도 포장이 제대로 되어 있지 않은 덜컹덜컹한 길이었다. 버스는 먼지를 일으키면서 하염없이 달렸다.

도로 양쪽의 가로수는 아름다운 포플러나무였다. 포플러나무 잎이 햇빛에 비치고 바람에 흔들려 반짝반짝 빛나는 모습을 보는데 정말 황홀했다.

이미 여행을 떠난 지 상당히 시간이 지났기 때문에 피로가 꽤 쌓여

졸렸다. '내가 이 아름다운 풍경을 놓칠까 보냐.' 하고 각오했지만 그만 눈이 감겨버렸다. 낮잠을 조금 자다가 문득 정신이 들어 '아깝다. 힘을 내야겠구나.' 하고 눈꺼풀을 끌어올렸지만 수마에는 이기지 못했다. 분한 마음이 들어 다시 눈을 뜨려고 했다 …. 몇 번이고 반복하는 사이에 알아차린 게 있다. 포플러 가로수는 끝없이 이어져 있고, 한 시간이나 두 시간 달려서는 끝날 것 같지 않다는 것이었다. 나는 안심했다. 한숨 푹 자고 일어나니 아니나 다를까 아직도 가로수는 계속 이어지고 있었다.

아침부터 저녁에 가까울 때까지 상당한 속도로 달렸기에 500킬로미터 정도 계속되는 가로수 길이었다. 가로수 길에서 빠져나왔을 때는 푸른 잎이 무성했는데, 아득히 먼 오대산이 보였을 때는 간신히 싹튼 신록의 잎들이 보였다. 그 광경을 보고 '기후도 이렇게나 다르구나.' 하는 생각이 들었다.

아무튼 아름다운 포플러나무를 아침부터 저녁까지 본 것은 일생 이때 한 번뿐이었다. 일종의 '지고체험'이었다.

그리고 저녁이 다 되어 꽤나 쌀쌀한 우타이산 기슭 숙소에 도착했을 때에는 '그런가 여기가 우타이산이구나.' 하고 감개무량했다. 다음 날 우타이산에 올랐다.

개인의 추억 이야기를 하는 것 같지만 이 이야기는 비유이다. 우리 집에서 나리타 그리고 상하이, 거기에서 목적지까지 가는 도중에 여러 가지 일들을 겪고, 다퉁大同에서 우타이산五台山 기슭까지 도착하는 깨달음의 여행이라고 하면 '가행위'에서 '통달위通達位' 그리고 '수습위修習位'에 해당한다.

붓다와 아들러의 대화

긴 비행 끝에 상하이공항에 도착한 것은 틀림없이 중국에 왔다는 것으로 목적지의 입구, 통달위에 해당한다. 입구이지만 중국인 것은 틀림없다.

하지만 목적지까지의 여행이 또 길다. '수습위'에 해당된다. 길다는 것만 생각하면 질릴 것 같지만 도중도 아름답고 즐거운 것이다. 도중만 보더라도 '역시 여행을 오길 잘했다.'는 느낌이다.

목적지 기슭에 와서 안심이 되었다고 할까 '왔다!'라는 느낌이 들었다. 그래도 다음 날, 지금까지보다 더 험난하고 울퉁불퉁한 길, 운전을 못하면 낭떠러지로 떨어질 것 같은 길을 맹렬한 속도로 달리지 않으면 산중에 있는 불교사원에는 도착하지 못한다. 마음이 조마조마하고 엉덩이가 아픈 것을 참아가며 간신히 도착한 곳은 매우 품격 있는 절이었다. 그곳에 금색으로 빛나는 훌륭한 부처님이 계셨다.

다섯 번째 단계_부처의 마음에 다다르다, 구경위究竟位

긴 수행 여행을 거쳐 겨우 도달한 부처의 경지, 궁극의 단계를 '구경위'라고 한다. 즉, 팔식이 완전하게 사지四智로 변용한 대단한 경지이다. 내용에 대해서는 전식득지 부분에서 설명했기에 생략하겠다.

아무튼 깨닫고 싶다는 생각부터 궁극의 깨달음에 이르기까지 '자량위', '가행위', '통달위', '수습위'라는 단계를 밟아 최종 단계 '구경위'에 이르는 게 유식 '오위설五位說'의 대략적인 이야기이다.

3. 마음의 치료방법

육바라밀六波羅密로 공동체감각을 키우다

지금까지 미혹과 깨달음에 대해 체계적으로 배웠다. 여기까지 배우면 '그러면, 어떻게 해야 하는가.'라는 의문이 마음에 떠오를 것이다. 이 점이 가장 듣고 싶은 부분이었는지도 모른다.

지나칠 정도로 신중하게 정보information를 제공한 후 드디어 유식 닥터는 "… 하므로 당신의 마음은 병들어 있지만 다음과 같이 처치하면 낫습니다. 해보겠습니까?"라는 치료방법의 설명과 동의 과정으로 들어간다. "치료법은 여섯 가지의 방법이 세트입니다. 하나만이라도 효과는 있지만 모두 해보고 상호 보완해야 효과가 현저히 높아집니다. 해보겠습니까?"라고 한다.

우선 간단하게 설명해보겠다. ① '보시布施'는 베푸는 것, 여러 가지 좋은 것을 주는 것이다. ② '지계持戒'는 계율을 유지하고 정해진 것을 지키는 것이다. ③ '인욕忍辱'은 치욕을 참고 자신을 해하는 것에 대해 앙갚음하지 않고 인내하는 것이다. ④ '정진精進'은 있는 힘껏 열심히 수행하는 것이다. ⑤ '선정禪定'은 마음을 고요하고 깊게 집중해 이어져 하나인 공의 세계를 실감하기 위한 명상이다. ⑥ '지혜智慧'는 지금까지 배워온 말에 의한 지혜에서 시작해 말을 넘어선 공의 지혜, 사지四智까지 여러 깊이의 지혜 전체를 나타낸다.

이 여섯 가지 방법을 마음을 다하고 시간을 들여 제대로 실행하면 마음은 서서히 치유되어 건강해진다. 최종적으로는 최고의 건강상태라고

붓다와 아들러의 대화

말해도 좋을 차원으로 성장한다.

또한 육바라밀은 물론 불교적인 깨달음을 위한, 유식으로 말하면 팔식을 사지四智로 전환하기 위한 방법론이다. 하지만 거기까지 도달하지 못한다고 해도 지금까지 설명해온 것처럼 거의 그대로 공동체감각을 깊이 키우기 위한 방법으로서도 유효하다.

처음 설명을 들은 것만으로는 '왠지 너무 딱딱해 귀찮을 것 같다. 조금 즐겁고 편한 방법은 없을까?' 생각할지도 모른다. 그런 사람은 '귀찮아도 낫는 방법과 편하지만 낫지 않는 방법, 어느 쪽이 좋을까? 어느 쪽이 자신의 이익일까?'라고 자문해보길 바란다.

전에 이야기한 비유를 들면 이부자리에서 일어나 걸을 수 있을 정도로 재활하는 경우, 상당히 끈기가 필요하고 경우에 따라서는 상당히 아프기도 할 것이다. 그래도 걷고 싶다면 열심히 하는 수밖에 없다. 당장은 침대에서 굴러다니는 게 편할지도 모르지만 걸을 수는 없다.

걸을 수 있게 되었을 때 미래의 기쁨과 누워 있는 채로의 지금 편안함, 어느 쪽을 선택하겠는가? 물론 개인의 자유이지만 긴 안목으로 보면 명백히 노력하는 쪽이 자신의 이익이라고 생각한다. 그렇다고 할지라도 조금 더 상세하게 설명하지 않으면 무엇을 어떻게 해야 하는지 알지 못한다. 계속해보자.

첫 번째 바라밀_'우주의 것을 우주에게 주다', 보시布施

우주 속의 모든 것은 이어져 하나이지만 각각의 구별 가능한 형태는 확실히 있다. 모든 인간은 가장 깊은 곳에서는 일체라고 말해도 각각은 구별 가능한 개개인이라는 의미로 다른 사람이다.

구별 가능하다는 의미에서의 개개인이 있는 건 있는 그대로 세계의 모습如實相, 그 자체는 망상도 아니고 나쁜 것도 아니다. 뿐만 아니라 각각 별개의 인간이기 때문에 멋진 만남도 가능한 것이다. 우주 전체가 질질 끌리는 혼돈상태의 일체였다면 질척질척 꿈틀거리는 것만으로 감동적인 오래된 멋진 말로 표현하면 '해후邂逅', 이 사람을 만나 다행이고 태어나 다행이라는 만남의 체험은 불가능하다.

그러나 곤란하게도 인간은 분별지에 의해서 다른 사람을 본다. 그렇게 하면 자신과는 완전히 분리된 다른 사람, 자신과는 관계없는 '타인'이라고 느끼게 된다. 물론 자신에게 직접적인 관계가 있다고 생각하는 사람은 '관계자'라고 느끼지만 말이다.

하지만 우리가 불교를 통해 세계의 진정한 모습을 배우면 모든 것은 연기, 이어짐 그리고 궁극은 공, 일여의 세계라는 것을 머리로는 납득할 수 있다.

확실히 머리로 납득은 가능해도 실감은 나지 않는다. 어떻게 해도 '나는 나, 남은 남', '나의 것은 나의 것, 남의 것은 남의 것'이라고 분리해 '나와 남은 이어져 있다.', '우주라는 의미에서는 나와 남은 일체이다.'라는 마음이 들지 않는다. 평균적인, 보통의, 평범한 인간에게는 당연한 것이다.

거기서 갈림길은 '모두 그렇잖아. 뭐가 나빠.' 같이 적반하장 식으로 굴거나 '실감은 나지 않지만 생각해보면 확실히 그렇다. 어떻게 하면 진정한 것을 실감하게 되는 걸까?' 방법을 배우고 실행할지 하는 부분이다.

다른 사람과 내가 일체인 것을 머리로만 아는 것이 아니라 마음으로 느끼고 내장에 넣기 위한 트레이닝, 재활의 최초의 매뉴얼이 '보시'이다. 분별지적인 상식으로 말하면 '나'의 '것'을 '남'에게 '준다.'는 의미이다.

하지만 무분별지, 일체성의 지혜로 말하면 '나'도 '남'도 '것'도 같은 하나의 우주의 드러남이다. 사물, 즉 사람과 물건은 궁극적인 차원에서 말하면 모든 우주의 것이고 누군가 특정 개인의 것은 아니다. '나의 것을 남에게 준다.'라고 말해도 주는 자도 받는 자도 사물도 전부 공, 우주이다. '내가 사물을 남에게 준다.'는 것은 우주가 우주를 우주에게 준다고 할까, 우주의 어느 부분이 우주의 어느 부분을 우주의 어느 부분으로 옮길 뿐이다.

이것을 나와 남과 사물이라는 세 가지의 요소가 전부 공인 것에 기초한 보시라는 의미에서 '삼륜공적三輪空寂의 보시布施'라고 부른다.

높은 곳에 있는 물이 낮은 곳으로 흘러 같은 높이가 되는 것은 물의 본성이다. 그처럼 우주의 여기에는 남고 저쪽에는 모자라면 저쪽으로 사물이 옮겨가는 것이 우주 전체의 본성이라고 말하는 것이다.

그런데 우리는 그런 말을 들어도 실감하지 않으면 실행도 불가능하다. 이전의 예로 말하면 침대에 누운 채로 있는 것이다. 하지만 '금메달을 노리고 싶다.', '가까운 가게에 쇼핑을 갈 정도로 건강해지고 싶다.' 생각한다면 처음은 침대에서 일어날 정도부터 연습을 시작할 필요가 있다.

불교를 배우기 시작하면 곧 엄청난 헌신, 자기희생, 보시를 해야 한다. 그것이 모두 가능하다고 생각하는 건 아니다. 마치 자리보전하는 사람을 갑자기 불볕더위 마라톤에 참가하게 만드는 것과 같다.

무리한 재활은 재활이 되지 않을 뿐만 아니라 상태를 악화시키기 때문에 '치료'라고 부를 수 없다. 재활은 회복할 정도의 매뉴얼이어야 한다. 회복할 정도의 매뉴얼을 제대로 실행할 필요가 있다. 물론 낫고 싶다면 재활을 게을리하면 안 된다.

세 가지 보시, 가르침法施과 물질財施, 평온함無畏施의 보시

'준다' 하면 우리는 곧 물건을 생각한다. 현대의 화폐경제 사회라면 물건을 살 수 있는 '돈'을 연상한다. 실제로 '보시'라고 하면 장례식이나 법회를 거행해준 스님에게 신자가 바치는 사례 특히 돈을 말한다.

하지만 인도 본래의 대승불교 '보시'와는 상당히 다른 것이다. 본래 보시는 수행을 위해 하는 것으로 수행자, 승려가 행하는 것이다. 그리고 수행으로서의 보시에는 세 종류가 있고 물건만 주는 것이 아니다.

무엇보다 우선 진리의 말, 가르침을 주고 전하는 게 수행자가 행해야 할 보시의 첫 번째이다. 평범한 사람, 범부는 무명 때문에 사고팔고四苦八苦의 괴로움을 겪고 있다. 그 괴로움에서 해방되기 위해서는 지혜, 깨달음을 얻어야 한다. 그렇다고 해도 갑자기 팔식이 사지四智로 바뀌고, 구경위의 깨달음을 얻게 될 리 없다. 우선 연기, 공이라는 진리의 가르침을 듣고 배우는 것에서 시작한다.

괴로워하고 있는 사람을 배움의 걸음, 마음의 재활 첫걸음으로 이끌기 위해서는 제대로 된 말로 설명해주어야 한다. 그런 진리, 법의 말을 전해주는 것을 '법시法施'라고 한다. 상식적으로 물건을 주는 것과는 달리 '설법'하는 것이야말로 보살이 우선 행해야 할 보시이다.

붓다와 아들러의 대화

하지만 그 사람이 예를 들어 지금 큰 부상과 격심한 고통으로 괴로워한다면 사전 동의, 재활이니 하고 있을 여유가 없다. 응급처치를 해야 한다. 예를 들면 지혈, 진통제, 마취 등이다.

물질적인 면으로 괴로워하고 있는 사람의 예를 들어 보자. 굶고 있는 사람에게는 어려운 불교의 가르침을 설해도 도움이 되지 않는다. 때문에 그런 경우에는 우선 먹을 것 등 물질적인 도움을 줘야 한다. 이를 '재시財施'라고 하고, 상황에 따라 반드시 필요한 것이다. 하지만 건전하게는 우선 법시가 있고, 그 보조로서 재시가 있다고 말해도 좋을 것이다.

그리고 보시의 마지막이자 어떤 의미에서 가장 중요한 것은 '무외시無畏施'이다. 두려움 없는 마음, 즉 평온함을 주는 것이다. 고민하고 괴로워하는 사람의 마음이 평온하도록 돕는 것은 불교가 가장 중점적으로 행해야 하는 보시이다.

진리의 말을 전하는 것도, 필요한 물건을 주는 것도, 그 결과 마음이 평온해지지 않으면 의미가 없다. 마음을 가지고 살아가는 인간이라는 생물에게는 말도 사물도 기본적으로 필요하지만 마음의 평온, 만족이 필요하다.

그리고 현대에는 무외시의 방편으로서 심리학, 심리요법이 매우 효과적이다. 아들러 심리학의 '용기 주기'는 현대인에 대한 무외시로 극히 뛰어나다고 생각한다.

위와 같이 물건, 말, 마음의 세 가지 측면에서 나에게 조금이라도 여분이 있으면 모자란 사람에게 주는 노력, 보시의 실행으로 우리 자신의 마음이 타자와의 일체성, 나아가서는 우주와의 일체성을 조금씩 실감하게 된다고 말하는 것이다.

여기서 중요한 것은 남을 위해서보다 자기 마음의 건강 회복을 위해서 행하는 재활이 보시이다. 이것을 알면 '왜 내가 손해를 보면서까지 남을 위해 해야만 하는가?' 하는 의문이 완전히 사라진다. 보시는 자신을 위해 남에게 주는 훈련법이다. 때문에 보시를 하는 쪽이 "재활에 함께 해주셔서 고맙습니다."라고 감사해야 한다.

이런 점은 서양심리학 일반에도, 아들러 심리학에도 없는 매우 뛰어난 불교 특유의 사고방식이다. 아무튼 무리 없는 범위에서 조금씩 하는 것이 중요하다. 우리는 육바라밀이라 하면 무언가 굉장한 것을 해야 한다고 생각해 자신은 무리라고 생각하거나 반대로 무리하기 쉽다. 하지만 보시를 포함해 육바라밀은 재활 매뉴얼처럼 회복도에 맞춰 서서히 해나가야 한다.

남에게 도움을 주고 싶다고 해서 방금 침대에서 일어나 보행 연습을 시작한 사람이 갑자기 아프가니스탄 불볕더위에서 중노동의 자원봉사를 하면 금방 쓰러져 오히려 주위 사람에게 폐를 끼치게 된다. 수영을 못하는 사람이 물에 빠진 사람을 구하려고 물에 뛰어들면 구조원에게 이중으로 수고를 끼치게 된다. 불교 역사 속에서도 그런 일이 종종 있었던지 '힘없는 보살이 구하려다 오히려 물에 빠진다.'라는 말이 있다.

보시도 자신의 현재 실력에 맞춰 무리가 되지 않을 정도로 조금씩 하는 것이 좋다. 물에 빠진 사람을 구하는 구조원이 되고 싶다면 먼저 수영을 배울 필요가 있다. 처음은 보드를 잡고 발차기를 하는 정도의 연습부터 시작하는 것이다.

붓다와 아들러의 대화

다행히 『잡보장경雜寶藏經』이라는 경전에 초보적 매뉴얼이 있다. '무재칠시無財七施', 재력이 없어도 가능한 보시이다. ① 안시眼施, 남을 친절한 눈으로 보는 것, ② 화안시和顔施, 친절한 얼굴을 하는 것, ③ 언사시言辭施, 친절하게 말을 거는 것, ④ 신시身施, 몸을 사용해 가능한 일을 하는 것, ⑤ 상좌시床座施, 자리를 양보하는 것, ⑥ 심시心施, 마음으로 생각하는 것, ⑦ 방사시房舍施, 숙소를 빌려주는 것 일곱 가지이다.[1]

남을 볼 때 가급적 친절한 눈빛으로 보자. 가급적 웃는 얼굴로 남과 접하고자 하는 것이다. 격렬한 말, 가시 돋친 말을 쓰지 않고 부드럽고 친절한 말을 쓰도록 마음을 다하자. 친절한 말이라는 것은 때에 따라 정말 도움이 된다. 구약성서에 "원기를 회복시켜주는 혀는 생명의 나무지만 사악한 혀는 정신을 파탄시킨다."[2]라는 말이 있는데 정말 그러하다.

거기서부터 작은 것이라도 몸을 써서 가능한 일을 해주려고 신경 쓰게 되는 것이다. 예를 들면 몸이 자유롭지 못한 사람은 물건을 살짝 드는 것도 큰일이다. 그럴 때 마음 좋게 가볍게 들어주면 매우 도움이 된다. 버스 등에서 필요하다고 생각되는 사람에게 귀찮아하지 않고 쑥스러워하지 않고, 자리를 양보하도록 하자.

그중에서도 '심시'처럼 '마음으로 생각해도 아무것도 하지 않으면 아무것도 되지 않는 것이 아닌가?' 생각할지도 모르지만 그렇지 않다. 괴로울 때 누군가가 생각해주는 것만으로도 크게 마음의 의지가 되고 마음 깊은 생각, 기도는 반드시는 아니라도 실현된다. '염원하면 꽃이 핀다.'라는 말도 있다.

유식의 사고방식으로 말하면 인간의 마음은 깊은 곳에서 다른 사람과 우주와도 이어져 있기 때문에 나의 생각이 우주의 움직임과 공진하면 내가 아무것도 하지 못해도 우주가 다른 사람을 위해 그것을 실현해주는 일이 있는 것 같다.

위의 항목 가운데 하나, 둘 정도는 돈이 없고 힘이 없어도, 그리고 언제나 불가능하더라도 가급적 그러려고 하는 마음가짐은 가능하다.

그런데 나는 위의 칠시에 남의 말, 생각에 귀를 기울여 주는 보시를 더하면 좋지 않을까 생각해 칠시와 나란히 ⑧ 경이시傾耳施라고 부르고 있다. 이 또한 재력이 없어도 가능하다.

다만 본격적으로 하는 데에는 상당한 끈기와 공감능력이 매우 필요하다. 오로지 귀를 기울이기만 하는 것처럼 보이는 인간 중심 상담에 대단한 훈련이 필요하다. 때문에 전문가의 상담이 유료인 것처럼 '상대방의 기분에 깊이 공감하고 심지어 감정적으로 휩쓸리지 않는다.'라는 것은 결코 쉬운 일이 아니다.

하지만 남이 들어주고 알아주는 것만으로도 큰 위로와 도움이 된다. 가능한 만큼 들어주는 보시도 실행해나가고 싶은 것이다.

보시는 자선도 자원봉사도 아니다

우리가 굶주려 뱃속이 텅 비었을 때, 두 다리로 여기저기 돌아다니고, 눈이나 코가 먹을 게 있는 곳을 찾고, 손이 입으로 가져오고, 혀가 맛을 느끼고, 위나 장이 영양을 흡수한다.

그 경우 발이나 눈이나 코나 귀나 손이 일방적으로 손해를 보고, 입이나 혀나 위나 장이 일방적으로 득을 보고 있는 건 아니다. 일체인 전신,

전체를 위해 몸의 각 부분이 각각에게 어울리는 활동을 하고 있을 뿐이다.

그와 비슷하게 우리 인간이 깊은 곳에서는 일체, 즉 하나의 몸이라고 한다면 내가 발이나 눈이나 코나 손의 활동을 하고, 다른 사람이 입이나 혀나 위나 장의 활동을 한다고 해도 내가 손해를 보고 남이 득을 보는 것은 아니다.

'보시'는 그런 깊은 사실을 깨닫고 자타가 살아가는 깊은 기쁨을 느끼기 위해 행하는 재활이나 훈련과 같은 것이다. '나를 위해서'와 '남을 위해서'가 진정으로는 별개가 아니라 같은 '우리를 위해서'인 것을 실감하기 위해 연습을 하는 것이다.

보시는 '내가 무언가를 남에게 준다.'라는 형태의 측면에서는 자선이나 자원봉사와 닮아 있다. 객관적으로 보면 현대 불교는 보시라는 이상 내지 건전함이 있으면서도 실행에서는 기독교의 자선, 자원봉사에 첫 걸음도 두 번째 걸음도 뒤떨어진 부분이 있다.

하지만 보시는 그 목적하는 정신성에서는 자선과 자원봉사보다 깊고 높다고 말할 수 있다.

자선은 '내'가 '무언가'를 '남'에게 준다는 형태가 되기 쉽다. 즉, 나와 남과 사물이 별개의 분리된 존재라는 사고방식이 대전제가 되고, 어떤 의미로든 보다 많은 사물을 가지고 있는 내가 가지지 못한 사람을 동정해 나의 것을 준다는 형태가 되고 있는 건 아닐까. 기독교적 자선도 매우 깊은 경우는 신의 자식이 신의 것을 신의 자식을 위해 사용한다는 정신, 아가페라는 사랑의 정신으로 행해지지만 말이다.

그러한 자선이나 자원봉사는 때로는 몇 가지 문제를 일으킨다.

첫 번째는 내가 나의 것을 남에게 주는 것에 의해 정신적인 보상, 예를 들면 봉사하는 보람, 살아가는 보람, 긍지, 기쁨 등을 원하기 때문에 보상이 없으면 싫어지는 경우가 종종 있다는 한계이다. 자원봉사 관계자에게서 종종 보이는 번아웃증후군의 원인 중 하나는 자신이 한 일에 대한 정신적인 보상이 없고 '보답받지 못한다.'는 생각인 것 같다.

두 번째는 '많이 가짐＝우월한 나'와 '조금밖에 가지지 못함＝열등한 당신'이라는 형태가 되면 때로는 상대방에게 뼈아픈 열등감을 느끼게 하고, 심리적으로 상처를 주는 경우가 있다는 것이다.

세 번째는 불쌍한 사람을 위해 좋은 것, 훌륭한 것, 뛰어난 것을 해주는 '나'라는 우월감에 갇혀 교만한 인간을 낳는 경우가 있다는 점이다. 솔직히 말해 복지관계자 중에는 정말로 머리가 숙여지는 훌륭한 인격의 사람도 있지만 때로는 잘난 척하는 사람도 없는 것은 아니다.

이러한 이야기를 할 때에는 항상 단서를 둔다. '그러므로 자원봉사에는 무리가 있고, 본래부터 위선이다. 그런 것은 그만둬라.'라고 말하려는 것이 아니다. 남을 위해 좋은 일을 하는 것은 좋은 것이다. 약간 위선적일지라도 선은 선이므로 계속하자. 말의 의미로도 자원봉사자란 '자발적으로 행하는 사람'이다.

하지만 나는 자원봉사를 하고 있는, 하려고 하는 젊은이들에게는 '자원봉사를 보시의 마음으로 하면 더 좋지 않을까?'라고 말한다.

넓고 깊은 의미에서의 나, 즉 우주가 나의 것을 나를 위해 움직일 뿐이라면 보상은 필요하지 않다. 진심으로 그렇게 생각하면 보상이 없어도 싫어지거나 번아웃되지 않을 것이다. 즉 평등성지에 가까워지려고 노력

붓다와 아들러의 대화

하면서 행하면 우월−열등이라는 분리된 관계로 인해 상대방에게 상처 주는 일도 적어질 것이다.

아프지 않은 오른손이 아픈 왼손을 쓰다듬는 것이 당연한 것처럼 오른손이 왼손보다 뛰어난 것도 쓰다듬어진 왼손이 부담감이나 열등감을 느끼지도 않는다. 물론 오른손이 잘난 듯이 '해줬다.'라고 우월감에 빠지는 경우도 없다. 보시의 마음으로 행하면 교만한 마음이 될 위험을 피하기 쉬울 것이다.

범부 또는 극히 초보 보살인 우리는 자타 분리를 전제로 한 자원봉사를 하다가 여러 가지 일에서 갑갑해지기 쉽다. 부디, 이어져 하나이므로 자연스럽게 하는, 하지 않을 수 없는 자비를 목표로 재활로서의 '보시 마음'으로 한계를 넘어서길 바란다.

두 번째 바라밀_자신을 위해 스스로 계율을 부여하다, 지계持戒

'보살을 위한 재활, 두 번째 매뉴얼'은 계율을 지키고 유지하는 '지계'이다. 왠지 딱딱할 것 같고 귀찮을 것이라고 생각하는 사람도 있을 것이다. 현대인은 자유라기보다는 자신이 좋을 대로 하는 것이 좋은 것이라고 하는 믿음이 강하고 '계율을 지킨다.'라는 말은 거의 사어이다.

불교에서 말하는 계율의 내용을 설명하기 전에 '계'에 대한 사고방식 자체에 대해 한마디 언급해두려고 한다.

무거운 병에 걸리면 다양한 이유로 '지루하고 귀찮고 아무것도 하고 싶지 않다. 내버려 둬, 누워 있게 해줘. 이제 됐어. 이것저것 할 정도라면 죽는 게 낫다.'라는 기분이 들 때가 있다.

하지만 치료를 하지 않고 좋아지면 얼마나 좋을까 싶지만 좋아지지 않는다. '이제 됐어.' 같은 건 조금도 없다. 점점 나빠진다. 쉽게 죽으면 편하겠지만 대개 죽기 전에 더 나빠져 괴롭기 때문에 조금도 '나아진' 것이 아니다. 좋아지는 쪽이 좋은 것은 당연하다.

좋아지기 위해서는 해야 할 것은 해야 한다. 하지 말아야 할 것은 하면 안 된다. 그 경우 좋아지는 것은 누구일까? 의사일까, 환자일까? 물론 환자 본인이다. 자신을 위해 해야 할 것은 하고, 하지 말아야 할 것은 하지 않는 것은 누구에게 강제되고, 속박되는 것일까? 그렇지 않다. 스스로 자신을 제어하는 것이다. 타율이 아니라 자율이다. 자신을 위해 자신을 다루고 자신을 위해 치료에 필요한 규칙을 지키는 것이다.

그 점과 비슷하게 '지계'는 자기 마음의 건강을 회복하고 성장하기 위해서 하는 것이기에 스스로 납득해 자신을 위해 자신에게 계율을 부여하는 것, 즉 '자계自戒'이고, 자신을 위함이다. '불방일'과 '불성실, 나태, 제멋대로인 마음'의 부분에서 우리는 마나식과 비논리적인 사고방식 때문에 당장 자신이 편한 것, 자신이 즐거운 것을 하는 것, 자신이 좋아하는, 자기 마음대로 하는 것이 좋은 것이라고 생각하기 쉽다는 이야기를 했다. 그래도 잘 생각하면 그것은 틀린 것이다.

다시 금메달의 예를 들어보자. 금메달을 목표로 하는 선수는 매일 어떤 생활을 하고 있을까. 좋을 대로 먹고, 자고, 좋을 대로 늦게까지 깨어 있고, 귀찮은 것은 가급적 하지 않고…. 이와 같은 식으로 하고 있을 리 없다. 근육 트레이닝, 체중조절, 멘탈 트레이닝에 이르기까지 가능한 것, 즉 해야 할 것은 무엇이든 힘껏 한다. 그런 사람들이 입을 모아 말하는

붓다와 아들러의 대화

것은 '자신을 이긴다.'이다. 게으르고 싶다, 편하고 싶다, 좋을 대로 하고 싶은 자신을 발전시키고 싶고, 금메달을 따고 싶은 자신이 이기는 것이다.

목표를 위해 스스로 자신을 제어하는 셀프컨트롤, 즉 '자율, 자계'가 '지계'의 기본이다. 물론 불교에서는 '계사戒師'에게서 '수계授戒'하는 것이지만 트레이너에게서 트레이닝 매뉴얼을 제안받는 것과 같다고 생각하면 좋을 것이다. '지계'의 기본적인 의미를 알게 된 후부터 나도 '지계, 자계'의 노력을 할 마음이 들었다. 전통적인 불교의 계율을 주는 것은 아니지만 일단 대강의 포인트를 이야기하겠다.

마음 치유에서의 오계五戒와 팔계八戒, 십선계十善戒

1) 오계五戒

우선 승려도, 재가자도 공통으로 지키는 매우 기본적인 다섯 가지 계, '오계'라는 것이 있다. 불살생不殺生 죽이지 말 것, 불투도不偸盜 훔치지 말 것, 불사음不邪淫 부적절한 성관계를 하지 말 것, 불망어不妄語 거짓말을 하지 말 것, 불음주不飮酒 술을 마시지 말 것의 다섯 가지이다.

불사음과 불음주에 걸리는 사람은 많다. 하지만 다른 세 가지는 인간으로서 매우 기본적인 규칙이다. 깨달을 수 있을지 어떨지 하는 이야기 전에 인간 사이에 신뢰하고 안심하고 살아가기 위한 철칙이라고 말해도 좋을 것이다. 이 오계를 제대로 지키기만 해도 세계는 얼마나 평화로워질까.

이것들이 권위 있는 부처의 가르침으로서 널리 퍼진 것에 의해 아시아인의 진면목인 국민성이 길러진 것은 틀림없다. 유교의 영향도 크다.

그리고 근대화로 불교의 코스몰로지가 부정됨에 따라 윤리성, 정신성도 붕괴되고 있다. 우리는 불교의 계의 의미를 코스몰로지직 관점에서 다시 한번 살펴볼 필요가 있다.

'불사음'은 본래 승려는 성관계 그 자체를 하면 안 되고, 재가자는 결혼이라는 형식 외의 성관계는 안 된다는 의미이다. 좋고 나쁨은 별개로 현대에서는 거의 통용되지 않는 계인지도 모르지만 성관계는 인간 사이의 행위이므로 '상대방도 자신도 상처 입힐 만한 부적절한 성관계는 피하라.'는 의미로 파악하면 현대에도 극히 유효한 규준이라고 생각한다.

성性은 생명의 멋진 기능인 동시에 인간에게는 매우 왜곡되고 부정한 것이 될 위험도 포함하고 있다. 형태는 시대에 따라 어느 정도 바뀐다고 해도 남녀가 서로를 행복하게 해줄 수 있는 성관계가 인간으로서 적절하고, 자신을 포함해 누군가를 상처 주는 성관계는 부적절하다는 대략적인 척도가 있으면 그 시대, 상황에 어울리는 규칙이 생기는 것이 아닐까.

현대에서는 최후의 '불음주'라는 계는 승려를 포함해 지키지 않는 사람이 압도적 다수이다. 뿐만 아니라 불교 은어로 '반야탕'이라는 것은 술이다. '깨달음으로 유도하는 탕'이라고 부르는데 불음주계를 깨는 것을 얼버무리는 것이다. 동남아시아 상좌부 불교의 승려들이 보면 승려가 술을 마시는 것은 용납하기 힘든 파계라고 생각할 것이다.

나도 예전에는 금주, 금연주의자였지만 술을 마시면서 의사소통을 하는 문화를 보고 '술은 마실지어다, 마셔지지 말고' 정도가 좋은 것은 아닐까 생각해 적당한 범위에서 남과 즐겁게 마시게 되었다. 술을 마실지라도 도를 넘거나 큰 실수나 어처구니없는 짓을 하지 않는다면 '불음주'는

붓다와 아들러의 대화

'술에 마셔지지 않는 것'이라는 느슨한 규칙이라고 해도 좋을지 모른다.

어쨌거나 원칙은 마음의 건강회복을 위해 방해가 되는 것은 하지 않고, 도움이 되는 것을 하는 것이라고 생각한다.

2) 팔계八戒

'팔계' 또는 '팔재계八齋戒'라고 불리는 것이 있다. 재가자들이 특정한 때에 한정해 지키는 정진결재精進潔齋를 하는 경우의 계이다.

오계에 '불도식향만무가관청不塗飾香鬘舞歌觀聽', 향료를 바르거나 머리카락을 꾸미지 말고, 춤을 보거나 노래를 듣지 않는 것, '불면고광엄려상상不眠高廣嚴麗床上', 높고 넓고 호화롭고 아름다운 침상에서 자지 말 것, '불식비시식不食非時食' 정해진 때 외에 식사하지 말 것이 더해진다. 간단하게 말하면 사치, 화려한 것을 하지 말고 몸을 조심하는 것이다.

여담이지만『서유기』의 저팔계의 이름도 여기에서 나왔다. 그가 잠꾸러기이고 식욕, 성욕 등의 제어가 극히 서툴렀기 때문에 이 팔계를 지키라는 의미에서 삼장법사가 붙여준 이름이다.

3) 십선계十善戒

항목이 더 많은 것으로 '십계', '십선계'이다.

불살생, 불투도, 불사음, 불망어까지는 오계와 중복되고, 불음주가 빠진다. '불량설不兩舌', 말을 이중으로 하지 말 것, '불악구不惡口' 남의 험담을 하지 말 것, '불기어不綺語' 꾸며낸 말을 하지 말 것, '불탐욕不貪欲' 욕심 부리지 말 것, '불진에不瞋恚' 화를 내거나 원망하지 말 것, '불사견不邪見' 인과 연기의 이법을 부정하는 생각을 가지지 말 것의 다섯 가지가 더해졌다. 재가, 출가 공통의 계이지만 특히 재가 신자 중 열심히 믿는 사람에게는 이 '십선계'를 주어 지키도록 가르친다. 술을 좋아하는 사람은 불음주가 빠져 있어 안심할지도 모른다.

성실함, 결벽성, 정직함, 진지함, 친절함, 온유함, 검소함이라는 미덕은 앞서 이야기한 오계나 십계의 마음을 절에서 다양하게 이루어진 설법 등으로 서민에게 전해 길러진 면이 상당히 크다고 생각한다. 이는 서당에서 유교를 가르치는 것과 병행되었다.

불교의 의미는 고상하고 난해한 교리나 엄격한 수행으로 도달하는 깊은 경지 등에만 있다고 생각하기 쉬웠다. 하지만 현대 황폐해진 사회에서 일상적인 계가 얼마나 중요한 역할을 해왔는지 다시 보지 않으면 안된다고 생각한다. 인간은 윤리를 포함한 모든 것에 대해 가르쳐주지 않으면 배우기 어렵다. 불교에서만 통용되는 것이 아닌 보편성 있는 십선계를 아이에게 제대로 가르칠 수 있는 교육제도를 만들어야 한다고 생각한다.

출가자, 즉 승려가 지켜야 할 계는 이런 것이 아니라 250개나 있어 '이백오십계'라고 한다. 게다가 비구니는 더 많은 계를 부여받는다. 하지만 이 책의 범위를 넘어서는 것이기에 생략하고자 한다.

세 번째 바라밀_끊이지 않는 증오를 끊다, 인욕忍辱

자신과 타인, 우리와 저들, 이것과 저것, 인간과 자연 등 모든 것을 분리하고 나눈 것으로 보는 견해를 '분별지'라고 했다.

붓다와 아들러의 대화

확실히 각각의 사물에는 구별이 있다. 하지만 근본적으로는 분리되지 않고 이어져 있어 결국은 하나이다. 근본적인 진리, 법, 다르마로 말하면 타인이 나에게 손해를 끼쳤다, 나쁜 짓을 했다, 상처 주었다는 것은 넓고 깊은 의미에서 자신이 자신에게 손해를 끼치고, 나쁜 짓을 하고, 상처를 주었다고 하는 것이 된다.

상처받았으므로 상처를 돌려주면 깊은 의미에서 자신에게 이중으로 상처 주는 것이 된다. 예를 들면 오른손에 식칼을 쥐고 요리를 하다가 잘못해 왼손의 손가락을 잘랐다고 해서 상처 입은 왼손이 식칼을 낚아채 오른손을 잘라 보복하면 양손 모두 심한 상처를 입게 되는 것과 같은 것이다.

말할 것도 없이 오른손과 왼손은 하나의 몸 각각의 부분이기에 상처를 받아도 결코 되돌려주지 않는다. 뿐만 아니라 왼손 손가락을 자른 순간에 칼날이 위를 향한 상태로 식칼을 떨어뜨려 오른손이 더 심한 부상을 입는 경우라면 가볍게 상처 입은 왼손으로 더 상처받은 오른손을 치료하는 것이다.

육바라밀의 세 번째, 어떤 의미로 가장 난이도 높은 매뉴얼인 '인욕忍辱'은 다른 사람 또는 사물로부터 상처를 받아도 참는 것이다.

우리는 자신에게 불이익을 주는 상대방을 쉽게 용서하지 못한다. 화내고 미워하고 원망하고 보복하려고 한다. 하지만 모든 것이 이어져 하나라는 것을 알고, 나아가 실감하고 깨닫고자 하면 이 곤란한 트레이닝 매뉴얼, '인욕'에 도전해야 한다.

여기서 중요한 것은 '~라면'이라는 조건이 붙어 있는 '해야 한다.'이다.

이는 강제적인 의미에서의 윤리, 절대화된 '해야 한다.'가 아니다. 무리를 해서 '남을 용서해야 한다.'라고 생각해도 거의 불가능하다.

무리하지 않기 위해서는 우선 머리만이라도 이치理를 인식해야 한다. '저 녀석과 나는 실은 일체이다.' 이론만이라도 인정하는 것이다. 유식에서는 '인忍은 우선 인認으로 시작한다.'라고 말한다. 분노나 원망이나 보복하고 싶은 감정을 억누르려 하기보다 감정은 감정으로서 있는 그대로 두고, 이치理를 제대로 인식하고, 인식할 수 있으면 조금씩이라도 연습하는 것이다. '완전히 화가 난다. 절대로 용서 못한다. 무엇인가 보복을 하고 싶다 … 그래도 저 녀석과 나는 이어져 있고, 뿐만 아니라 하나의 우주의 부분이다. 완전히 마음에 들지 않고, 그런 마음도 들지 않고, 어떻게 해도 그렇게는 생각되지 않지만 …. 하지만 이치로는 그렇게 된다. 그렇다면 못해도 심한 보복을 하는 것만은 그만두자.'라는 식으로 말이다.

'원망으로 원망을 갚으면 원망은 끊이지 않는다.'[3]는 붓다의 말이 있다. 미움에 대해 미움을 돌려주면 미움이 증폭되어 이쪽으로 돌아온다. 끝없는 증오의 악순환을 끊기 위해서는 인욕이라는 약이 필요하다. 무엇보다 남을 미워하면 자기 자신의 마음도 불쾌하다. 자신의 마음이 상쾌해지기 위해서라도, 증오의 악순환을 끊어내기 위해서라도, '모든 것은 일체'라고 깨달아 마음이 건강해지기 위해서라도 가능한 만큼 몰두하고 싶은 것이다.

포기하고 참기보다 능동적으로 수용한다

불교의 '인욕'에는 남에게서 능욕당한 것을 참는다는 의미뿐만 아니라

붓다와 아들러의 대화

더위, 추위, 배고픔, 재해 등 환경에서 오는 다양한 괴로움을 인내한다는 의미도 있다. 세계와 나는 일체라고 말해도 구분이라는 의미로는 나뉘어져 있고, 세계는 구분된 개체로서의 '나'를 중심으로 나의 사정에 맞춰 존재하는 것은 아니다. 커다란 전체의 일정으로 움직이고 있다. 그 움직임이 때로 나의 사정에 맞지 않는 경우도 있는 것이 세계와 자연의 자연스러운 모습이다.

그런데 자신의 사정이나 바람에 얽매이는 마음으로 세계를 보면 세계는 종종 부조리, 부자연스러움 자체이다. '나를 이런 꼴로 만들다니, 신도 부처도 있기는 한가.' 하고 생각하지만 그런 모든 것을 나의 사정대로 해주는 존재라는 의미에서의 신이나 부처는 세상에 없는 것 같다. 몹시 안타까운 일이지만 말이다.

우주는 우리에게 생명을 주는 존재이지만 때로는 완전히 비정하게 생명을 빼앗는 존재이기도 하다. 아무리 원망하고 한탄해도 방법이 없는 우주의 있는 그대로의 자연스러운 모습이라고 말할 수밖에 없다. 그래도 화내고 원망하고 한탄하고 절망하고 싶어지는 것은 우리의 인정, 즉 범부의 감정이다.

보살은 범부의 감정에 깊은 동정과 연민의 마음을 가지고 있지만 자신에 대해서는 '그것이 인정이므로 어쩔 수 없다.' 생각하지 않는다. 인정은 인정으로서 받아들이면서도 감정에 빠지지 않도록 노력한다.

'이것은 개인으로서의 나에게 매우 괴로운 것이지만 그렇다고 해도 누군가, 무언가를 원망하는 일은 없다. 이 또한 있는 그대로, 자연스러운 것'이라고 인식하고, 능동적으로 수용한다.

인욕은 단지 수동적으로 '어쩔 수 없다.'고 포기하고 참는 것이 아니다. 온갖 괴로움을 적극적인 수행의 기회로 파악하고, 능동적으로 수용하려고 힘껏 노력하는 것이다. 불교용어로 진리를 의미하는 '제諦'에는 '단념하다.'라는 의미가 있지만 수동적으로 연약하게 희망을 버리는 것은 아니다. 진리를 밝히고, 명백하게 파악하는 것에 의해 자신의 사정에 따라 생각하거나 느끼는 것을 능동적으로 단념한다는 의미이다.

나치의 유대인 수용소에서 기적적으로 생환한 것으로 알려진 정신의학자 프랑클Viktor Frankl이 '인간은 의미 없는 괴로움은 참을 수 없지만 의미 있는 것이라면 씩씩하게 견딜 수 있다.'는 의미의 말을 했는데 확실히 그렇다고 생각한다.

괴로움에서 의미를 발견하고 적극적·능동적으로 씩씩하게 맞서는 것에 의해 높고 깊은 인간적 성숙을 성취하는 것은 많은 고생한 사람의 실례에서도 명백히 드러난다. 남의 능욕을 참는 것, 다양한 괴로움을 견디는 것, 즉 인욕은 난이도 높은 트레이닝 매뉴얼이지만 꺾이지 않고 맞서고 싶은 것이다.

네 번째 바라밀_한눈 팔지 않고 노력하다, 정진精進

육바라밀의 네 번째는 정진이다. 일단 '노력'이라고 번역할 수 있다. 노력은 선한 마음의 움직임 중에도 있었다. 즉, 평범하게 생각해도 좋은 마음의 움직임이지만 깨닫기 위해서도 정진은 불가결한 항목이라고 말하는 것을 의미한다.

우리가 살아가고 있는 세계는 역동적으로 움직이고, 변하고 있으므로 언제까지나 같지는 않다. 즉, '무상無常'이다. 개인으로서의 우리에게 주어진 인생의 시간도 무상이므로 영원히 계속되는 것은 아니다. 좋든 싫든 관계없이 개개인에게 주어진 인생의 시간은 유한하다.

인생에서 가능한 것도 유한하다. 하고 싶은 것을 언제까지 무엇이라도 계속하는 것은 정말로 안타깝지만 불가능하다. 무상이라는 것, 인생은 유한하다는 것을 알아차리면 하지 않아도 되는 것, 아무래도 좋은 것을 하고 있을 겨를이 없다는 것을 알게 된다. 하물며 하면 안 되는 것을 하는 것은 인생 낭비이고 악용이다.

가급적 하고 싶은 것, 해야 하는 것을 한정해 열심히 해도 인생의 시간은 완전히 모자란다. 때문에 전에도 설명했듯이 인생에서는 최우선 사항, 우선 사항, 조금 뒤로 돌려도 되는 것을 제대로 구분할 필요가 있다.

특히 세계 신기록, 금메달을 따고 싶을 정도로 극히 높이 성장하고 싶다면 다른 쓸데없는 것을 할 겨를은 없을 것이다. 목표를 향해 곧장 트레이닝을 되풀이할 수밖에 없다. 그것이 '정진'이라는 말의 의미라고 생각한다.

정진은 보시, 지계, 인욕과 다르게 특정한 것을 하기보다는 유한한 인생의 시간 사용방법의 기본적인 마음가짐, 반듯하게 곧장 한눈팔지 않고 수행하는 자세라고 생각해도 좋다.

덧붙여서 말하면 '정진요리'라는 말이 있는데, 본래 절에서 수행에 힘쓸 때의 음식이라는 의미이다. 수행의 중심은 다음에 이야기할 '선정禪定'으로 마음을 가라앉히고 집중해 공, 일여의 세계를 직감하는 것이다. 그렇게 하기 위해 몸의 자세도 좌선이라는 조용한 자세를 취한다. 마음도 몸도 고요하게 하려면 음식도 담백할 필요가 있다. 때문에 살아 있는 것을 죽이면 안 된다는 것을 포함해 고기나 생선은 먹지 않고, 파, 부추, 마늘같이 몸에 원기를 불어넣는 것도 피하고, 주로 곡류와 채소로 만들어 매우 섬세하고 건강하며 맛있는 음식이 연구되었다. 그 음식이 일반적인 요리가 된 것이 '정진요리'이다.

다섯 번째 바라밀_분별지의 악순환을 끊다, 선정禪定

인간의 마음은 깊은 곳에서 표면까지 모든 것을 뿔뿔이 분리된 것으로 파악한다. '분별지'이다. 말을 하는 것은 입의 까르마, 생각하는 것은 마음의 까르마이다. 까르마는 씨앗이 되고, 마나식을 통해 알라야식에 고이고, 곧 싹터 마나식을 통해 의식으로 떠오르는 순환을 하지만 이것이 모두 분별지의 악순환이 되는 것이기에 끊어내지 않는 한 분별지에서 생겨나는 번뇌를 단절할 수 없다. 번뇌를 근본부터 단절하려면 분별지의 악순환을 단절할 필요가 있다. 육바라밀의 다섯 번째 '선정'은 그것을 위한 방법이다.

인간은 누구라도 아침에 일어나 밤에 잠들기까지 눈뜨고 있는 동안 마음속에 다양한 말과 이미지가 돌아다닌다. 놀랄 만큼 제대로 자동화되어 있어 말이나 이미지를 돌아다니지 않게 하는 것은 거의 불가능하다고 생각할 정도로 어렵다. 그런 마음속에서의 말과 이미지를 '념念'이라고 한다.

우리의 마음속에서는 아침부터 밤까지 거의 언제나 다양한 말과 이미지, 즉 뿔뿔이 흩어진 '잡념'이 끊임없이 떠오르면 가라앉고 떠오르면 가라앉고 … 를 되풀이하고 있다. 잡념을 없애고 '무념무상無念無想'이 되려 해도 보통은 무리이다.

실은 잡념을 없애려는 생각 자체가 어떤 종류의 분별지에 의한 념, 즉 잡념이므로 없애려고 하면 잡념에 잡념이 겹쳐 대립, 갈등해 마음속이 혼란상태가 될 뿐이다.

그런데 고대 인도 명상가들은 그런 념과 념이 갈등하는 상태를 초월하는 훌륭한 방법을 발견했다. 직접 념을 억눌러 마음을 고요하게 하는 것이 아니라 념을 만들어내는 마음의 뒷면을 파헤치는 방법이다. 불교 내외에 다양한 선정의 방법이 있지만 나는 임제종臨濟宗 계통의 좌선을 배워 실천해 왔기 때문에 여기서는 임제선의 좌선이라는 '선정'의 대략적인 포인트를 설명한다.

임제종에는 초심자에게 지도하는 '수식관數息觀'이라는 좌선 방법이 있다. 호흡을 세는 명상법(관)이다.

인간의 마음과 몸은 구별은 가능하지만 분리는 불가능한 일체이다. 의식적인 마음으로 무의식적인 마음, 즉 마나식과 알라야식을 제어해 조용하게 진정시키는 것은 어려워도, 몸을 고요하게 진정시키는 것이라면 그것보다는 어느 정도 용이하다. ① 우선 몸의 자세를 바로하고, 차분하고 고요하게 앉는 것에서 시작한다. 좌선 등 앉음새, 좌법이다. '조신調身'이라 한다.

좌선에서는 '결가부좌'라고 말하고, 좌우의 다리를 포갠다. 다리를 저리게 해서 참기 모임을 시키려는 것이 아니다. 양 무릎과 엉덩이 아래에 깐 방석으로 높이를 더한 꼬리뼈의 세 점으로 마치 카메라 삼각대와 같은 안정된 상태를 만들기 위해서다.

다리가 길고 마른 사람이 많은 인도인에게는 고요하고 오래 앉아 있기 위한 가장 편안한 자세인 것 같다. 확실히 다리가 짧은 사람이 발목, 무릎, 고관절이나 그 주변의 근육이 뻣뻣하게 굳은 채로 처음부터 무리하게 이런 자세를 취하면 낭패를 보기 십상이다. 하지만 준비운동으로 몸을 부드럽게 만든 후에 하면 그 정도로 낭패를 보지는 않는다. 또한 습관이 되면 몸을 안정시키는 자세로 마음을 안정시키는 매우 적절한 자세라는 걸 느끼게 된다.

초심자에게 '결가부좌'가 무리라면 한쪽 다리만 다른 한쪽 다리 허벅지에 올리는 '반가부좌'를 하고, 어느 쪽이든 앉는 방법이 마련되면 무릎과 꼬리뼈로 만든 역삼각형의 중심에 등뼈를 세우는 느낌으로 상체를 편다. 그리고 양손으로 달걀보다 살짝 둥근 느낌의 '법계정인法界定印'이라는 형태를 만들고 하복부에 가볍게 둔다.

다음으로 입을 조금 열고 숨을 뱉으면서 상체를 느긋하게 앞으로 숙인다. 숨을 제대로 뱉으면서 몸을 숙이고, 입을 닫고 코로 숨을 들이마시면서 천천히 상체를 일으킨다.

그리고 목을 세워 정면을 보고, 그대로 목을 세운 상태로 시선만 1미터 전방에 고정한다. 그러면 눈꺼풀이 내려와 일견 밖에서는 눈을 감고 있는 것처럼 보이므로 '반안半眼'이라고 불리지만 눈은 감는 것이 아니라 제대로 뜨고 있어야 한다. 종종 티브이 드라마에 무장 등이 눈을 감고 좌선하는 장면이 나오지만 기본적으로 잘못되었다. 눈은 한 점을 응시하는 것이 아니라 단지 두리번거리지 않도록 한 곳에 고정할 뿐이다. 여기

붓다와 아들러의 대화

까지가 '조신'이 된 것이다.

　게다가 명상가들은 인간의 몸의 기능 중 의식적인 마음으로 어느 정도 제어 가능한 것, 심지어 무의식적인 마음으로 이어져 있는 특수한 것이 있다는 것을 발견했다. 호흡이다. 호흡은 의식으로 어느 정도 제어 가능하다. 호흡이 얕고 짧으면 무의식을 포함한 마음 전체가 어수선한 기분이 되고, 깊고 길면 차분하고 고요한 기분이 된다.

　② 몸의 자세를 마련한 다음 호흡을 가급적 길고 가늘고 고요하게 막힘이 없도록 한다. '조식調息'이다. 실제로 해보면 상당히 어렵다는 걸 실감할 것이다. 그래도 직접 무의식의 마음을 갖추는 것보다는 용이하다.

　이어서 배꼽 조금 아래, 동양의학에서 말하는 '제하단전臍下丹田'에서 뱉고, 거기에서 들이마시는 느낌으로 느긋하게 호흡한다. 호흡이라고 표현했듯이 '뱉는 것이 먼저이고 들이마시는 게 나중이다. 제대로 뱉지 않으면 제대로 들이마실 수 없다. 단전에 호흡을 두고 가급적 길고 가늘고 고요하고 막힘없이 호흡한다.

　그 다음 호흡을 센다. 뱉을 때 '하~', 들이마실 때 '나~'라고 세고, '열'까지 세면, 다시 '하~나~'로 돌아온다. 정해진 시간 동안 반복한다. 호흡을 갖추는 것이 '조식'이지만 수식관에서는 호흡을 갖추고 세는 것에 집중하는 것으로 동시에 '조심調心'을 행한다.

　단순한 방법이지만 결코 쉽지는 않다. '길고 가늘고 고요하고 막힘없는 호흡'은 웬만해서는 잘 되지 않는다. 게다가 다른 것을 생각하지 않고 전념하는 것도 어렵다. 호흡은 어지럽고, 정신은 산만해지고, 다리는 저려 아파오고 '왜 힘들이면서까지 이런 짓을 하고 있는 거지? 나에게 좌선은 무리인 게 아닐까? 이런 거 한다고 효과가 있을까?' 등등 여러 가지 잡념이 악순환하는 한 번뇌는 정화되지 않는다. 번뇌를 정화하려면 의문과 잡념은 내버려두고 '하~나~'라고 집중해야 한다.

태어난 후 거의 분별지 만을 훈습해온 마나식과 알라야식이 단기간에 정화되는 일은 없지만 느긋하게 계속하면 극히 조금씩이지만 변화한다. 몇 년, 몇십 년이 지난 후 회고해보면 마음이 옛날보다 상쾌해진 것을 확실하게 실감할 수 있다.

③ 더 나아가 '무념'이 되려는 념을 일으키는 것이 아니라 하나의 념에 집중하는, '전념專念'하는 것으로 마음을 고요하게 한다. 예를 들면 특정 성스러운 말씀, 즉 만트라인 경우도 있고, 성스러운 이미지인 경우도 있다. 어떠한 것을 전념, 정신집중의 대상으로 하는지에 대해 불교를 포함해 고대 인도의 종교에서는 극히 다양한 방법이 연구되었다.

하지만 아무리 효과 좋은 트레이닝 매뉴얼이 여러 가지라도 읽는 것만으로 레벨업되지는 않는다. 어떤 특정 약의 효능서가 있어도 읽는 것만으로는 낫지 않는다. 불교의 이야기, 지혜는 약의 효능서와 같은 것이다. 읽는 것만으로도 긴장이 풀리는 안심효과는 있지만 부족하다. 약이나 재활, 매뉴얼에 해당하는 실제 효과를 가져 오는 것은 육바라밀이다.

여섯 번째 바라밀_말에 의한 지혜, 지혜智慧

육바라밀의 마지막은 '지혜'이다. 마음의 병의 근본적 원인은 '무명'이기에 무명이 없어지고 지혜로 바뀌는 것이 근본적인 치료를 한다는 것은 지금까지 이야기해온 것으로 확실히 했다고 생각한다. 지금까지 무명을

붓다와 아들러의 대화

지혜로 바꾸기 위한 다섯 가지 트레이닝 매뉴얼을 소개했지만, 재미있는 것은 무명을 지혜로 바꾸기 위한 매뉴얼 그 자체에 지혜가 포함되어 있다는 것이다.

유식에서는 인간은 타고난, 즉 전생에서 이어진 알라야식 속에 무명의 씨앗을 가지고 태어난다고 생각한다. 현대적으로 바꿔 말하면 언어를 사용한 분별지를 가질 유전적인 소질이라고 말해도 좋다. 그것에 더해 태어나서 줄곧 말에 의한 분별지의 교육을 받고, 알라야식 속에 기억으로서 쌓여간다. 그런 선천적·후천적 원인에 의해 인간은 분별지의 덩어리로 자라난다. 그중에서도 중요한 것은 자신이 실체라고 생각하는 무의식 속 분별지의 덩어리, 즉 마나식이다.

알라야식과 마나식이라는 깊고 넓은 마음의 영역이 분별지의 덩어리이기 때문에 의식이나 오감이 그것에 제어당해 분별지적인 움직임밖에 할 수 없는 것은 너무나도 당연하다.

그런데 신기한 건 인간의 의식은 분별지와는 다른 견해를 가르치면 그 나름 이해할 수 있다. '안다'라는 말이 훌륭하게 표현하고 있는 대로 어디까지나 분별지이면서 분별을 초월한 지혜를 이해할 수 있다.

마음의 트레이닝 매뉴얼이라고 할 수 있는 육바라밀의 하나인 '지혜'는 말을 넘어선 궁극의 지혜에 이르기 위한 수단인 말에 의한 지혜에서 시작된다고 말해도 좋다. 이미 우리가 배운 이어짐 코스몰로지, 연기, 공이라는 사고방식이 '지혜'에 해당한다.

제대로 듣고 이해하고, 스스로 잘 생각해 납득하는 과정을 반복하면 까르마가 씨앗이 되어 알라야식에 훈습된다. 알라야식에 훈습된 파종된 씨앗은 곧 싹이 터서 의식으로 올라온다.

의식에서 알라야식에 훈습되었을 때와 알라야식에서 의식으로 싹틀 때 어느 쪽이든 마나식을 정화하는 선순환의 과정은 전에 이야기한 대로이다.

하지만 연기와 공, 이어짐 코스몰로지라는 생각, 사상은 아무리 깊은 알라야식에 훈습되어도 분별지라는 부분을 넘어서지 못한다. 그것을 넘어서는 게 '선정'이라는 방법이다.

분별지에 의해 분별지를 넘어선 '지혜'를 배우는 것과 병행해 선정에 의해 무분별의 세계 자체를 직접 체험하고, 무분별의 까르마의 씨앗을 알라야식에 훈습하는 것이 불가결하다. 물론 다른 네 가지 바라밀의 씨앗도 훈습할 필요가 있다. 씨앗의 종합적인 힘에 의해 인간의 마음은 다섯 가지의 단계를 밟아 서서히 팔식八識에서 사지四智로 전환해간다.

그렇다고 해도 '지혜'에는 육바라밀의 6분의 1의 중요도밖에 없다고 생각할지도 모른다. 그런 면도 있지만 인간이 '말을 사용해 살아가는 동물'이고, 의식적인 존재인 점에서, 말에 의해 의식적으로 아는 지혜에는 결정적인 중요성이 있다. 인간은 말에 의한 지혜로 말을 초월한 세계를 알 수 있기 때문에 말을 넘어선 체험을 하고 싶다, 해야만 한다는 것도 알고, 방법으로서의 육바라밀의 의미도 알고 실천하려는 의지를 품는 것도 가능하다. 특히 자량위에서 가행위에 걸쳐 이 말에 의한 지혜를 제대로 배우고 몸에 익힐 필요가 있다.

붓다와 아들러의 대화

4. 궁극의 평온함

치료와 수행의 목적론, 무주처열반無住處涅槃

유식과 불교가 목표로 하는 곳을 한마디로 말하면 '깨달음'이다. 깨달음 하면 뭔가 매우 심원하고 신비스러우며 '말로 표현하기 힘든' 것처럼 느껴질지도 모른다. 하지만 지금까지 이야기해온 대로 '모든 것이 하나이고 모든 것이 이어져 있는 것을 볼 수 있는 마음의 모습'이라고 표현할 수도 있다. 이론적으로 상세하게 설명한 것이 '삼성설'이다. 심리학적으로 말하면 '심리기능론'이다.

하지만 평범한 인간은 '모든 것이 뿔뿔이 흩어져 나중에 이어지는 것이 가능할까?' 같은 생각을 가지고 있다. 마음 깊은 곳에서 표면까지 모두 뿔뿔이 흩어진 생각밖에 가지지 못한다. 그런 마음의 구조를 여덟 가지 영역으로 나눠 분석한 것이 '팔식설八識說'이다. 팔식설에 대해 깨달음의 마음을 네 가지 지혜로 이루어지는 것으로 분석한 것이 '사지설四智說'이다. 팔식의 마음을 전환해 사지의 마음을 얻는 것을 '전식득지轉識得智'라고 한다. 심리학적으로 말하면 '심리구조론'이다.

팔식의 범부로부터 사지의 부처까지의 단계를 명백하게 한 것이 '오위설五位說'이다. 심리학적으로는 '심리발달론'에 해당한다.

여기까지가 원리론이고, 다음의 '육바라밀론'이 임상론이다. 팔식의 마음을 전환해 사지의 마음을 얻는 데 여섯 가지의 방법이 유효하고 필요하다고 이야기했다.

이것으로 유식 이론의 중요한 포인트는 거의 끝났다고 말해도 좋지만 하나 더 육바라밀을 실천해 팔식이 사지로 전환한 결과 어떠한 심경, 경지가 되었는지에 대한 이른바 치료와 수행의 '목적론'에 해당하는 이야기가 있다. '무주처열반無住處涅槃'이라는 대승불교 특유의 사고방식이다.

이 책에서는 아들러 심리학과 불교의 임상실천적인 통합의 전망을 짓는 게 목적이기 때문에 이 주제에 대해 깊이 파고들지는 않고 대략적으로 소개하겠다.4

살아 있는 것 자체가 미혹의 생존, 유여의열반有餘依涅槃

대승 이전의 불교에서는 살아가는 것 자체가 '미혹의 생존'이라고 파악해 깨달음, 열반은 미혹의 생존에서의 해방, 탈출, '해탈解脫'과 동일시하는 경향이 있고, 깨달은 사람은 윤회의 세계로부터 영원히 해탈해 두 번 다시 돌아오지 않는 것으로 되어 있었다.

그렇다고 해도 깨달으면 곧 죽는 것은 아니다. 깨달아도 아직 몸이 있어 살아가는 상태를 '유여의열반'이라고 부른다. '미혹의 생존, 번뇌의 의지처인 몸이 아직 남아 있으나 마음은 깨달은 상태'라는 의미이다.

하지만 대승 이전 불교 수행자들은 육체가 있는 한 성욕과 식욕의 욕망은 없앨 수 없고, 욕망을 완전히 없애기 위해서는 육체 자체가 사라지는 수밖에 없다고 생각했다. 육체가 사라져 욕망도 사라진 상태를 '무여의열반'이라 한다. '의지처인 쓸데없는 육체가 사라져 번뇌의 불꽃이 완전히 꺼진 상태'라는 의미이다.

붓다와 아들러의 대화

몸이 있는 그대로 본래청정이다, 본래청정열반本來淸淨涅槃

이에 대해 대승불교는 그런 사고방식은 자기 혼자 괴로운 생존의 세계로부터 도망간다는 좀스러운 사고방식, 자신 외에는 탈 수 없는 작은 탈것이라고 비판했다. 확실히 몸이 사라지면 번뇌도 사라지고, 자신은 편해질지도 모르지만 번뇌로 괴로워하는 다른 사람들을 구제할 수는 없다. 다른 살아 있는 것, 즉 중생과 같은 몸이 있어야 처음부터 자비와 구제의 실천을 할 수 있다.

'이 몸이 있는 채로 완전한 열반에 들어간다.'는 것이 대승불교의 특징적인 가르침이다. 우리의 몸, 생명 자체가 번뇌와 미혹의 생존 주체인 것으로부터 해방되어 깨달음과 자비의 주체로 변용할 수 있다는 것이다. 특정 종교로서의 불교의 틀을 훌쩍 넘어선 인류 전체에 매우 희망적인 메시지이다.

대승불교의 궁극의 목적인 깨달음은 우주의 본질인 '공'이라는 것에 마음 깊은 곳까지 눈뜨는 것이다. 그리고 '공'이라는 것은 '일여一如'와 동의어로 우주의 모든 것은 일체이기도 하다. 대승불교의 수행자들, 즉 보살은 철저한 선정의 실천의 결과 철저한 무분별의 지혜에 도달한다. 그러면 그때까지 손과 득, 행복과 불행, 선과 악, 오염과 청정, 생과 사라는 식으로 분별하고 있었던 것이 모두 무분별, 즉 일체라는 것이 보이기 시작한다. 우주에서는 선과 악, 오염과 청정이라는 상대적인 구별은 가능해도 절대적으로는 분리되어 있지 않은 일체이다.

대승불교에서는 오염과 청정이라는 인간적인 분리를 넘어선 우주의 본질을, 본래 절대적인 오염을 벗어나 오염이나 악이라고 하는 의미에서의 번뇌는 본래 공이라는 의미로 '본래청정열반'이라고 파악한다.

이 본래청정열반이라는 부분에서 보면 우리의 몸이나 마음도 '본래청정'이다. 번뇌의 의지처인 몸이 남아 있는지, 남아 있지 않는지의 문제는 넘어서 있다. '몸이 있는 그대로 본래청정'이라는 우주적 사실의 발견이 그때까지의 소승불교에 대한 대승불교의 결정적인 포인트라고 말해도 좋을 것이다.

무분별지의 관점으로 보면 몸도 마음도 포함해 자신도 그대로 하나의 우주 일부이다. 대승불교의 보살들은 자신이 그대로 우주와 일체라면 심신보다도 우주 자체를 '자기'라고 생각했다. 영어로 표현하면 소문자로 시작하는 'self'가 아니라 대문자로 시작하는 'Self'야말로 진정한 자신이라고 말하는 것이다.

바다의 파도 또한 물이다, 무주처열반無住處涅槃

이런 놀랍도록 깊은 경지의 대승보살들은 윤회에 대해서도 그때까지와는 완전히 다르다고 해도 좋을 정도로 다른 사고방식을 가지게 되었다.

이 심신에 한정된 자신이라는 것은 확실히 태어나서 죽는 것이지만 우주로서의 자기는 시간과 공간과 물질을 전부 품고 넘어서는 존재이다. 그런 커다란 자기와 그 일부로서의 특정 심신을 가진 '나'와의 관계는 구별은 가능해도 분리할 수는 없다. 다른 사람과 나의 관계도 같은 하나의 우주 저 부분과 이 부분이라는 식으로 구별은 가능해도 분리는 불가능하다.

그렇게 되면 다른 사람의 기쁨은 나의 기쁨, 다른 사람의 괴로움은

붓다와 아들러의 대화

나의 괴로움이 된다. 특히 분별지를 바탕으로 영위하고 있는 이 세상은 사고팔고四苦八苦라는 괴로움의 세상이므로 많은 사람이 여러 가지로 괴로워하고 있다. 그 괴로움을 나의 괴로움으로 느끼면 내버려둘 수 없게 된다. 타자의 괴로움을 자신의 괴로움이라고 느껴 내버려둘 수 없다고 생각하는 마음을 '비悲'라고 하고, 타자를 기쁘게 하는 것을 자신의 기쁨이라고 느끼는 마음을 '자慈'라고 하며, 이를 합쳐 '자비'라고 한다.

수행자, 즉 보살 자신도 괴로움으로 가득 찬 세계에 있고, 거기에서 빠져나오고 싶다, 즉 열반에 들고 싶다고 생각하지만 정말로 깊은 열반의 세계에 들어가 보면 자비라는 마음 때문에 괴로움의 세계에서 괴로워하는 중생을 내버려둘 수 없게 된다.

거기서, 상황에 응해 절대의 평온의 세계, 즉 열반의 세계에 있거나 아니면 중생과 함께 괴로움의 윤회의 세계에서 괴로움을 없애고 평온함을 주는 활동을 하는 식으로 자유자재로 머무는 곳, 즉 주소住所를 바꾼다는 방법을 취하는 것이다. 이런 자유자재, 주소부정住所不定의 경지를 '무주처열반無住處涅槃'이라고 부른다.

어디까지나 몸과 마음이 '자신'이라고 믿는 우리에게는 있을 수 없는 이야기다. 그것을 알기 쉽게 표현하기 위해 '바다의 물과 파도'라는 비유가 있다.

바다 표면의 파도를 보면 하나하나 별개의 파도처럼 보인다. 하지만 바닷물이라는 면에서 보면 전부 하나의 물이다. 바다는 상황에 따라 거울처럼 잔잔할 수도 있고, 잔물결이 되는 경우도, 큰 파도가 되는 경우도, 사나운 파도가 되는 경우도 가능하다. 하지만 어떤 파도가 되어도 바닷

물이라는 사실은 변하지 않는다. 바다는 자유자재로 모습을 바꿀 수 있다.

우리가 자신의 본질을 '파도'라고 파악하면 나타나고 사라지는 허무하다는 의미로 '무상'한 존재라고 느낄 수밖에 없다. 그렇게 하면 불안해지거나 허무해지거나 절망할 수밖에 없다. 하지만 진정한 자신은 '바다, 물'이라고 깨달으면 시간을 넘어서 시간 속에서 영원히 역동적으로 움직인다는 의미에서 '무상'한 존재라는 것을 알게 된다. 그렇게 하면 근본적인 평온함과 상쾌함을 느끼면서 때로는 움직이거나 때로는 쉬거나 자유자재로 우주의 움직임의 일부로서 있는 그대로 있고, 되는 그대로 되고, 하는 그대로 하는 것이 가능해진다고 하는 것이다.

너무나도 깊은 경지이기에 나도 유식 문헌을 실마리로 '그렇다고 한다.'라고밖에 이야기할 수 없지만 수행을 깊이 하면 언젠가 그 경지에 도달할 수 있다는 것에 대해서는 실감하고 있다.

그리고 전에도 이야기했던 대로 금생의 과제로서는 이것을 아득한 저쪽으로 가야 할 방향을 보여주는 길잡이 또는 이상으로서 갈 수 있는 곳까지 가면 된다는 것이라고 생각하고 있다.

이런 수행의 궁극 '목적'에 관한 이야기는 아들러 심리학이나 인본주의 심리학이 목표로 하는 '자기실현'을 넘어선 '자기초월'이라는 차원의 이야기이다. 서양 심리학은 자아초월심리학의 가장 나아간 부분에서 겨우 본격적인 탐구를 하고, 연구의 주제가 되어 온 부분이라고 말해도 좋다.

대부분 도달하기 어렵고, 너무나도 깊고 높은 경지의 이야기이다. 자신에게는 무리다, 관심이 없다 또는 단순히 이상이고 현실성이 없다고 생각하는 사람이 있을지도 모른다. 하지만 거기까지 가지 못한다고 해도

붓다와 아들러의 대화

아득한 저쪽에 목표, 표지가 있는 것만으로도 인간성장, 수행 도중에 일탈하거나 길을 벗어날 위험을 피하기 쉬워진다는 점에서 무주처열반이라는 궁극의 경지에 대해서 알아두는 것이 커다란 의미가 있다고 생각한다.

정리: 아들러 심리학과 불교, 유식의 통합적 학습에 대해서

이미 제1부 정리와 제2부 본문 중에 설명한 아들러 심리학과 불교, 유식의 접합에서 통합으로 가는 방향의 학습에 대해 한 번 더 전체적으로 정리해두고자 한다.

우선 인간의 강한 자아확립에 대한 충동을 아들러 심리학에서는 '우월성을 향한 노력' 등으로 부르고, 유식에서는 '마나식'과 '근본번뇌'라고 불렀지만 양자의 통찰은 겹치는 부분이 많다. 심지어 그것이 기본적으로는 선악중성이며 선의 방향으로도 악의 방향으로도 향할 수 있는 것이라는 통찰은 일치한다.

인간은 극히 주체적·주관적 존재이고(가상假想과 유식唯識), 주관적이기 때문에 종종 잘못된 인생관, 세계관(사적 논리私的論理와 무명無明)에 빠지지만 자신의 잘못을 알아차리지 못한다. 때문에 자신도 타자도 행복하지 않은 불모한 삶에 빠져버린다(부적절한 라이프스타일과 번뇌)는 통찰에 대해서도 양자의 통찰은 서로 닮아 있다.

게다가 자기와 타자, 자기와 세계의 이어짐이라는 보편적인 사실, 진리(공동체감각과 깨달음)를 알아차린 선인先人(스승, 심리치료사)에게 가르침을 받는 것으로 잘못을 정정할 수 있고, 알아차리는 것으로 자타 모두 조화하는 삶의 방식(공동체감각과 자리리타, 자비)이 가능해지기 쉽다는 점도 서로 닮아 있다.

다만 한 가지, 의식과 무의식을 구조이론으로 파악할 것인지 하는 부분에서만 아들러와 유식은 일치하지 않는다고 말할 수도 있다. 하지만 내담자의 다양한 요구에 부응하려는 임상가로서의 유연한 자세가 있으

붓다와 아들러의 대화

면 그 부분은 쉽게 분명해질 것이다. 임상가에게 이론은 실천을 위한 틀, 어떤 의미에서 방편에 지나지 않는다고 할 수 있다.

하지만 '아들러의 과제가 끝난 부분에서 불교의 과제가 시작한다.'라고 표현했듯이 각각 주제의 차원이나 발달단계 그리고 접근의 방법론이 다른 것은 말할 것도 없다.

아들러학파의 임상심리학 실천으로 보면 다른 사람이나 사물과의 관련, 이어짐을 생각할 수 있는 '공동체감각이 풍부한 라이프스타일'을 획득하고 재획득하면 행동과 마음의 문제는 상당 정도 완화 내지 해결가능하다고 생각한다. 경우에 따라 일상적인 의미에서는 이미 아무런 문제가 되지 않을 정도로 자타의 조화가 뛰어난 라이프스타일, 즉 성격도 형성 가능할 것이다.

하지만 유식, 불교의 눈으로 보면 자아를 실체시하는 무명과 거기에서 생겨나는 다양한 번뇌의 경향을 완전히 벗어나게 되지는 않는다. 그 중에서도 죽음에 대한 불안과 두려움을 품은 사고팔고四苦八苦 등의 인간 마음의 근본적 괴로움, 번뇌는 팔식八識이 사지四智로 전환했을 때에만 근원적으로 해결되는 것이다.

이상적, 이념적으로는 양자의 통합에 의해 우선 교사, 심리치료사, 스승이 스스로 도달했던 차원의 공동체감각, 나아가서는 연기의 이법을 알아차림으로 생겨나는 자비의 자세로 접하는 것에 의해 자기 자신, 내담자, 제자의 공동체감각을 깊이 키우고, 연기의 이법을 알아차리도록 촉구한다. 더 나아가서는 높은 발달과제로서의 궁극의 깨달음, 즉 사지, 구경위, 무주처열반을 함께 목표로 하는 '선우善友'(인생의 선한 친구 및 수행동료나 스승)가 된다고 하는 형태를 상정할 수 있는 것이다.

　이상에서 설명한 것처럼 아들러 심리학자에게도, 불교도에게도, 서로 없는 것을 보완하고, 통합적으로 학습하는 생산적인 관계가 될 기초는 이미 충분히 있을 뿐만 아니라 오히려 필연적이고, 필수라고도 말할 수 있다.

붓다와 아들러의 대화

미 주

1 『雜寶藏經 第6卷』 T4.n203.479a14-b12.

2 『잠언』 15장 4절.

3 『법구경』 1.5.

4 보다 상세한 것은 다음을 참조할 수 있다. 岡野守也(1998), 『唯識のすすめ－仏教の
   深層心理学入門』, NHK出版; 岡野守也(1992), 『究極の自由に向かって』, サングラハ心
   理学研究所.

저자 후기

'공동체감각'으로부터 '연기와 일여'의 자각까지
황폐해진 마음의 치유를 위해

맹렬한 더위 속에서 오랜만에 한 권 써내려갔습니다. 바로 앞 책과의 사이가 벌어진 것은 공적으로 글을 쓰기 시작한 이래 처음입니다. 불교와 심리치료의 통합이라는 공통된 주제를 가지고 있는 『유식과 논리요법-불교와 심리요법, 그 통합의 실천』을 쓴 이후 곧 이 책도 쓰려고 생각했지만 뜻하지 않게 오랜 시간이 걸렸습니다.

저는 현대사회에서 개인 차원의 마음이나 행동이 황폐해지는 것과 환경이 황폐해지는 것에는 깊은 대응관계와 병렬관계가 있다고 생각해 40년 이상 일관되게 양쪽의 주제를 파고들었습니다. 최근 수년은 환경문제가 예상보다 빨리 진행되고 심각해졌기 때문에 어떻게 하면 '환경적으로 지속 가능한 사회'를 만들 수 있을지 하는 주제에 우선적으로 집중했습니다. 그리고 환경문제는 바로 '지구환경문제'라는 글로벌한 문제이기에 물론 세계 전체를 어떻게 하면 환경적으로 지속 가능하게 할 수 있는지에 대한 주제도 파고들 필요가 있습니다. 커다란 과제입니다.

현대인의 마음과 행동이 황폐한 것은 현상적으로는 다양하지만 가장 깊은 부분에서는 단 하나, 자신과 타자와의 근본적 이어짐을 잃어버려 생겨난다고 생각합니다. 아들러 심리학적으로 말하면 '공동체감각의 상

붓다와 아들러의 대화

실'입니다. 그리고 불교적으로 보다 근원적으로 말하면 '분별지, 무명'에 의한 것입니다.

환경의 문제는 근대인이 자신과 자연(환경)이 본래 일체라는 것을 잊고, 인간 멋대로 이용하고 변형해도 좋은 인간과 분리된 대상이라고 착각해 생겨났다고 생각합니다. 자연과의 공동체감각, 생태학적 의식이 충분히 있으면 환경문제는 발생하지 않았거나 또는 발생해도 극히 초기에 해결되었을 것입니다.

물론 인류, 특히 그 지도자들이 대자연 그리고 우주와 나, 인류는 이어져 있고 궁극적으로 일체라고 하는 사실, 즉 연기와 일여를 알아차린다면 애초에 환경문제 나아가서는 전쟁도 일어나지 않았을 것이라고 생각합니다.

개인의 마음 차원에서도, 인류사회 차원에서도 문제의 일어남이라고 하기보다 문제를 일으키는 근본 원인은 동일한 무명, 분별지라고 생각하고 있습니다. 그러므로 근본적인 해결은 인류 전체 특히 그 지도자들이 깨닫는 수밖에 없습니다.

그렇다고는 해도 갑자기 현대의 인류 전체 또는 거기까지 넓어지지 않더라도 사회 전체가 깨닫는 일은 일어날 것 같지 않기에 우선 개인의 마음 차원에서 조금이라도 '이어짐 속의 자신'이라는 사실을 알아차리는 것으로 치유되는 것, 즉 건전한 자아의 확립과 재확립도 생각할 필요가 있습니다. 그 경우 아들러 심리학의 '공동체감각'이라는 사고방식과 그것을 키우는 임상기법이 매우 효과적이라고 저는 생각하고 있습니다. 하지만 이에 멈추지 않고, 그 다음으로 연기와 일여의 자각까지 목표로 하고

자 하는 것이 이 책의 '자아에서 깨달음으로'라는 부제의 의미입니다.

　편집담당자인 네기시 히로노리根岸宏典 씨의 큰 인내와 적절한 독촉 없이는 지금 집필을 끝내지도 못했을 것입니다. 진심으로 사죄와 감사를 올리고 싶습니다. 변함없는 지지를 보내준 아내에게 감사와 위로의 뜻을 전합니다.

2010년 9월 12일

오카노 모리야

역자 후기

자기와 마주할 수 있는 용기

역자가 불교상담학전공 지도교수를 맡고 나서 가장 먼저 시작한 것은 불교심리학과 불교상담의 이론적 토대를 마련하는 것이었다. 이와 관련된 논문을 쓰고, 원서를 번역하는 작업을 시작하였다. 지금은 『붓다와 프로이트』라는 제목으로 번역된 엡스타인의 논문모음집을 가장 먼저 번역하였다. 이 책에서 저자는 불교와 프로이트의 정신분석의 접점을 찾는 작업에 주력하고 있다. '무아의 심리치료'라는 부제에서 알 수 있듯이, 무아와 정신분석을 접목하는 작업을 20여 년 넘게 해온 엡스타인의 학문적 궤적을 볼 수 있는 책이었다. 이 책을 번역하면서 정신분석 이후의 서구의 대표적인 심리치료사조와 불교를 접목하고 있는 책을 발굴하여 국내에 소개하고자 하는 작업에 대한 서원을 세우게 되었다.

본서는 그러한 서원 가운데 하나의 결실이라고 할 수 있다. 서구의 심층심리학 가운데 대표적인 사조인 아들러 심리학과 불교의 연관성을 서술한 보기 드문 저술이다. 본서의 저자인 오카노 모리야 선생은 유식학을 기반으로 심리치료와의 접목을 시도하는 작업을 지속적으로 하고 있는 일본학자이다. 유식학을 불교의 심층심리학으로 자리매김하면서 유식학적 관점에서 서구의 심리치료기법과의 접목을 다양하게 시도하고 있다. 특히 2008년 발족한 일본불교심리학회의 부회장을 지낸 것도 본서를 번역하게 된 인연이라고 할 수 있다. 오카노 모리야 선생이 일본불교심리학회를 발족한 이후에 가장 먼저 시도한 작업이 불교와 심리학의 연결고리를 만드는 것이었다. 이를 위해서 불교학자와 심리학자 서로가 사용하는 용어의 접근가능성을 높이기 위해서『불교심리학사전』을 발간하게 된다. 역자는 이를 국내에 소개한 바 있다.

오카노 모리야 선생은 '공동체감각이 풍부한 라이프스타일'을 핵심 키워드로 아들러 심리학과 유식학의 접목을 시도한다. 공동체감각은 인간은 관계적 존재로 홀로 존재할 수 없고, 공동체적 존재로서 자아를 인식하는 것의 중요성을 보여준다. 이러한 감각을 풍부하게 가지고 삶을 살아가는 것, 즉 라이프스타일이 아들러가 추구하는 심리치료의 목표라고 할 수 있다고 한다. 여기에서 공동체감각은 불교의 연기와 연결될 수 있다고 주장한다. 이를 저자는 이어짐의 코스몰로지로 표현하고 있다. 라이프스타일은 성격과 연결될 수 있고, 불교적 관점에서 보면 이는 무아적 특징을 가진 자아라고 할 수 있다. 무아적 자아라는 것이 일견 모순적으로 보이는 것은 무아와 자아를 동일한 선상의 반대편에 놓기 때문이다. 이를 발생적인 관점에서 보면 자아의 확립으로부터 자아의 유연성으로 나아가는 것을 말한다. 이렇게 되면 자아의 확립이라는 서구심리치료의 목표와 무아라는 자아의 연결성, 자아의 유연성이라는 불교심리치료의 목표는 시간적인 발달의 과정에서 이루는 것으로 서로 모순되지 않는다고 할 수 있다.

여기에서 무아라는 연결성, 유연성은 불교에서는 깨달음을 통해서 얻을 수 있는 것이 된다. 즉 무아, 연기, 공을 깨달음으로서 불교심리치료의 목표가 이루어진다고 할 수 있다. 여기에서 깨달음은 다양한 스펙트럼에서 이야기할 수 있다. 단지 머리로 이해하는 것에서부터 감성, 체득하는 것까지가 가능하므로 신비화할 필요가 없다. 단지 앎에서부터 시작하면 되는 것이다. 이렇게 보면 '자아에서 깨달음까지'라는 본서의 부제가 이해가 된다. 자아의 확립에서 무아적 자아를 아는 것으로 나아가는 것이다. 전자가 서구심리치료의 목표라면, 후자는 불교심리치료의 목표라고 할 수 있다. '에서', '까지'라고 해서 자아가 낮은 단계이고, 깨달음이 높은 단계라는 것은 아니다. 둘은 개인 각자의 상황에 맞추어서 사용가능한 것일 뿐이다. 성향에 맞지 않으면, 즉 근기에 맞지 않으면, 상황에 맞지 않으면, 즉 방편이 바르지 않으면 아무리 좋은 이론일지라도 소용이 없게 된다. 이런 의미에서 임상은 이론에 우선한다고 할 수 있고, 팔만대장경이 나의 주석일 뿐이고, 문자를 세우지 않는 것이 된다.

아들러 심리학은 프로이트와 융에 비해서 이제까지 주목받지 못한 측면이 있다. 이에 대해서 오카노 모리야 선생은 아들러의 이른 죽음, 이름 붙이기의 실패를 이야기한다. 아들러 이후에도 20년 이상 더 활동한 두 학자에 비해서 자신의 이론과 임상을 충분히 펼칠 수 있는 시간이 주어지지 않았다는 측면이 있다. 또한 개인심리학이라는 이름이 주는 이기주의적 뉘앙스가 거부감을 가지게 한다는 것이다. 공동체감각을 가장 중요시하는 심리학이면서 개인심리학이라는 이름을 가지는 것이 아이러니한 측면이 있다.

최근 『미움받을 용기』라는 책이 선풍적인 인기를 끌면서 아들러 심리학이 대중적으로 재조명받을 수 있는 기회가 있었다. 또한 프로이트와 융 사이의 잃어버린 고리와 같은 아들러 심리학이 재조명받을 수 있는 기회가 또한 본서를 통해서도 주어지기를 기대해본다. 무의식에서 무의식으로 연결되는 심층심리학의 흐름에서 자아에 대한 강조를 환기하고 있는 아들러 심리학으로 인해서 심층심리학이 훨씬 풍성해질 것으로 생각한다. 무의식과 자아를 함께 다룰 수 있을 때, 심리치료의 완성도는 더욱 높아질 것이다. 이러한 가능성을 유식학에서 볼 수 있고, 이를 잘 접목한 것이 본서라고 생각한다. 서구심리학과 불교를 접목할 때 이제까지 가장 논란이 되어왔던 자아와 무아의 문제에 대한 하나의 해답으로서 본서를 추천할 수 있을 것으로 생각한다. 심리치료 분야에 종사하는 모든 분들이 본서를 통해서 조금의 통찰이라도 얻을 수 있다면 더 이상 바랄 것이 없을 것이다.

본서를 출판하는 데 많은 분들이 도움을 주셨다. 먼저 엄세정 선생에게 감사를 전한다. 초벌단계에서부터 함께 번역에 참여하였고, 섬세한 번역용어 선택은 본서에 많은 기여를 하고 있다. 윤문에 도움을 준 김보경 선생, 이주원 선생, 김경오 선생, 신경희 교수님에게도 감사를 전한다. 박영지 편집장님께서 친히 편집해주신 것에 대해서도 감사를 전한다. 그리고 또 홍민정 편집장님과 최정원 선생님께서 본서를 대중적으로 만들고자 수개월 동안 고민하고 고심하신 것에 감사드린다. 내가 이 책을 처음 번역하면서 이 책도 『미움받을 용기』처럼 베스트셀러가 되었으면 하는 바람이 있었는데, 그 바람을 이루어주실 것 같다.

2021. 11.

윤희조

찾아보기

/ㄱ/

가치상대주의 197
가행위 244, 246, 247, 276
감성 238, 239
감정 17, 24, 29, 37, 62, 72, 75, 76, 118, 152, 158, 199, 201, 202, 205, 207, 216, 217, 220, 235, 266, 267
개인 19, 31, 32, 33, 51, 62, 66, 70, 74, 109, 162, 188, 251, 267, 269
개인심리학 6, 19, 22, 23, 25, 28, 32, 33, 51, 53, 74, 78, 202
건전한 자아 19, 36, 78
건전한 질투 210
견취견 192, 195, 215
경안 169, 179
계금취견 192, 195, 215, 236
계율 126, 195, 196, 197, 215, 248, 259, 260, 261
고 111, 122, 123, 133, 134
고요한 기쁨 181
고제 111, 116, 156
고타마 붓다 4, 10, 21, 105, 109
공 10, 35, 36, 128, 130, 131, 132, 133, 134, 135, 137, 150, 153, 168, 177, 188, 191, 206, 223, 225, 233, 248, 250, 251, 252, 269, 275, 279
공감 29, 49, 88, 94, 95, 256

공격 50
공과 자비 137
공동체감각 28, 30, 31, 35, 36, 45, 48, 52, 60, 62, 63, 64, 66, 67, 68, 70, 71, 76, 81, 82, 83, 91, 97, 109, 110, 115, 130, 137, 148, 160, 168, 170, 175, 186, 187, 199, 202, 206, 208, 212, 214, 240, 249, 284, 285
공통감각 60, 97, 109, 110, 115, 160, 178
과보상 43, 47
과정 19, 22, 40, 41, 59, 63, 68, 92, 107, 153, 167, 169, 241, 242, 275
구경위 148, 247, 252, 285
구별 7, 10, 18, 38, 67, 68, 83, 135, 143, 144, 157, 158, 159, 163, 173, 175, 176, 178, 188, 189, 210, 225, 231, 236, 239, 249, 250, 265, 271, 279, 280
근본번뇌 35, 53, 97, 154, 155, 157, 159, 160, 166, 168, 169, 175, 185, 186, 187, 188, 191, 196, 198, 200, 206, 209, 211, 214, 215, 226, 229, 284
긍정 8, 10, 62, 87, 92, 133, 150
기억 45, 47, 69, 74, 83, 161, 162, 171, 201, 245, 275
까르마 165, 166, 168, 171, 176, 183, 200, 201, 212, 219, 222, 226, 230, 233, 270, 275, 276

깨달음　4, 5, 9, 11, 12, 35, 60, 67, 69, 97,
　　103, 108, 110, 113, 116, 124, 126, 128,
　　137, 140, 142, 144, 148, 149, 150, 151,
　　160, 165, 166, 168, 175, 177, 200, 208,
　　229, 230, 231, 232, 233, 234, 243, 244,
　　246, 247, 248, 249, 252, 262, 277, 278,
　　279, 284, 285
꿈　74, 75, 76, 160, 243
꿈의 주된 기능　75

/ㄴ/

나르시시즘　27, 208, 217
나쁜 성격　62, 63
낙관적　65, 93, 94
낙관적인 심리학　65
내적 반성　169, 171
논리적 결말　82

/ㄷ/

단견　193
당파적 사고방식　7
대기설법對機說法　4, 117
대승불교　6, 36, 85, 114, 119, 124, 126,
　　128, 131, 133, 136, 137, 139, 153, 158,
　　197, 252, 278, 279, 280
대승불교의 심층심리학　139
대원경지　186, 231, 232, 233, 240
대타적 반성　169, 171, 172
도　90
도제　111, 114, 116, 122

동일률　145
드라이커스　46, 54, 78, 79, 82, 84

/ㄹ/

라이사 엡슈타인　44
라이프 태스크　45, 46
라이프스타일　19, 40, 57, 58, 59, 60, 63,
　　64, 66, 68, 69, 70, 72, 74, 75, 76, 97,
　　110, 115, 148, 159, 160, 168, 175, 186,
　　205, 218, 284, 285
리스크　84, 85

/ㅁ/

마나식　35, 53, 97, 106, 152, 154, 155, 157,
　　158, 159, 160, 161, 162, 163, 166, 167,
　　168, 169, 174, 177, 180, 182, 183, 185,
　　186, 187, 188, 189, 196, 197, 200, 201,
　　204, 208, 209, 210, 215, 216, 218, 221,
　　224, 226, 229, 230, 231, 233, 234, 236,
　　260, 270, 271, 274, 275, 284
만　189, 190, 214
말　134, 144, 145, 149, 201, 232, 233, 248,
　　253, 270, 275, 276
매슬로우　34, 54, 58, 77, 174, 221
멸제　111, 113, 116, 122
모순율　145
목적지향　95
묘관찰지　231, 236, 238, 240
무괴　198, 218, 219
무기업　165

무능 79
무명 53, 60, 97, 104, 105, 106, 107, 108,
109, 110, 111, 112, 113, 116, 122, 123,
133, 143, 145, 146, 148, 149, 150, 153,
154, 155, 158, 159, 163, 177, 186, 188,
196, 200, 202, 204, 212, 213, 252, 274,
284, 285
무부무기 163
무상 36, 114, 120, 131, 132, 134, 167, 176,
178, 191, 197, 219, 222, 224, 269, 282
무아 10, 17, 36, 114, 119, 121, 128, 132,
134, 153, 154, 191, 197
무외시 253
무의식 49, 75, 139, 152, 155, 157, 162,
167, 188, 192, 205, 206, 217, 232, 233,
235, 238, 240, 273, 275, 284
무자성 130, 131, 132, 134
무재칠시 255
무주처열반
무주처열반無住處涅槃 277, 278, 280,
281, 283, 285
무진 169, 173, 175, 176
무참 198, 218, 219
무치 169, 173, 177, 178, 226
무탐 169, 173, 175
문수보살 136

/ㅂ/

바수반두 140
반동형성 205
반야경전 127, 135

방일 179, 198, 222
방편 4, 116, 117, 137, 197, 233, 253, 285
배중률 145
번뇌와 깨달음의 심리학 6
벌 82, 83
법시 252
변계소집성 143
보살 133, 135, 136, 137, 252, 254, 259,
267, 279, 280, 281
보상 25, 41, 43, 258
보시 85, 248, 249, 251, 252, 253, 254, 256,
257, 258, 259, 269
복수 79, 201
본래청정열반 279, 280
부끄러움을 아는 마음 172
부적절한 목표 79
부정지 198, 225, 226
부파불교 124, 125, 126, 127, 132
분노 160, 176, 187, 188, 266
분리 18, 23, 32, 104, 106, 108, 116, 135,
143, 144, 145, 146, 150, 153, 157, 159,
165, 166, 167, 175, 176, 189, 192, 199,
202, 205, 207, 209, 210, 212, 214, 216,
237, 250, 257, 259, 264, 270, 271, 279,
280
분별 104, 108, 109, 116, 143, 153, 163,
177, 224, 238, 279
분별성 143, 144, 145, 146, 148, 150, 236
분별지 105, 108, 110, 111, 146, 149, 150,
153, 163, 166, 177, 195, 207, 208, 212,
213, 226, 233, 250, 264, 270, 271, 274,

275, 281

불건전한 자아 19

불건전한 질투 210

불교심리학 149

불교의 출발점 3, 103

불방일 169, 179, 180, 260

불성 36, 150

불신 198, 221

불안 64, 72, 107, 108, 166, 167, 179, 203, 211, 217, 238, 285

붓다 3, 8, 46, 103, 104, 105, 107, 108, 110, 112, 114, 117, 118, 119, 121, 122, 123, 124, 125, 126, 132, 143, 148, 221, 223, 266

/ ㅅ /

사견 192, 194

사고팔고 116, 167, 221, 252, 281, 285

사법인 117, 122

사성제 111, 122, 156

사적 논리 60, 68, 70, 97, 109, 160, 284

사지 186, 199, 230, 232, 240, 241, 247, 248, 249, 252, 276, 277, 285

사지설 277

사회적으로 유익한 유형 71

산란 198, 224, 225

삼독 173

삼법인 117, 119, 122

삼성설 142, 144, 151, 277

상견 193, 194

상담과정 68, 81

상처 입은 치유자 21

상처 주지 않는 것 181, 182, 225

생멸유전 167

생산적 통합 27

선 104, 232

선순환 201, 227, 229, 230, 276

선인선과 165

선정 104, 140, 233, 248, 269, 270, 271, 276, 279

선지식 244

성냄 53, 173, 175, 176, 187, 188, 199, 200, 201, 202, 214, 225

성소작지 232, 238, 239

성실함 170, 204, 225, 264

소셜 인터레스트 29

소속원망 79

속임 198, 202, 203, 212

수번뇌 169, 185, 186, 190, 198, 199, 203, 206, 208, 210, 211, 214, 216, 220, 221, 225, 226, 229

수습위 245, 246

수식관 271, 273

수용 68, 80, 81, 85, 88, 94, 239, 266, 267

수용기관 239

순수한 고독 237

순환의 메커니즘 200

신견 192

신경증 51, 52, 63, 70, 71, 137

신뢰 47, 52, 82, 89, 90, 92, 170, 171, 187, 203, 261

실념 198, 223

붓다와 아들러의 대화

실체 105, 107, 117, 119, 120, 121, 128, 129, 131, 132, 135, 153, 156, 157, 159, 177, 187, 189, 190, 191, 192, 194, 203, 211, 215, 218, 238, 275

실패 19, 46, 70, 71, 73, 80, 89, 90, 95, 191, 203

심리구조론 142, 277

심리기능론 142, 277

심리발달론 142, 277

심리임상론 142

심리치료 6, 9, 21, 40, 41, 47, 59, 66, 69, 116, 137, 220

십계 7, 263, 264

십선계 263, 264

십이연기 105, 107, 108, 112

/ ㅇ /

아견 35, 156, 157, 158, 160, 166, 189, 190, 191, 192, 200, 215, 218, 226, 229

아다나식 163

아들러 6, 7, 13, 17, 18, 19, 20, 21, 22, 23, 25, 26, 27, 28, 29, 30, 31, 32, 33, 34, 35, 36, 39, 40, 41, 42, 43, 44, 45, 47, 48, 49, 50, 51, 52, 53, 54, 57, 58, 59, 62, 63, 65, 67, 68, 70, 71, 72, 74, 75, 76, 77, 78, 79, 84, 85, 97, 109, 110, 113, 115, 116, 121, 124, 130, 133, 137, 139, 148, 149, 159, 160, 162, 166, 167, 168, 170, 175, 178, 186, 190, 202, 205, 207, 209, 215, 218, 220, 240, 243, 253, 254, 278, 282, 284, 285, 286

아만 35, 156, 157, 158, 160, 166, 180, 188, 189, 200, 215, 218, 229

아비달마불교 125

아첨 198, 213

악견 186, 192, 193, 195, 215, 226

악순환 구조 166, 167, 168, 229

악인악과 165

악정진惡精進 178

알라야식 106, 158, 160, 161, 162, 163, 164, 166, 167, 169, 171, 177, 183, 186, 200, 201, 213, 224, 226, 229, 230, 231, 233, 234, 236, 270, 271, 274, 275, 276

알프레드 아들러 20

애착 4, 24, 37, 112, 113, 114, 116, 118, 157, 189, 237

약함 23, 25, 31, 33, 41, 42, 44, 63

어리석음 154, 173, 188, 204, 214, 238

언어 5, 108, 144, 166, 182, 192, 193, 275

에고이즘 154, 155

에고이즘적 무명 204

여 105, 116, 134

연기 36, 69, 103, 104, 105, 107, 108, 109, 110, 114, 115, 120, 130, 131, 132, 134, 143, 146, 148, 168, 170, 177, 178, 179, 180, 181, 188, 191, 194, 197, 206, 221, 223, 225, 226, 250, 252, 264, 275, 285

열등감 25, 26, 27, 31, 33, 39, 40, 42, 43, 51, 60, 61, 62, 189, 207, 258, 259

열등콤플렉스 60, 61

열반적정 122

영성 8, 9, 11, 46, 47, 124, 191

영혼 181, 194, 213

오계 261, 263, 264

오만 171, 189, 217

오위 242

오위설 142, 241, 247, 277

요가짜라와다 140

용기꺾기 88, 92, 93, 95

용기주기 82, 84, 85, 86, 88, 90, 92, 93, 95, 220, 253

용수 127

우울 220

우월감 26, 60, 61, 189, 207, 216, 258, 259

우월성 25, 33, 34, 58, 71, 79, 97, 159, 189, 209, 284

우월성을 향한 노력 26, 33, 34, 58, 79, 97, 159, 209, 284

우월콤플렉스 60, 61

우주의식 110, 130, 137, 240

우주적 무의식 233, 240

원망 59, 62, 64, 66, 201, 202, 204, 205, 214, 237, 238, 263, 265, 266, 267

원성실성 143, 150

유대감 35, 36

유마거사 46, 136

유머감각 96

유부무기 159, 168

유식 10, 22, 35, 97, 106, 126, 127, 139, 140, 141, 142, 143, 144, 145, 146, 148, 149, 151, 154, 156, 157, 158, 159, 160, 162, 163, 164, 166, 167, 168, 169, 176, 177, 185, 186, 188, 190, 192, 193, 197, 202, 204, 205, 209, 215, 216, 230, 231, 232, 240, 241, 243, 247, 248, 249, 255, 266, 275, 277, 284, 285

유식심리학 139, 148, 149

유형론 70, 72, 74

육바라밀 85, 114, 199, 200, 244, 248, 249, 254, 265, 268, 270, 274, 275, 276, 278

윤회 4, 5, 7, 162, 278, 280, 281

융 6, 20, 21, 23, 50, 62, 77, 78, 162, 167

은폐 202, 203

응병여약(應病與藥) 4, 117

의기소침 198, 220, 227

의식 6, 11, 24, 49, 87, 106, 129, 152, 153, 155, 160, 161, 162, 167, 168, 169, 177, 183, 185, 186, 188, 189, 192, 198, 200, 201, 214, 217, 218, 223, 226, 229, 230, 231, 232, 233, 236, 238, 270, 273, 275, 284

의식 발달론 11

의타기성 143

의타성 143, 144, 146, 147, 148, 151, 186, 236

이별 237

이어짐 35, 104, 105

이어짐의 코스몰로지 107, 109, 110

인본주의 심리학 6, 10, 34, 54, 57, 77, 133, 174, 221, 223, 282

인색 198, 210

인욕 248, 264, 265, 266, 268, 269

일체개고 117, 122

붓다와 아들러의 대화

임상적 실증주의 197

/ㅈ/

자계 260, 261
자기결정 41, 90
자기방어 175, 182, 187, 190, 203, 211,
   213, 227
자기보신 213
자기비난 172
자기성장 12, 34, 41
자기절대화 195, 196
자기책임 41, 82, 83, 90
자량위 243, 244, 247, 276
자만 217
자비 4, 7, 97, 110, 135, 136, 137, 235, 236,
   259, 279, 281, 284, 285
자선 256, 257
자아실현 10, 11, 12, 19
자아의 재확립 12, 36, 40
자아의식 18
자아정체성 159
자아초월 심리학 9
자연스러운 결말 82
자연스러운 욕구 8, 175
자원봉사 254, 256, 257, 258, 259
잔존영향력 165, 176, 212
장식 164
재시 253
적당한 욕구 173
전념 273
전식득지 230, 232, 247, 277

점오 241
정견 114, 195, 197
정념 115, 158
정사유 115
정어 115
정정 115
정정진 115
정진 169, 178, 179, 248, 268, 269
정화 122, 158, 169, 183, 197, 201, 204,
   208, 216, 226, 230, 231, 232, 274, 276
제법무아 117, 119, 120
제행무상 117, 118
조식 273
조신 271, 273
조심 273
종자 166, 169, 171, 177, 183, 201, 230,
   231
좋은 성격 62, 63, 64
지계 248, 259, 260, 261, 269
지배적 유형 71
지혜 3, 4, 63, 123, 136, 164, 177, 186, 199,
   202, 204, 208, 221, 229, 231, 235, 239,
   248, 251, 252, 274, 275, 276, 277, 279
진실성 143, 144, 149, 150, 151, 206, 236
진심 13, 47, 169, 170, 172, 198, 204, 216,
   221, 258
질투 36, 64, 160, 207, 209, 210, 237
집단무의식 162
집제 111, 112, 116, 156

/ㅊ/

참괴 219
초기회상 69, 74, 75
출생 순위 37, 39, 41, 57, 74, 75, 209
출생순위 36
치료교육학 53
친절함 90, 264
칭찬 78, 86, 92

/ㅋ/

코스모테라피 86

/ㅌ/

타고난 것 166
통각체계 59, 60
통달위 245, 246, 247
통합 5, 7, 8, 9, 10, 11, 13, 17, 19, 23, 27, 34,
　　47, 109, 110, 113, 116, 121, 139, 160,
　　197, 226, 240, 278, 284, 285
트로츠키 44

/ㅍ/

팔계 263
팔식사지설 151

팔식설 277
팔정도 108, 114, 123
평등성지 186, 208, 231, 234, 235, 240,
　　258
평정 221
평정한 마음 180, 181
프로이트 6, 20, 21, 23, 24, 27, 32, 37, 47,
　　48, 49, 50, 51, 62, 74, 75, 77, 78, 152,
　　162, 167
피그말리온 효과 11, 13

/ㅎ/

해태 198, 222
허무주의 193
현상으로서의 자아 121
현장 12, 140, 150
협력 23, 28, 30, 31, 63, 64, 69, 71
협력관계 30
호흡 163, 271, 273
회피적 유형 71
획득적 유형 71
훈습 233, 274, 275, 276
힘을 향한 의지 25, 26, 33

붓다와 아들러의 대화

지은이

오카노 모리야 岡野守也

1947년 히로시마출신의 일본의 사상가, 불교심리학자, 심리치료사이다. 간토학원대학 대학원 신학연구과를 수료하고 호세이대학, 무사시노대학, 오비린대학 등에서 강사로 근무하였다. 1992년 상그라하 심리학연구소를 설립하였고, 지속가능한 사회 창출을 위한 인재육성을 목표로 집필, 번역, 강연, 강의, 워크숍 등 활동을 이어가고 있다.

켄윌버와 자아초월심리학을 일본에 처음으로 소개하였고, 아들러, 플랭클, 논리요법, 자아초월심리학 등의 심리학과 대승경전을 종합적으로 연구하고 있다. 서양심리학과 대승불교 특히 유식사상을 융합한 유식심리학, 현대과학과 심리치료와 불교사상을 통합한 코스모스테라피를 고안하여 보급하고 있다. 2008년 일본불교심리학회를 창설하고 부회장을 20102년까지 역임하였다. 주요 저서는 참고문헌을 참고할 수 있다.

주요 저서로는『유식의 심리학』,『트랜스퍼스널 심리학』,『유식을 추천하다-불교의 심층심리학입문』,『논리요법을 추천하다』,『코스몰로지의 창조-선, 유식, 트랜스퍼스널 심리학』,『유식과 논리요법-불교와 심리치료의 통합과 실천』등이 있다.

옮긴이

윤희조 尹希朝

서울대학교 철학과 학부와 대학원 석사과정을 졸업하고, 서울불교대학원대학교 불교학과 대학원에서 석·박사학위를 취득했다. 현재 서울불교대학원대학교 불교학과 불교상담학 전공지도교수로 재직 중이며, 불교와심리연구원 원장을 맡고 있다. 주요 저역서로『붓다와 프로이트』,『붓다의 영적 돌봄』,『만다라 미술치료』,『심리치료와 행복추구』,『자비와 공』,『불교심리학사전』,『불교상담학개론』,『한역으로 읽는 알아차림의 확립 수행』,『불교심리학 연구』,『불교의 언어관』이 있고, 30여 편의 불교심리학, 불교상담관련 논문이 있다.

붓다와
아들러의
대화

초 판 인 쇄 2021년 12월 30일
초 판 발 행 2022년 1월 5일

저　　　자 오카노 모리야
역　　　자 윤희조
펴 낸 이 김성배
펴 낸 곳 도서출판 씨아이알

책 임 편 집 홍민정
디 자 인 쿠담디자인
제 작 책 임 김문갑

등 록 번 호 제2-3285호
등 록 일 2001년 3월 19일
주　　　소 (04626) 서울특별시 중구 필동로8길 43(예장동 1-151)
전 화 번 호 02-2275-8603(대표)
팩 스 번 호 02-2265-9394
홈 페 이 지 www.circom.co.kr

I S B N 979-11-6856-009-3 93220
정　　　가 18,000원

ⓒ 이 책의 내용을 저작권자의 허가 없이 무단 전재하거나 복제할 경우 저작권법에 의해 처벌받을 수 있습니다.